Vision

Verlag

Olaf Groehler

Selbstmörderische Allianz

Deutsch-russische Militärbeziehungen 1920–1941

Vision Verlag
Berlin

ISBN 3-928787-01-2
1. Auflage 1992

Gesamtgestaltung: Hans-Joachim Schauß
Satz und Druck: INTERDRUCK Leipzig GmbH

Inhaltsverzeichnis

Vorwort

Dieses Buch versteht sich weder als Anklage noch als Enthüllung. Es möchte Aufmerksamkeit für ein Kapitel deutsch-russischer Beziehungen wecken, das in den vergangenen Jahrzehnten unseres sich seinem Ende zuneigenden Jahrhunderts Gegenstand heftiger Kontroversen und erbitterter geistiger Auseinandersetzungen war. Selbst ein vorläufiges Urteil über die deutsch-sowjetischen Miltärbeziehungen zwischen 1920 und 1941 zu geben, fällt bis heute ungemein schwer, da bislang nur die Dokumente eines der Partner zur Verfügung standen und somit zwangsläufig alle Interpretationen Gefahr laufen müssen, einäugig auszufallen. Erstmals konnten für diese Arbeit geheime sowjetische Dokumente herangezogen werden, die einiges aufhellen, jedoch bei weitem noch nicht alles klären. Das letzte Wort hierüber kann wohl erst in einigen Jahren gesprochen werden.

Die deutsch-sowjetische Militärkooperation der zwanziger Jahre hatte ihre historischen Wurzeln und fand auch 1933 nicht ihr abruptes Ende. Denn das, was sich vor allem zwischen 1933 und 1941 in diesem Rahmen zutrug, gehört nach wie vor zu den noch nicht restlos geklärten Geheimnissen der Vorkriegsgeschichte des Zweiten Weltkrieges und seiner ersten Jahre.

Eines indessen schält sich schon gegenwärtig in aller Deutlichkeit heraus: Abseits aller geistigen Abgrenzungen und systembedingten Unterschiede zwischen deutschen und sowjetrussischen Militärs verband sie eine kittende Gemeinsamkeit, deren letzte Wurzeln wohl in einem imperialen Nationalismus ausgemacht werden können. Der

Zweck ihrer Allianz bestand eben nicht nur darin, Sorge für die Stärkung und Mehrung des jeweilig eigenen Verteidigungspotentials zu tragen, sondern auch in der militanten Bedrohung von Nachbarn, denen die rechtswidrige Aneignung zum jeweiligen Staatsverband betrachteter Territorien zum Vorwurf gemacht wurde. Namentlich dieser antipolnische Aspekt bildete zwischen 1920 und 1941 den roten Faden aller Militärbeziehungen, der auch nach dem 22. Juni 1941, dem deutschen Überfall auf Sowjetrußland, nicht gänzlich aus dem Auge verloren wurde.

Möglicherweise mutet dem einen oder anderen Leser diese vergangenheitsbezogene Reflexion deutsch-russischer Militärbeziehungen nur noch als historisches Sandkastenspiel an, über das die neuen Entwicklungen der achtziger und neunziger Jahre längst hinweggeschritten sind. Vielleicht besteht dieser Eindruck sogar zu Recht. Möglicherweise ist er aber auch in Frage zu stellen. Denn wenn die pessimistische Annahme vieler Beobachter des Zeitgeschehens zutreffen sollte - und Menetekel dafür sind heute schon ausreichend abzulesen -, daß Europa, namentlich Osteuropa, vor einer Wiedergeburt eines neuen Nationalismus steht, selbst wenn er demokratisch geläutert ist, der auch um das vereinigte Deutschland nicht spuren- und folgenlos einen Bogen schlagen wird, dann kann und muß historische Spurensicherung mit ihren Mitteln hoffentlich zur Beförderung einer neuen Art von politischem Verständnis und Umgangs mit den Völkern Osteuropas beitragen.

Berlin, im Dezember 1991 Olaf Groehler

I

Von der Liaison zur Kooperation. Reichswehr und Rote Armee in der Weimarer Republik

Der deutsche Überfall auf Polen war knapp drei Wochen alt, als beim Generalkommando des XIX. Armeekorps um 09.00 Uhr eine dringende Meldung der 10.Panzerdivision fernmündlich einlief. Sie besagte, ein russischer Panzerspähwagen mit Offizier wäre bei den Vorposten der Division mit der Mitteilung eingetroffen, daß die sowjetrussische Kavallerie in drei Stunden vor den deutschen Linien auftauchen würde, während die Fußtruppe noch in vierzig Kilometer Entfernung im Anmarsch sei.

Der Stab des XIX. Armeekorps, das unter der Führung von Panzergeneral Heinz Guderian stand, war elektrisiert und befahl, den russischen Offizier sofort zum Sitz des Stabes in die Zitadelle der Festung Brest-Litowsk zu bringen.

Was seit dem 17. September, dem Beginn des Einfalls sowjet-russischer Heereskräfte in Ostpolen erwartet worden war, stand nun unmittelbar bevor: die direkte Kontaktaufnahme zwischen Wehrmacht und Roter Armee auf polnischem Boden. Auszug aus dem Kriegstagebuch des XIX. Armeekorps: «10.30 meldet sich ein russischer Kommissar im Auftrag eines Panzer-Brigade-Kommandeurs beim Generalkommando in Brest, wo er vom Kommandierenden General begrüßt wird. Gegenseitige Ansprachen werden gewechselt. Anschließend findet eine Besprechung statt, in der die vorläufige Demarkationslinie im einzelnen festgelegt wird. Teilnehmer: Kommandierender General, Chef, Ia, Ic, Dolmetscher Oberstleutnant (Ing.) Sommer. Die Besprechung vollzieht sich in freundschaftlicher

20. September 1939, 10.30 Uhr, in Brest-Litowsk: General Heinz Guderian (zweiter von rechts) bespricht mit Politkommissar Borowenskij (dritter von rechts) den Verlauf der vorläufigen Demarkationslinie im Stab des XIX. Armeekorps. Im Vordergrund der Stabschef des deutschen Armeekorps: Oberst Walter Nehring (erster von links)

Borowenskij verläßt nach einem gemeinsamen Mittagsmahl mit dem Stab des XIX. Armeekorps gegen 14.00 Uhr das Woiwodschaftsgebäude von Brest-Litowsk

Ein leichter Panzerspähwagen ist das Gefährt Borowenskij's, mit dem er zu den sowjetischen Linien zurückkehrt

URZĄD WOJEWÓDZKI
POLESKI

Weise. Sie wird durch den Propagandazug im Bild festgehalten. (Siehe Bilder in der Berliner und Münchener Illustrierten Zeitung). Der russische Kommissar erklärt sich einverstanden, daß der Propagandazug eingesetzt wird, um Aufnahmen vom Anmarsch der russischen Truppe zu machen. Er nimmt am Mittagessen im Kreise des gesamten Generalkommandos teil.»[1]

Die Bilder, die an diesem 20. September 1939 gemacht wurden und von denen einige wenige Tage später in Deutschland erschienen, mußten für viele, die bereits den Abschluß des Vertragswerkes zwischen Nazideutschland und Sowjetrußland am 23. August 1939 schockierend empfunden hatten, einen noch verheerenderen Eindruck hinterlassen haben. Die bis August 1939 sich unversöhnlich gegenüberstehenden Vertreter der Streitkräfte beider Staaten, die gleichzeitig auch für bestimmte sich scheinbar ausschließende Systeme standen, im vertraut, vertraulich, versöhnlichen Gespräch!

Die Begegnung vom 20. September 1939 mutet zunächst zufällig an. Wer indes näher hinschaut, dem stellen sich Fragen. Da überrascht zunächst die hurtige Eile der Fotografen, die sofort zur Stelle waren und auch die selten gegebene sowjetische Erlaubnis bekamen, ihre Verbände aufnehmen zu können. Noch merkwürdiger dünkt jedoch die Tatsache, daß die durchaus auch im September 1939 antirussisch und antibolschewistisch gesinnten Hitler und Goebbels diese Bilder ohne Bedenken für die deutsche Presse freigaben, ja sie die Bildberichterstattung von Brest-Litowsk in den kommenden Tagen zu einem Dreh- und Angelpunkt der neuen militärischen Zusammenarbeit machten. Und noch seltsamer fällt der Umstand ins Gewicht, daß bei dieser ersten Begegnung zwischen Wehrmacht und Roter Armee in Polen auf deutscher Seite zumindest Vertreter am Tische saßen, die ihren östlichen Partner schon Jahre zuvor intensiv kennengelernt hatten. Die Namen der deutschen Gesprächspartner sind nämlich - im Gegensatz zur sowjetrussischen Seite, wo nur der Name des Kommissars Borowenskij genannt wird, - bekannt: General Guderian, sein Stabschef Oberst Walter Nehring, sein erster Generalstabsoffizier Oberstleutnant von der Burg, sein Nachrichtenoffizier Hauptmann Estor und der Dolmetscher Oberstleutnant Sommer. Dessen Anwesenheit gibt eigentlich das größte Rätsel auf, weil es sich kaum noch mit Zufall erklären läßt. Von Guderian wissen wir, daß er zu Beginn der dreißiger Jahre mindest zweimal der deutsch-russischen Panzerschule Kasan Besuch abstattete. Jener Oberstleutnant Sommer aber gehörte im August 1933 zur Gruppe der letzten drei deutschen Offiziere, die von der Reichswehr zu Sprachstudien zur Roten Armee abkommandiert wurden und der nun ausgerechnet plötzlich und rein zufällig an diesem 20. September 1939 im Stabe Guderians saß? Es kommen an diesem 20. September zuviele Zufälle zusammen, um noch daran zu glauben.

Eher ist wohl anzunehmen, daß diese Begegnung auf deutscher Seite planmäßig und bewußt herbeigeführt wurde und ihr deshalb auch ein entsprechendes Presse- und Filmecho gewiß war. Hier konstruierte man nahezu generalstabsmäßig präzis die Suggestion neuer militärischer Gemeinsamkeit und auch des vorsichtigen Umganges miteinander.

Am folgenden Tag, dem 21. September, trafen bei Guderian ein anonym bleibender Politkommissar und ein Hauptmann Gubanow pünktlich zur Mittagszeit ein. Mit ihren deutschen Kameraden nahmen sie laut Kriegstagebuch das gemeinsame Mittagsmahl ein. «Hierbei werden zwischen dem Kommandierenden General und dem russischen Hauptmann, der recht gut deutsch spricht, Trinksprüche auf die russische und deutsche Armee gewechselt.»[2]

Doch die Behaglichkeit des Kasinoessens störte um 14.30 Uhr eine Meldung der 10. Panzerdivision. Sie teilte mit, die Vorhut der russischen Panzerbrigade sei in Widomla eingetroffen und beabsichtige, nach Brest-Litowsk durchzurollen. Guderian verabredete mit Kommissar und Gubanow, daß die Brigade ihren Vormarsch zunächst einstellte, bis die letzten Teile des XIX. deutschen Korps die Stadt Widomla verlassen hätten. Um 14.45 Uhr wurde die gerade wiederhergestellte Eintracht erneut gestört: Die 10. Panzerdivision gab eine russische Beschwerde weiter: die Russen nähmen Anstoß daran, daß die deutschen Gewehr- und Rohrläufe auf sie gerichtet seien. Ein wenig irritiert ließ Divisionskommandeur Schaal anfragen, ob er seine Sicherungen einziehen solle. Dies jedoch dünkte Guderian gefährlich. Erst einmal bewegte er den Sowjetkommissar, die 10. Panzerdivision aufzusuchen und gütliche Regelung zu erreichen. Intern be-

Brest-Litowsk, 21. September 1939, 12.00 Uhr. Gemeinsames Mittagessen des Stabes des XIX. Armeekorps (zweiter von rechts Heinz Guderian, erster von links Walter Nehring) mit der zweiten sowjetischen Delegation (zweiter von links Hauptmann Gubanow, dritter von links der sowjetische Politkommissar)

Brest-Litowsk, 22. September 1939, 11.00 Uhr: die ersten sowjetischen Panzerverbände treffen in Brest-Litowsk ein

Vor dem Woiwodschaftsgebäude in Brest-Litowsk begegnen sich deutsche und sowjetische Panzerbesatzungen

fahl er der Division, die Sicherungen offiziell einzuziehen, aber getarnt Posten gegen die Russen aufzustellen.

Bei jenem gemeinsamen Mittagessen am 21. September hatten Guderian und die Sowjets vereinbart, Brest-Litowsk am Morgen des 22. September in einer feierlichen Zeremonie an die Rote Armee zu übergeben und diesen Anlaß mit einer gemeinsamen Parade zu begehen. Das entsprechende Papier war von beiden Seiten paraphiert worden.

Am Morgen des 22. September 1939 rollten die letzten Divisionen des XIX. Armeekorps durch Brest-Litowsk. Guderian wartete ab 08.00 Uhr auf die sowjetische Ablösung. Es wurde ein langer Vormittag für Guderian und seinen Stab. Erst um 11.00 Uhr langten die ersten sowjetischen Einheiten in der Stadt an. Kämpfe mit polnischen Einheiten und Umwege hätten ihr verspätetes Eintreffen verschuldet, erklärten sie dem gereizten Panzergeneral. Um 11.15 Uhr schließlich traf Brigadekommandeur Kriwoschein in der Zitadelle ein. «Er ist gut angezogen und macht persönlich einen zurückhaltenden, selbstbewußten, im ganzen guten Eindruck» notiert der Führer des Kriegstagebuches. Was Kriwoschein indes von Guderian wünscht, stimmt den deutschen General unzufrieden. Es verstößt offenbar gegen Guderians Regieanweisungen, die möglicherweise nicht einmal seine eigenen waren. «Bei Besprechung der Durchführung der feierlichen Übergabe und des Vorbeimarsches äußert der russische Befehlshaber den Wunsch, seine Panzer nicht vorbeimarschieren zu lassen, weil die Besatzung dann von dem Vorbeimarsch der deutschen Truppen nichts sehen würde. Diesem Wunsch entsprechend wird der vorgesehene Verlauf der Übergabefeier dahin abgeändert, daß ein Vorbeimarsch der russischen Panzereinheiten nicht stattfindet, sondern Musikkorps und Besatzungen neben dem Musikkorps der 20. Division gegenüber dem Kommandierenden General Aufstellung nehmen sollen.»

Aus der gemeinsamen Parade wurde also an diesem Vormittag nichts, obwohl fast alle späteren Darstellungen dieses Ereignisses diesen falschen Eindruck erwecken. Es wurde vielmehr eine Parade der deutschen Truppe vor den sowjetrussischen Einheiten. Rasch skizzierte man ein neues Programm, das von beiden Seiten unterzeichnet wird. Ist der Verdacht zutreffend, daß die wohl von der Moskauer Zentrale veranlaßte Paradeabsage einen Schimmer sowjetischer Scham verrät?

Guderian spülte seinen Ärger mit den Sowjets durch ein zwar spätes, aber «einfaches Frühstück» mit Kriwoschein hinweg, bei dem erneut Trinksprüche gewechselt wurden.

Doch die Parade des 22. September 1939 in Brest-Litowsk stand nicht nur wegen ihrer politischen Unwürdigkeit unter einem ungünstigen Stern. Organisatorisch wollte nichts klappen, gerieten preußische Exerzierkunst und Organisationstalent ins Wanken. Ärgerlicher Kommentar des Kriegstagebuchführers: «Für 14.00 Uhr vorgesehene Parade verzögert sich, da durch verspätetes Eintreffen der Russen vorgesehenes Bataillon der 20. Division nicht rechtzeitig herangezogen ist. Außerdem mangelnde Organisation der Ortkommandantur und durch die in den Straßen stehenden russischen Panzerkompanien Straßenverstopfungen.» Endlich um 14.30 Uhr nahmen Guderian und Kriwoschein den Vorbeimarsch des Infanterieregimentes 90, der Artillerieabteilungen 20 und 156 sowie der Aufklärungsabteilung 20 vor der Zitadelle ab. «Zum Vorbeimarsch spielen abwechselnd das deutsche und das russische Musikkorps. Das sonst sehr gute und eindrucksvolle Bild des Vorbeimarsches leidet unter Marschstockungen, hervorgerufen durch die starke Belegung der nach Widomla führenden Straße.» Aber auch mit den russischen Teilnehmern blieb Guderian unzufrieden. «Die russische abgesessene Panzerbesatzung und das nur 8 Mann starke russische Musikkorps machen einen mäßigen Eindruck. Auffallend ist der ungleichmäßige und wenig gepflegte Eindruck.»[4] Vielleicht rührte Guderians Urteil über die Minderwertigkeit der Roten Armee, das er ein Jahr später Hitler nahebringt, aus eben diesen Erfahrungen.

Mehr schlecht als recht kam der Vorbeimarsch schließlich doch noch zum Abschluß. Nachdem das letzte deutsche Fahrzeug die Stadt verlassen hatte, übergab Guderian im Auftrag des deutschen Oberkommandos Kriwoschein die «russische Festung» Brest und befahl das Einholen der Reichskriegsflagge. «Unter den Klängen der Nationalhymne geht die Reichskriegsflagge nun in Brest um 16.45 nieder. Anschließend spricht der russische Befehlshaber. Am Schluß

Um 14.30 Uhr des 22. September 1939 beginnt der Vorbeimarsch deutscher Truppen in Brest-Litowsk

Der Vorbeimarsch wird von Heinz Guderian und dem russischen Brigadegeneral Kriwoschein vor dem Woiwodschaftsgebäude abgenommen

Die Mitwirkung der Roten Armee an der Parade besteht aus einen Musikkorps – nicht im Bild – und zum Spalierstehen abkommandierten Soldaten und Offizieren

Die durch ständige Pausen im Vorbeimarsch der deutschen Truppen verursachten Lücken überbrücken Guderian und Kriwoschein durch Gespräche

Um 16.45 Uhr des 22. September 1939 wird die Reichskriegsflagge in Brest-Litowsk eingezogen

seiner Worte wird von einem politischen Kommissar unter den Klängen der Internationale die rote Fahne gehißt.»[5]

Von den Klängen der Internationale und dem Hissen der roten Fahne erfuhr der deutsche Zeitungsleser kein Wort. Guderian verließ fast fluchtartig die Festung Brest-Litowsk. Er wird erst nach über 20 Monaten an diese seine Wirkungsstätte zurückkehren: als Befehlshaber der Panzergruppe 2, die im Juni 1941 ein zweites Mal die Festung Brest stürmt und nach Moskau vorstößt.

Später Nachklang des 22. September 1939 - am folgenden Tage schossen Deutsche und Russen bei Widomla aufeinander. Deutsche Vorposten hielten russische Kavallerie für polnische Reiter und machten sie in einem Feuerüberfall nieder.

Die Vorgänge zwischen dem 20. und 22. September 1939 in Brest-Litowsk sind die der Öffentlichkeit am meisten bekannten Begegnungen zwischen Wehrmacht und Roter Armee, doch sie waren beileibe nicht die einzigen. Doch an vielen Orten Polens hätte sich ein derartiges Gleichnis vollziehen können, daß die einstigen Partner von Reichswehr und Roter Armee, die bereits in den zwanziger und frühen dreißiger Jahren in Kriegsspielen und Manövern zusammenwirkten, aufeinandergetroffen wären. Wer viele Manöver der Reichswehrzeit nachvollzieht, der kann sich nicht des Eindrucks erwehren, als sei damals von einem Kriegsszenario ausgegangen worden, das sich wenige Jahre später im September 1939 genau in der Form vollzog, wie es seinerzeit am Sandkasten durchexerziert worden war. Und die Partner von einst fand die Rote Armee nunmehr auf deutscher Seite in hohen Stellungen wieder. Denn die einstigen Hauptleute und Majore der Reichswehr, die mit der Sowjetarmee zusammengearbeitet hatten, waren 1939 in Führungspositionen der Wehrmacht eingerückt.

Da war neben Guderian der Panzerführer Hermann Hoth, der im Juni 1941 die Panzergruppe 3 zum Angriff gegen Moskau führen sollte, da war der Generalstabsoffizier Friedrich Paulus, der den sowjetischen Offiziersnachwuchs unterrichtet hatte, und seit 1940 im Oberkommando des Heeres den Krieg gegen Sowjetrußland plante, da waren die Generale Ludwig Kübler, im Dezember 1941 Chef der vor Moskau liegenden 4. Armee, und Walter Heitz, der in Stalingrad in Gefangenschaft geriet und 1932 die Reichswehrdelegation bei Manövern im Kaukasus geleitet hatte, da waren die Generale Dietrich von Saucken und Gotthard Henrici, die als Armee- und Heeresgruppenbefehlshaber in Ostpreußen bzw. an der Oder den letzten Widerstand im Frühjahr 1945 gegen die Sowjetarmee organisierten, wobei ihnen vielleicht Erfahrungen Pate standen, die sie 1927 bei der Abkommandierung zur Roten Armee gesammelt hatten.

Und nicht vergessen der wohl begabteste Heerführer der Wehrmacht, Erich von Manstein, der ebenfalls 1932 russischen Manövern beigewohnt hatte. Am intensivsten aber wohl kannten die Generale der Luftwaffe ihre sowjetrussischen Gegenüber. Martin Fiebig, bei Stalingrad Kommandeur eines Luftwaffenverbandes, hatte jahrelang an der Kriegsakademie der UdSSR gelehrt, der Schöpfer der deutschen Fallschirmjägertruppe Kurt Student war in den zwanziger Jahren regelmäßig Gast in Rußland, ähnlich wie der spätere Luftmarschall Hugo Sperrle, der wesentlich zum Ausbau der Fliegerstation Lipezk beigetragen hatte. Doch die Namen der Luftwaffengenerale sind fast Legion: zu ihnen gehören der Flakartillerist Martin Pickert ebenso wie Wilhelm Speidel, Luftkriegstheoretiker Herhudt von Rhoden, Nahkampfspezialist Paul Deichmann, Heinrich Aschenbrenner, zuletzt Inspekteur für das ostvölkische Personal der Luftwaffe, Stukaflieger Oskar Dinort, Erich Quade, Alfred Gerstenberg usw. usw.

Wohl mit keiner anderen Armee war die Reichswehr vertrauter bekannt als mit der Roten Armee, mit keiner anderen Armee hatten die Führer der späteren Luftwaffe und des Heeres intensivere Kontakte, gemeinsame Erprobungen und Manöver erlebt als mit Sowjetrußlands Streitkräften.

Die Basis dieser zeitweiligen Gemeinsamkeit gründete sich auf beiden Seiten auf einen profunden Nationalismus, der sich aggressiv in erster Linie gegen die Eigenständigkeit Polens richtete, dieses von deutscher und sowjetrussischer Seite gleichermaßen als Bastard des Versailler Vertrages verachteten Staates.

Als am 17. September 1939 die Sowjetregierung ihren Entschluß zum völkerrechtswidrigen Einmarsch in Polen bekanntgab, lieferte die Baseler «Rundschau», Organ der Komintern, einen Bericht aus Moskau, der ein wenig das sowjetische Trauma beleuchtete, von dem sie seit dem Frieden von Riga (März 1921) heimgesucht worden war, als sie nach dem verlorenen Krieg gegen Polen weite Gebiete Belorußlands und der Ukraine an Polen hatte abtreten müssen. In der «Rundschau» hieß es: «Weder in den Jahren des nationalen Krieges gegen die russischen Großgrundbesitzer, Kapitalisten und ausländischen Interventen noch im heldenmütigen Alltag des sozialistischen Aufbaus, noch in den Tagen seiner großen Feiertage und Siege vergaß das Sowjetvolk die Millionen ukrainischer und weißrussischer Werktätigen, die jenseits der Sowjetgrenzen unter dem Joch Polens, losgerissen von ihrer wahren Heimat, ihrer elementaren Rechte auf eine freie nationale und menschliche Existenz beraubt, dahinlebten.»[6]

Muß diese Feststellung nicht dahin gedeutet werden, als habe man stets daran gedacht, aber nie - zumindest offiziell - davon geredet, bis die Situation derart beschaffen war, daß man an Stelle von Reden Taten setzte? Wer das Zusammengehen zwischen Reichswehr und Roter Armee politisch einordnen will, kann nicht umhin, es stets auf dem Hintergrund der Problematik Polens zu sehen, jenes Landes inmitten Europas, dessen staatliche Existenz stets dann besonders gefährdet war, wenn ein fundamentales Einverständnis zwischen Deutschland und Rußland existierte. Und das Wort von der vierten Teilung Polens war kein Begriff, der erst 1939 in die politische Diskussion zwischen Stalin und Hitler eingeführt wurde, dies ist wohl die am wenigsten zu vertretende Ausklammerung aus den deutsch-sowjetischen Militärbeziehungen. Ihren wesentlichen Kitt bildeten in der Tat jeweils die antipolnischen Ressentiments auf beiden Seiten, aus welchen machtpolitischen, ideologischen oder rassistischen Quellen sie auch immer gespeist sein mochten. Die vierte Teilung Polens mußten nicht erst Hitler und Stalin stiften, sie war einerseits Erbgut der nationalkonservativen deutschen Eliten, sie war auch Ausfluß eines nicht überwundenen großrussischen Chauvinismus in der Roten Armee.

Unter diesem Blickwinkel indessen stellte sich die Zusammenarbeit zwischen Reichswehr und Roter Armee unter einem größeren Zusammenhang dar, der heute im Banne der Nichtangriffspaktdiskussion vielfach verloren zu gehen scheint. Die vierte Teilung Polens kann nicht ausschließlich einem wie immer entarteten Stalinismus bzw. Nationalsozialismus angelastet werden, deren schändliches Zusammenwirken bei der Auslöschung der staatlichen Existenz Polens zur Geburtsstunde des Totalitarismus erklärt wurde, ohne ihre historischen Wurzeln und Ursprünge einzubeziehen.

Wie aber dann fällt die Beurteilung der vielfach beschworenen deutsch-sowjetischen «Freundschaft» in den zwanziger Jahren - auch innerhalb der Nationalkonservativen Deutschlands - aus? Was war dann diese Politik? War sie sogenannte Realpolitik einer Fraktion von bürgerlichen Eliten, die aus den Gesamtumständen heraus genau wußte, daß eine militärische Auseinandersetzung mit Sowjetrußland unter den gegebenen Umständen undenkbar war, und die deshalb das für sie Naheliegende tat, sich auf Kosten Polens mit einer dritten Macht zu verbünden, um auf diese Weise den Teufelskreis des Versailler Vertragswerkes wenigstens an einer Front zu durchbrechen, verbunden mit der Hoffnung, Sowjetrußland würde gleichsam auch als Abschirmung vor westlicher Intervention herhalten. Kann für diese Politik die so arg strapazierte Worthülse von friedlicher Koexistenz in Anspruch genommen werden, nur weil sie kurzfristig von antisowjetischen Kriegsabenteuern Abstand halten mußte, dafür aber Polen in ihr Kriegsvisier nahm?

In der einstigen DDR war man bei einer Gelegenheit damit ziemlich bedenkenlos umgegangen. Im März 1962 verabschiedete der Nationalrat ein sogenanntes Nationales Dokument, in dem verlautbart wurde: «Es gab … Vertreter der herrschenden Klasse, die die umwälzende Bedeutung der Großen Sozialistischen Oktoberrevolution ahnten und die ihre eigene Klasse davor warnten, eine Politik der Feindschaft gegen die aufsteigende sozialistische Macht zu führen. Zu diesen gehörte der Chef der Heeresleitung der Reichswehr, Generaloberst Seeckt. In einem an die Regierung gerichteten Memorandum erklärte er: ‹Wenn Deutschland einen Krieg gegen Rußland führt, dann wird es einen hoffnungslosen Krieg führen›. Leider waren solche Erkenntnisse in der herrschenden Klasse äußerst selten. Hätten die deutsche Bourgeoisie und die rechten Führer der Sozialdemokratie und Gewerkschaften auf solche Stimmen der nationalen Vernunft gehört und erkannt, daß jede vernünftige Außenpolitik zuerst Freundschaft und Frieden mit der Sowjetunion verlangt: dem deutschen Volk wäre Furchtbares erspart geblieben.»[7] Derartige historische Verknappungen, die unterstellen, die Herrschenden Deutschlands hätten in der Weimarer Republik vor der Wahl gestanden, durch «friedliche Koexistenz» den Frieden in Osteuropa zu erhalten oder Politik eines kommenden Krieges zu betreiben, übersehen, daß zwischen Deutschland und Sowjetrußland stets Polen lag, gegen das beide Staaten in jenen Jahren eben alles andere als friedliche Absichten hegten.

Wer den Kontext Seecktscher Überlegungen kennt, und polnischen Nachbarn war er allemal geläufig, der kann an den unbehaglichen Gefühlen teilhaben, die Polen beschlichen, wenn eine Galionsfigur antipolnischer Politik auf ein Ehrenpodest der DDR erhoben wurde, für die das polnische Volk nun alles andere als Sympathie aufbringen konnte. Denn wenn es eine Kontinuität in der Politik deutscher Nationalkonservativer von 1918 bis 1945 gab, die sich selbst in der Bewegung des 20. Juli 1944 aber auch im «Bund Deutscher Offiziere» immer wieder nachweisen läßt, dann war es die klare antipolnische Ausrichtung, die deshalb Hitlers zeitweise Neutralisierungs- und auch Bündnispolitik in den Reihen der junkerlich-aristokratischen Reichswehr- und Wehrmachtsgeneralität so völlig unpopulär machte.

Die Ostoption führender Reichswehrkreise, wie sie sich unter dem harten Druck der Versailler Siegermächte seit Ende 1919/Anfang 1920 herausbildete, war auf mehreren Voraussetzungen aufgebaut. Sie hatten alle mit einem nicht das geringste gemein: mit irgendwelchen Gefühlen der Freundschaft oder gar Sympathie gegenüber Sowjetrußland als bolschewistischen Staat oder überhaupt gegen Rußland als Zentrum des Slawentums. Sie waren primär das pragmatische Kalkül einer militanten Elite, unter welchen Voraussetzungen diese überhaupt Chancen sahen, sich der Fesseln von Versailles zu entledigen und Deutschland wieder in eine Weltmachtstellung zurückzuführen. Alle antisowjetischen Anbiederungsversuche bei der Entente waren abgewiesen worden. Insofern können auch die schroffen Wendungen in den deutsch-sowjetischen Militärbeziehungen zwischen 1921 und 1941 nur den verwundern, der sich dem naiven Kinderglauben hingibt, als würden in der Politik gegenseitige Beziehungen - mochte man sie auch in Toasten oder in offiziellen Festreden beredsam feiern - nicht stets auf dem Prinzip der Macht entschieden. Als entscheidend in der Politik zwischen Reichswehr und Roter Armee erwiesen sich allemal die wirtschaftlichen, politischen und militärischen Machtverhältnisse und nicht die Sympathie, die diesem oder jenem Volk in besonderer Weise entgegengebracht wurde.

Aus einer solchen Situation heraus schwenkte die Mehrheit der Reichswehrführung im Frühjahr 1920 mehr oder minder einhellig auf eine Position ein, die sich alles von einer aktiven Ostpolitik mit Sowjetrußland und nichts von einer Unterwerfungspolitik gegenüber der einstigen Entente versprach. Zu ihrem Sprachrohr machte sich 1920 der als Chef des Truppenamtes tätige General Hans von Seeckt, der bereits Ende Januar 1920 in einem Privatbrief schrieb: «Da ich die zukünftige politische und wirtschaftliche Einigung mit Großrußland als unverrückbares Ziel unserer Politik ansehe, müssen wir versuchen, uns Rußland wenigstens nicht zum Feind zu machen... Ich lehne Unterstützung Polens ab, selbst auf die Gefahr hin, daß Polen aufgefressen wird.»[8] Allerdings sorgte sich der stark konservative Seeckt für den Fall, daß bei einem polnisch-sowjetischen Krieg der Bazillus des Kommunismus und der Weltrevolution bei einem Vormarsch der Roten Armee an die Grenzen Deutschlands direkt auf sein Vaterland übergreifen könnte. Hierfür erwartete er im Frühjahr 1920 noch Waffenhilfe für die Entente. Je deutlicher sich jedoch abzeichnete, daß die Entente alles andere als bereit war, der Reichswehr Waffenhilfe im deutschen Interesse zu geben, desto schärfer votierte Seeckt für eine pragmatisch eigenständige Politik, die es nunmehr strikt ablehnte, sich als Festlandsöldner Englands zu verdingen. In einer öffentlichen Rede in Hamburg am 20. Februar 1920 empfahl er: «Um Polen, diesen Todfeind Deutschlands, Geschöpf und Bundesgenosse Frankreichs, Räuber deutschen Bodens, Vernichter deutscher Kultur, vor dem Bolschewismus zu retten, darf sich keine deutsche Hand rühren, und will der Teufel Polen holen, wir sollten ihm helfen.»[9] Und in einem Memorandum für die Reichsregierung vom selben Monat betonte er: «Ob uns das neue Rußland in seinem inneren Aufbau gefällt oder nicht, das spielt jetzt keine Rolle. Unsere Politik hätte die gleiche sein müssen gegenüber einem zaristischen Rußland wie gegenüber einem Staat unter Koltschak oder Denikin. Jetzt heißt es sich mit dem Sowjetrußland abfinden - uns bleibt keine Wahl.» In der Annahme, daß die Existenz des antisowjetischen polnischen Kordonstaates für die UdSSR auf Dauer genauso unerträglich wäre, erwartete Seeckt einen sowjetischen Angriff auf Polen und warnte die Reichsregierung davor, den polnischen Todfeind zu retten. «Wir haben keinen schlimmeren in diesem Augenblicke. Nun und nimmermehr kann Preußen-Deutschland sich mit einem Bromberg, Graudenz, Thorn, (Marienburg), Posen in polnischer Hand abfinden und wie ein Wunder Gottes erscheint jetzt am Horizont die Hülfe für uns in unserer tiefen Not. In diesem Augenblick soll niemand Deutschland zumuten, auch nur den kleinen Finger zu rühren, wenn das Unheil über Polen hereinbricht.»[10]

Daß das unerwartete Unheil über Polen rasch hereinbrechen würde, mutmaßte die Reichswehrführung aus dem zunächst erfolgreichen Verlauf der roten Offensive bis zum August 1920, die bis vor die Tore Warschaus führte. Am 7.August 1920 wurde der einstige Militärattaché des Kaiserreiches in Moskau, Major Wilhelm von Schubert, später im Verbindungsstab der Reichswehr in der UdSSR in der Zentrale Moskau, dann seit 1921 im Vorstand der Junkers-Werke in Fili, der 1941 als Leiter des Wirtschaftsstabes Ost die kriegswirtschaftliche Ausbeutung der okkupierten sowjetischen Gebiete dirigierte, vom Auswärtigen Amt beauftragt, «von Ostpreußen aus die Verbindung mit der russischen Armee aufzunehmen und aufrecht zu erhalten.» Durch ihren Berliner Vertreter, Viktor Kopp, der im Auftrag von Leo Trotzki handelte, ließ die Sowjetunion die deutsche Reichsregierung am 12. August 1920 wissen, «daß es die ursprüngliche Absicht der Sowjetregierung sei, die alten deutschen Grenzen von 1914 zu respektieren, also auch den Korridor und die ehemalige Provinz Posen.» Kopp teilte ferner mit, in der Annahme, die polnische Niederlage stehe unmittelbar bevor, daß für den Fall, «daß in Warschau eine polnische bolschewistische Regierung sich bildete, so würde diese polnische Regierung aus freien Stücken die bisherigen deutschen Teile, so weit sie ethnographisch deutsch seien, Deutschland wieder zur Verfügung stellen.»[11] Von einer nur reformierten Warschauer Regierung erwarte man indessen mindestens einen freien Handels- und Eisenbahnverkehr durch den Korridor.

Doch das Wunder an der Weichsel, die Niederlage der Roten Armee vor den Toren Warschaus am 14.August im Zuge der polnischen Gegenoffensive, ließ alle Hoffnungen der Reichswehrführung auf die Wiederherstellung der alten Reichsgrenzen auf Kosten eines besiegten Polens zerrinnen. Auf der anderen Seite stärkte wohl gerade diese Niederlage die Bereitschaft der Reichswehrgeneralität, über politisches Räsonieren hinaus einen eigenen Beitrag für eine aktive Ostpolitik mit der Sowjetunion in Gang zu setzen.

Über die Ursprünge der direkten Kontaktaufnahme zwischen Reichswehrführung und Sowjetunion gibt es unterschiedliche Vermutungen. Wurden sie bereits im Herbst 1919 durch Karl Radek im Moabiter Untersuchungsgefängnis geknüpft? Stand die abenteuerliche Reise des türkischen Politikers Enver Pascha, der am 22. Oktober 1919 mit einer Junkers F-13 nach Moskau fliegen sollte, aber im litauischen Kowno notlanden mußte, was zu seiner Gefangennahme und seiner abenteuerlichen Befreiung durch Hauptmann Fritz Tschunke führte, damit in Zusammenhang?[12] Oder wurden sie erst nach der sowjetischen Niederlage vor Warschau aufgenommen? Wie auch immer: für die Zeit zwischen Sommer 1920 und Frühjahr 1921 liegt über den deutsch-sowjetischen Militärbeziehungen noch immer ein Schleier der Unbestimmtheit.

Nachweisbar ist das Angebot vom 2. März 1921 des Vorsitzenden des Rats für Außenhandel, Leonid Krassin, an das Auswärtige Amt, «daß Deutschland auf russischem Boden mit der Einrichtung einer Fabrik zur Konstruktion von Flugapparaten beginne.»[13] Kopp meldete Trotzki am 7.April, daß die Albatroswerke bereit seien, Flugzeuge in Rußland unter deutscher technischer Leitung bauen zu lassen, Blohm & Voss Unterseeboote und Krupp Munition und Geschütze. Zugleich bat Kopp um die Genehmigung der Reise einer Gruppe deutscher Sachverständiger, die unter Führung eines Herrn Neumann Werke der Rüstungsindustrie besuchen wollte. Lenin gab diesem Delegationsbesuch seine Zustimmung.[14] Unter Leitung von

Neumann alias Oskar Ritter von Niedermayer, der im Ersten Weltkrieg als eine Art deutscher Lawrence Militäragent im Nahen Osten gewesen war, sich in den zwanziger Jahren als einer der Hauptvertrauten Seeckts und der Reichswehr in der Kontaktpflege mit der Roten Armee bestätigt hatte, bis er 1930 aus dieser Funktion ausschied und Wehrgeographie an der Kriegsakademie in Berlin lehrte, um schließlich im Zweiten Weltkrieg Oberbefehlshaber der aus sowjetischen Überläufern und Kriegsgefangenen bestehenden Osttruppen der Wehrmacht zu werden und 1954 in sowjetischer Kriegsgefangenschaft verstarb, trat die Expertenkommission ihre Inspektionsreise an. Die Ernennung des deutschen Meisterspions Niedermayer zum Leiter der Ostgruppe erhärtete beim Chef des sowjetischen Nachrichtendienstes, General Ja.A. Bersin, den Verdacht, daß auch die Informationssammlung zum deutschen Anliegen gehörte. Das Ergebnis des Besuchs bestand darin, daß sie nach ihrer Rückkehr nach Deutschland gezielte Kontakte zu deutschen Rüstungsfirmen aufnahm, besonders im Bereich der Flugzeugindustrie. In den Besprechungen zwischen den deutschen und sowjetischen Beauftragten war ein großes und ein kleines Flugzeugrüstungsprogramm im Gespräch gewesen. Bei dem ersteren sollte die Reichswehr 600 Millionen Mark aufbringen, um zwei Flugzeugzellen- und Flugmotorenwerke bei Moskau und Leningrad bzw. an der Wolga mit je 100 Einheiten Monatsproduktion aufzuziehen, das letztere sah die Errichtung eines Flugwerkes mit dem Aufwand von 150 Millionen Mark vor.[15] Im Juli 1921 kontaktierte Niedermayer zu diesem Zweck die Junkers-Werke, denen angesichts ihrer Metallbauweise der Vorzug gegenüber Albatros gegeben wurde. Die Verhandlungen in Dessau, an denen neben Hugo Junkers und Gotthard Sachsenberg Niedermayer, Oberst Otto Hasse und der Chef des Heereswaffenamtes, General Ludwig Wurtzbacher, sowie von sowjetischer Seite Viktor Kopp beteiligt waren, wurden im September 1921 zwischen Reichswehr und Roter Armee in Berlin fortgesetzt. Unter strengster Geheimhaltung trafen sich Niedermayer, Tschunke, Hasse, von Schubert und von Schleicher in Berliner Privatwohnungen mit Krassin und Kopp. Am 8. Dezember 1921 kam schließlich Seeckt erstmals mit den sowjetischen Unterhändlern zusammen, eine Begegnung mit Karl Radek folgte am 10. Februar

1922, in der Radek «Besprechungen der Generalstäbe über mögliche militärische Lagen sowie die Hergabe deutscher Vorschriften und militärischer zur Förderung des sehr tief stehenden russischen Offizierkorps» vorschlug.[16] Zur Koordinierung der rüstungswirtschaftlichen Pläne, die schon bald unter dem stets zu knappen Etat der Reichswehr litten, war Anfang 1921 eine Sondergruppe R(ußland) beim Chef des Truppenamtes unter Leitung von Major Herbert Fischer gebildet worden.

In den Frühjahrsmonaten des Jahres 1922 zeichneten sich für die Reichswehrführung immer klarer die Konturen ihrer Ostoption ab. Sie beruhten einerseits auf der außerordentlichen militärischen Schwäche des Deutschen Reiches, die weder aktive Kampfhandlungen gegenüber Polen, geschweige denn gegenüber Frankreich ermöglicht hätten. In dieser Situation ging es der Reichswehrführung darum, die Rote Armee im Rahmen ihrer Fonds für einen eventuellen Kampf gegen den gemeinsamen Feind auszurüsten. Als Hauptfeind galt Polen, bei einem Konflikt mit Frankreich hoffte man auf mehr als moralischen Beistand durch Sowjetrußland. Der Aufbau einer Rüstungsindustrie in Rußland - konzentriert auf die Flugwaffe sowie auf die chemische Rüstung - sollte dazu dienen, die kargen Rüstungspotenzen der Reichswehr durch die sowjetische Rüstungsgüterproduktion auszuweiten. Darüber hinaus hoffte die Reichswehrführung, sich durch den Aufbau der darniederliegenden sowjetischen Rüstungsindustrie eine Monopolstellung zu sichern, nicht nur um ausländische Konkurrenz von diesem Markt fernzuhalten, sondern auch um Einfluß auf das höhere Offizierkorps der Roten Armee im Sinne einer künftigen möglichst gewaltfreien Evolution nehmen zu können. Und schließlich versprach man sich durch eine intensive Rüstungskooperation auch Zugang zu den schier unerschöpflich scheinenden Rohstoffreserven des Ostimperiums. Die eigene Schwäche hielt die Reichswehrführung aber davon ab, ein formelles Militärbündnis mit der Sowjetunion zu vereinbaren, weniger weil sie sich sorgte, bolschewistisches Ideengut könne auf Reichswehr und Bevölkerung übergreifen, sondern mehr aus der Furcht heraus, daß eine förmliche Militärallianz mit Moskau der Entente Anlaß geben könnte, einen Präventivschlag gegen Deutschland zu führen, dem man militärisch in keiner Weise gewachsen war. Er hätte Deutschland zum Kriegsschauplatz gemacht und gegebenenfalls durch den Einmarsch sowjetischer Truppen nach Deutschland eine stets befürchtete Revolutionierung im Lande auslösen können, vor der der Reichswehr graute. Deshalb lehnte Seeckt wiederholte Moskauer Angebote zu einem Offensivbündnis gegen Polen entschieden ab, obgleich die Reichswehr und die Reichsmarine seit 1922/23 in strategischen Kriegsspielen immer wieder ein derartiges Kriegsszenario durchspielten.[17]

Das Hauptinteresse der Reichswehrführung lag zunächst in der raschen Ankurbelung einer Rüstungsindustrie in Sowjetrußland, mit der sowohl die Kampfkraft der UdSSR in einer eventuellen Auseinandersetzung mit Polen gestärkt als auch ein Rüstungsreservoir eigener Bedarfsbefriedigung angelegt werden sollte. Angesichts sowjetischer Finanzforderungen erwirkte die Heeresleitung durch Vermittlung von Reichskanzler Josef Wirth die Bereitstellung von 150 Millionen Papiermark als erste Investitionshilfe. Sie kamen in erster Linie den Junkers-Werken zugute, die 140 Millionen Mark durch einen am 15. März 1922 geschlossenen Geheimvertrag mit der Sondergruppe R zur Verfügung gestellt bekamen, um eine Militärflugzeugproduktion in Fili bei Moskau aufzuziehen.

Der politische Rahmen für eine Vertiefung der militärischen und rüstungswirtschaftlichen Abmachungen war durch den Vertrag von Rapallo am 16. April 1922 gezogen worden, der sowohl für Deutschland als auch für Sowjetrußland die diplomatische Isolierung durchbrach und aus sowjetischer Sicht die Einbindung Deutschlands in einen antisowjetischen Block unterband. Obwohl in den Rapallo-Verhandlungen militärische Fragen weitgehend ausgeklammert blieben, war der Chef des Truppenamtes, General Otto Hasse, als Berater hinzugezogen worden, der Seeckt berichten konnte, daß Reichskanzler Wirth mit dem sowjetischen Delegationsführer Georgi Tschitscherin auch über die Wiederherstellung der deutschen Ostgrenzen von 1914 gesprochen hatte.[18] Für Seeckt galt der Vertrag als Ausgangspunkt, die militärische Zusammenarbeit mit Sowjetrußland weiter zu vertiefen und vertraglich zu regeln. Am 29. Juli 1922 wurde ein rüstungstechnischer Vertrag zwischen beiden Staaten ausgehandelt.

Die mit dem Rapallo-Vertrag wiederaufgenommenen diplomatischen Beziehungen zwischen Deutschland und Sowjetrußland sowie der strategische Stellenwert, der dem Faktor Rußland in der künftigen Gesamtstrategie der Reichswehr zukommen sollte, führten im Sommer 1922 zu einer scharfen Auseinandersetzung zwischen Seeckt auf der einen und dem für den Botschafterposten in Moskau vorgesehenen Ulrich Graf von Brockdorff-Rantzau auf der anderen Seite. Obgleich sich beide für eine Ostoption innerhalb der nationalkonservativen Führungskreise aussprachen, ging es, trotz heftiger persönlicher Rivalitäten und Kompetenzstreitigkeiten, zugleich um scharfe Auseinandersetzungen des militärpolitischen Kalküls. Während Brockdorf-Rantzau am 3. August und nochmals am 15. August 1922 energisch davor warnte, sich «durch militärische Abmachungen» der «völlig skrupellosen Sowjetregierung» in die «Hand zu geben», weil bei «einem Angriff Rußlands auf Polen» Deutschland dem französischen Einmarsch «nahezu wehrlos gegenüberstehen» würde. «Selbst wenn es den Russen gelingen sollte, Polen zu überrennen, würden wir Deutschland als Schlachtfeld für die Auseinandersetzung zwischen dem Osten und Westen ausliefern... ganz abgesehen von der zweifelhaften Annehmlichkeit, diese roten Bundesgenossen im eigenen Land beherbergen zu müssen; sie kommen nicht zu unserer Hilfe in dem Befreiungskampfe gegen die Entente, sondern sie kommen, um die Grenzen Asiens an den Rhein vorzuschieben.» Deshalb hielt er es für die wichtigste Aufgabem, «die Russen von kriegerischen Experimenten abzuhalten... uns militärisch mit den Russen nicht zu verbünden.» Außerdem warnte der Graf vor zu weitgehender Rüstungsbeihilfe. «Wer bürgt uns aber dafür, daß diese Waffen nicht schließlich einmal gegen uns selbst gerichtet werden?»[19] Obgleich Reichskanzler Wirth Brockdorff-Rantzau am 24. Juli 1922 nicht im Zweifel darüber ließ, daß ein Aspekt des Rapallo-Vertrages sich gegen Polen richte, denn er schließe keine Verträge, durch «die Polen gestärkt werden könnte», er vertrete vielmehr unumwunden die Meinung, «Polen muß erledigt werden»,[20] gab der Streit mit Brockdorff-Rantzau Seeckt am 11. September 1922 nochmals Gelegenheit, ausführlich «Deutschlands Stellung zum russischen Probleme»[21] darzustellen. Seeckt ließ sich ausschließlich von machtpolitischen

Kriterien leiten, wenn er urteilte: «Eine Verbindung Deutschlands mit Rußland ist der erste und bisher fast einzige Machtzuwachs, den wir seit Friedensschluß erreichten. Daß der Anfang dieser Verbindung auf wirtschaftlichem Gebiet liegt, ist nach der Gesamtlage naturgemäß; die Stärke liegt aber darin, daß diese wirtschaftliche Annäherung die *Möglichkeit* politischer und damit militärischer Verbindung vorbereitet. Daß in solcher doppelter Verbindung ein Machtzuwachs für Deutschland - und auch für Rußland - liegt, kann nicht bezweifelt werden.»

Seeckt behandelte zunächst die verschiedenen politischen Optionsmöglichkeiten Deutschlands hinsichtlich Großbritanniens und Frankreichs und kam schließlich zu seinem Hauptanliegen: «Mit Polen kommen wir nun zum Kern des Ostproblems. Polens Existenz ist unerträglich, unvereinbar mit den Lebensbedingungen Deutschlands. Es muß verschwinden und es wird verschwinden durch eigene innere Schwäche und durch Rußland - mit unserer Hilfe. Polen ist für Rußland noch unerträglicher als für uns; kein Rußland findet sich mit Polen ab. Mit Polen fällt einer der stärksten Säulen des Versailler Friedens, die Vormachtstellung Frankreichs. Dieses Ziel zu erreichen, muß einer der festesten Richtungspunkte der deutschen Politik sein, weil er ein erreichbarer ist. Erreichbar nur durch Rußland oder mit seiner Hilfe. Polen kann niemals Deutschland irgendeinen Vorteil bieten, nicht wirtschaftlich, denn es ist entwicklungsunfähig, nicht politisch, denn es ist Vasall Frankreichs. Die Wiederherstellung der Grenze zwischen Rußland und Deutschland ist die Voraussetzung beiderseitiger Erstarkung. Rußland und Deutschland in den Grenzen von 1914 sollten die Grundlage einer Verständigung zwischen beiden sein.»

Entsprechend diesem Stufenplan künftiger Revanchepolitik und Abschüttelung der Fesseln von Versailles, wobei Seeckt die letzten Ziele seiner Politik gegenüber Rußland im Ungewissen und keinen Zweifel daran ließ, daß es erstens um eine Veränderung des Status quo und zweitens auch um keine unnötige Stärkung des bolschewistischen Systems ginge, sie immer nur ein zeitweiliges Mittel eigener machtpolitischer Bewegungsfreiheit war, schlug er vor, Rußland wirtschaftlich, damit auch politisch und somit letztendlich auch militärisch zu unterstützen. Auf dem Umweg über Sowjetrußland sollte Deutschland in eine Position gebracht werden, die ihm eine aktive Politik zur Wiederherstellung der Vorkriegsgrenzen im Osten erlaubte, als Voraussetzung für eine ähnlich gelagerte Revisionspolitik gegenüber Frankreich.

Als Hauptmittel, das Rüstungsbündnis in feste politische und militärische Bindungen hinübergleiten zu lassen, sah die Reichswehrführung die rasche Ingangsetzung einer Kriegsproduktion in Sowjetrußland an. Von dieser Absicht waren zwei Verhandlungen getragen, die im Frühjahr 1923 stattfanden. Die erste, im Februar, stand unter der Leitung des Chefs des Truppenamtes, Generalmajor Otto Hasse. Sie sollte den sowjetischen Vertretern weitgehende deutsche Unterstützung bei der Rüstung in Aussicht stellen. Seeckt verknüpfte diese Hilfe mit der Forderung: «Wie ist ein gemeinsames Handeln Rußlands und Deutschlands im Fall eines Krieges zu denken?»[22] Zwar sollte das Ergebnis wiederum nicht als Militärbündnis fixiert werden, aber es ging doch um hinreichend bindende operative Absprachen. Seeckt bestand darauf, den sowjetischen Verhandlungspartnern zu bedeuten, daß «alle unsere Verhandlungen unnötig seien, wenn gleichzeitig von russischer Seite eine Kräfteentfaltung Deutschlands durch den Kommunismus gehindert würde.» Dieses Problem war bereits während der Vorverhandlungen von Rapallo auf die Tagesordnung gesetzt worden. Reichskanzler Wirth hatte seinerzeit gedrängt, «daß jede kommunistische Agitation in Deutschland zu unterbleiben hätte, da nur ein sich festigendes Deutschland den Russen etwas nutzen könnte.»[23]

Damit ist ein Kernproblem der deutsch-sowjetischen Militärbeziehungen angesprochen, das ein Dilemma sowjetischer Außenpolitik enthüllte und sich letztendlich als Quadratur des Kreises erwies; auf welche Weise ließ sich Übereinstimmung zwischen pragmatisch außenpolitischen Vorstellungen und ideologisch-weltrevolutionären Prinzipien herstellen? Zwar wurde von sowjetischer Seite zu keinem Zeitpunkt zugesagt, in diesem Sinne etwa auf die Kommunistische Partei Deutschlands einzuwirken, auf der anderen Seite hinderte es die sowjetischen Diplomaten und Militärs nicht im geringsten daran, mit den nationalkonservativen Hauptstützen der Weimarer Republik zu konspirieren und - auch der reichswehrfeindlichen Politik der KPD in den Rücken zu fallen, ja sie sogar bedenkenlos für ihre Machtinteressen zu mißbrauchen und Verständnis für die Repressionspolitik der Nationalkonservativen in Deutschland aufzubringen. Nach dem Gebot, daß sich alle kommunistische Politik dem Ziel der Stärkung und Festigung des ersten sozialistischen Staates unterzuordnen habe, wurde den deutschen Kommunisten zugemutet, einerseits die geheimen Remilitarisierungsbestrebungen der Reichswehr anzuprangern und zu bekämpfen, andererseits jedoch den Kopf in den Sand zu stecken, wenn diese Remilitarisierungsbestrebungen auch Gewinn für die Sowjetunion abwarfen.

Bereits in den zwanziger Jahren wetterleuchteten hier bestimmte Erscheinungen der sowjetischen Politik, die dann in den August 1939 mündeten. Allemal dominierten die eigenstaatlichen Sicherungsinteressen gegenüber politisch-weltanschaulichen Prinzipien.

Die Aufgabe Hasses in den Gesprächen mit den sowjetischen Armeebeauftragten, Rüstungshilfe und militärische Vereinbarungen als ein Paket zu behandeln, scheiterte rasch. Der sowjetischen Seite lag daran, beide Ziele sorgfältig voneinander zu trennen und erst nach hinreichender Klärung der Frage, inwieweit von deutscher Seite den sowjetischen Rüstungswünschen nachgekommen werde, verbindliche Absprachen zu treffen. Man war offensichtlich enttäuscht darüber, daß die vollmundigen Zusicherungen Niedermayers von 1921/22 nur teilweise oder überhaupt nicht von der Reichswehr realisiert wurden. Auf seiten der Reichswehr bestanden Zögerlichkeiten nicht nur wegen der geringen eigenen Finanzmittel, sondern auch wegen der Sorge, daß es ohne ausreichende politische Garantien, wie es Brockdorff-Rantzau am 21. Februar 1923 formulierte, «natürlich widersinnig» wäre, «die russische Armee zu organisieren und ihr deutsche Waffen zu liefern, die sie gegebenenfalls gegen uns selbst verwenden würden.»[24]

Die Verhandlungen zwischen Hasse und dem sowjetischen Generalstabschef Pawel Lebedejew sowie dem Oberbefehlshaber der Roten Luftflotte Arkadi Rosengolz gerieten endgültig in eine Sackgasse, als die beiden sowjetischen Militärs unverblümt klarmachten, an militärpolitische Abmachungen sei so lange nicht zu denken, wie Deutschland so hoffnungslos untergerüstet sei. Rosengolz hielt jegliche Zusage für gemeinsame Operationen gegen Polen für sinnlos, solange Deutschland und Rußland ihre Aufrüstung nicht abgeschlossen hätten.

Doch die politische Lage im Frühjahr 1923 brachte beide Seiten wieder rascher an den Verhandlungstisch als vermutet worden war. Anlaß oder Vorwand gaben polnische Mobilisierungsmaßnahmen im März 1923, die Tschitscherin am 21. März 1923 gegenüber Brockdorff-Rantzau zu der Frage veranlaßten, ob diese sich «gegen Deutschland oder Rußland richte.»[25]

Im April 1923 reiste eine zweite deutsche Gruppe unter Leitung von Oberstleutnant Wolfgang Mentzel nach Moskau, begleitet von Vertretern der Rüstungsindustrie, von der Gutehoffnungshütte über Rheinmetall bis zu Hugo Stoltzenberg, einem fanatischen Gaskriegslobbysten. Mentzel war bevollmächtigt, den sowjetischen Vertretern 35 Millionen Goldmark als deutschen Finanzierungsbeitrag anzubieten, woraufhin den deutschen Industriellen eine Besichtigungsreise durch Werke der Rüstungsindustrie verstattet wurde.

Im Ergebnis dieser rüstungswirtschaftlichen deutschen Beihilfe schälten sich drei Hauptprojekte heraus:

1. Der Aufbau eines Flugzeugwerkes in Fili bei Moskau durch die Junkers-Werke. Der am 26. November 1922 abgeschlossene Konzessionsvertrag zwischen Junkers und der Sowjetregierung, der am 29. Januar 1923 ratifiziert wurde, sah eine Jahresproduktion von 300 Militärflugzeugen und Flugmotoren vor. Junkers hatte diesen Vertrag in der Annahme unterzeichnet, alle finanziellen Aufwendungen in Fili würden ihm von der Reichswehr ersetzt werden. Der Vertrag enthielt nämlich Bedingungen, die es von vornherein ausschlossen, daß der Betrieb je wirtschaftlich rentabel arbeiten könnte.

Intern machten die Reichswehroffiziere Fischer, Niedermayer und Tschunke auch kein Hehl daraus, daß es ihnen ausschließlich um die politisch-militärische Seite dieses Vertrages ging und ihnen die wirtschaftlichen Rahmenbedingungen völlig gleichgültig waren.[26] Sehr rasch stellte sich heraus, daß die Junkers-Werke ohne Beihilfen der Reichswehr nicht in der Lage waren, ihre Verpflichtungen einzuhalten. Statt einer Jahresproduktion von 300 Flugzeugen lieferten die

Werke bei Fili der UdSSR nur 170 Kampfflugzeuge vor allem vom Typ Ju 20 und Ju 21. Am 22. Januar 1925 teilte Hugo Junkers seinen Rücktritt vom Konzessionsvertrag mit. Fili bedeutete für die Rote Luftflotte also weniger Gewinn an reiner Flugzeugproduktion, sondern vor allem Einsicht in die Konstruktionsweise von Metallflugzeugen und Beihilfe beim Aufbau einer eigenen Motorenindustrie. Die Junkerswerke halfen auf diese Weise der UdSSR, Anschluß an den modernen Flugzeugbau zu gewinnen.

2. Als ein weiterer Komplex moderner Waffentechnologie erwies sich die erstmals im Ersten Weltkrieg zur Anwendung gekommene Gaswaffe. Bereits im Januar 1923 hatte die Reichswehrführung Kontakt zu dem einstigen Mitarbeiter Fritz Habers, Hugo Stoltzenberg, aufgenommen, um in Deutschland eine chemische Kampfstoffproduktion aufzuziehen. Stoltzenberg erklärte sich auch bereit, in Sowjetrußland eine derartige Fabrikation aufzubauen, die sowohl die Rote Armee wie im Bedarfsfall die Reichswehr mit Gaskampfstoffen beliefern sollte.[27] Am 14. Mai 1923 wurde der Bau eines Kampfstoffbetriebes schriftlich vereinbart, mit Standort in Trozk bei Samara an der unteren Wolga, im Gebiet der Wolgadeutschen Republik. Dazu wurde die sowjetisch-deutsche Aktiengesellschaft Bersol gegründet, die im Oktober 1923 mit dem Heereswaffenamt einen Vertrag abschloß, in dem sie sich verpflichtete, in erster Linie Phosgen- und Lostkampfstoffe zu produzieren. Es war vorgesehen, jährlich 1 230 Tonnen Lost zu produzieren, die Hälfte davon für die Reichswehr. Indessen scheiterte auch dieses Rüstungsprojekt, denn die Reichswehr zog eine eigene chemische Kampfstoffproduktion im Reich auf, Stoltzenberg nahm dafür in Gräfenhainichen eine entsprechende Werksanlage in Besitz. Außerdem mißlangen die neuen Verfahrenstechniken des Hamburger Giftgasproduzenten - namentlich für die Gewinnung von Lost - und es kam im Zusammenhang mit der Überschwemmungskatastrophe an der unteren Wolga im Winter 1926 zu unvorhergesehenen Verzögerungen. Im Sommer 1926 brach das Stoltzenberg-Projekt bei Samara zusammen. Die Reichswehrführung hielt sich am Eigentum des Hamburgers schadlos und «stopfte» ihm mit einigen Tausend Mark das «Maul».

3. Nur das Abkommen zur Produktion von schwerer Artilleriemuni-

tion in den sowjetischen Rüstungsbetrieben in Slatoust, Tula, bei Schlüsselburg und in den Putilow-Werken in Leningrad ging relativ unkompliziert - wenn auch nicht unbemerkt - über die Bühne. Organisiert von Krupp, wurden der Reichswehr 400 000 Artilleriegranaten zur Verfügung gestellt und bis Herbst 1926 auf dem Seeweg, vor allem über Stettin, nach Deutschland verbracht.

Als erstmals Ende Juli 1923 unter Leitung von Rosengolz eine offizielle sowjetische Delegation zur Fortsetzung der Rüstungsverhandlungen in Berlin erschien, versuchte Reichskanzler Wilhelm Cuno entsprechend dem Rat Brockdorff-Rantzaus die Zusage deutscher Rüstungsfinanzierung von zwei Bedingungen abhängig zu machen: von der sowjetischen Akzeptanz eines deutschen Rüstungsmonopols in Sowjetrußland, was die UdSSR in beträchtliche Abhängigkeit bringen mußte, zum zweiten von dem Verlangen nach einseitiger sowjetischer Beistandserklärung im Falle eines Konflikts mit Polen. Als Verhandlungsstrategie hatte Brockdorff-Rantzau Cuno am 29. Juli 1923 nahegelegt: «Von einem politischen oder militärischen Bündnis ist nicht die Rede und kann nicht die Rede sein. Wir sollten aber versuchen, uns für einen und zwar den gefährlichsten Fall, d.h. einen Angriff Polens auf uns, zu sichern. Da ein Angriff Polens gegen Deutschland ohne Zustimmung und ohne aktive Beteiligung Frankreichs eigentlich überhaupt nicht denkbar ist, würde eine derartige Abmachung uns indirekt auch gegen einen französischen Angriff schützen.» Er fügte nach einem Gespräch mit Rosengolz am selben Tag hinzu, daß er aus dessen Andeutungen schließe, daß man «russischerseits zu politischen Abmachungen geneigt ist, jedenfalls, sobald und soweit Polen in Betracht kommt.[28] Befürchtungen vor einem polnischen Angriff waren namentlich im Zusammenhang mit der Ruhrbesetzung durch die französische Armee geschürt worden, zugleich verbargen sich dahinter aber auch immer Spekulationen über eine mögliche Revision der deutschen Ostgrenzen.

Die sowjetischen Vertreter vermieden Zusagen sowohl nach der einen wie nach der anderen Seite. Sie wiesen immer wieder darauf hin, daß es erst einer ausreichenden rüstungswirtschaftlichen Absicherung bedürfe, ehe man politisch handelseins werden könnte. So bestand das Hauptergebnis in der ersten Phase deutsch-sowjetischer

Militärbeziehungen von 1921 bis 1925 in dem Versuch, eine gemeinschaftlich organisierte Rüstungsproduktion zustandezubringen. Sie fand Ausdruck in der am 9. August 1923 gegründeten Reichswehrtarnfirma «Gesellschaft zur Förderung gewerblicher Unternehmen m.b.H.» (Gefu) und in den im September abgeschlossenen Verträgen über den Aufbau der russischen Rüstungsindustrie und der Herstellung von Kriegsmaterial für Deutschland. Zum Chef der Gefu wurde der langjährige Vertraute Seecks, Fritz Tschunke, ernannt. Etwas später errichtete die Reichswehr in Moskau ihre «Zentrale Moskau» (ZeMo), deren Leitung zunächst Niedermayer, ab Mai 1924 der erste Stabschef der deutschen Luftstreitkräfte im Ersten Weltkrieg, Oberst Hermann von der Lieth-Thommsen, übernahm.

Allerdings weiteten sich die militärischen Beziehungen zwischen Reichswehr und Roter Armee nicht in dem Tempo und in der Intensität aus, wie einige Reichswehroffiziere erhofft hatten. Vielmehr entwickelte sich die politische Situation Deutschlands inmitten Europas in einer Weise, die auch die Reichswehr zur ostpolitischen Zurückhaltung mahnte. Auf der einen Seite entspannte sich nach der Räumung des Ruhrgebietes durch Frankreich (ab Juli 1925) die außen- und militärpolitische Situation des Deutschen Reiches, die befürchtete polnische Intervention wurde immer unwahrscheinlicher. Andererseits spitzten sich die Beziehungen zwischen Frankreich und Großbritannien zu, woraus man im nationalkonservativen Lager die Hoffnung schöpfte, Großbritannien für eine deutsche Revisionspolitik gewinnen zu können. Derartige Überlegungen fanden namentlich in der Marine Anklang, die sich aufgrund ihrer Erfahrungen mit den eigenen Mannschaften in Novemberrevolution und im Kapp-Putsch ideologisch besonders schwer tat, sich mit einem roten Bundesgenossen abzufinden. Obwohl Kapitän Walter Lohmann im Auftrag der Marine zunächst ebenfalls sowjetische Rüstungsmöglichkeiten sondiert hatte und Anfang 1923 von sowjetischer Seite präzise Wünsche an die Marineleitung herangetragen worden waren, ihr durch Überlassung von Konstruktionsplänen für U-Boote, Flugzeuge, Minen usw. Hilfe beim Neuaufbau der Ostseeflotte zu gewährleisten, hielt sich die Marine weitgehend bedeckt. Auch der neue Außenminister Gustav Stresemann neigte der Überzeugung zu, daß das englische

Trumpf künftig stärker stechen würde als das russische As. Hinzu kam - wie bereits angedeutet -, daß die meisten deutschen rüstungswirtschaftlichen Unternehmungen nicht das einbrachten, was Reichswehr und Rote Armee sich von ihnen erhofft hatten.

Der sowjetische Botschafter in Berlin, Nikolai N. Krestinski, der jahrelang mit Energie und Klugheit die Zusammenarbeit beförderte, 1938 auch zu den Opfern der NKWD zählte, gab den unbefriedigenden Resultaten der militärwirtschaftlichen Zusammenarbeit am 30. Januar 1926 gegenüber Seeckt und Hasse unverhohlen Ausdruck. Wie er in seinem Bericht vom 1.Februar 1926 an den Stellvertreter des Volkskommissars für Verteidigung Josef Unschlicht schrieb - Tschitscherin, Litwinow und Stalin erhielten davon Abschriften - teilte er den Reichswehrchefs mit, daß die bisherige dreijährige Zusammenarbeit so gut wie nichts geleistet hätte.[29] Als besonders unzureichend empfanden die Sowjets das Tempo beim Aufbau der gegenseitigen militärischen Beziehungen, die kärglichen vom Deutschen Reich zur Verfügung gestellten Geldmittel zur Unterstützung der rüstungswirtschaftlichen Unternehmen und die fehlende Übereinstimmung in den deutschen Behörden. Besonders irritierte die sowjetischen Vertreter die Tatsache, daß die majorisierende Dominanz von sogenannten Militärexperten nur dazu führte, alle Verträge und Abmachungen mit deutschen Firmen zu verzögern und unnötig zu verteuern.

Mitte der zwanziger Jahre begann sich der Inhalt der deutsch-sowjetischen Militärbeziehungen zu wandeln. Im Ergebnis eines Besuches einer hochkarätigen sowjetischen Militärdelegation in Berlin, vom 25. bis 30. März 1926, wurden sie festgeschrieben. Für die militärische Koordinierung in Berlin sollten künftig Seeckt und der sowjetische Militärattaché in Berlin, Lunew, in Moskau Unschlicht bzw. Lieth-Thommsen verantwortlich sein. Der sowjetische Wunsch nach einer gemeinsamen deutsch-sowjetischen Produktion von Flugzeugen, Motoren, Panzern und schweren Geschützen, bereits seit Januar 1926 von Moskau ins Gespräch gebracht, stieß auf die glatte Ablehnung der Reichswehr. Seeckt verwies die sowjetischen Militärs auf den Weg direkter Kontaktaufnahme mit deutschen Firmen.

Diese brüske Reichswehrablehnung beförderte auf sowjetischer

Seite eine Differenzierung der Ansichten über Nutz und Frommen künftiger Zusammenarbeit. Besonders Vertreter des diplomatischen Dienstes, wie Litwinow etwa, sprachen sich seit 1926 für einen Abbruch der militärischen Beziehungen zur Reichswehr aus. Er begründete dies mit dem Scheitern des sowjetischen Hauptinteresses, die rüstungswirtschaftliche Basis des Landes stärken zu können. Sowjetische Militärs, wenngleich ebenfalls erheblich verstimmt, sprachen sich dagegen für eine Fortsetzung der Zusammenarbeit auch unter veränderten Rahmenbedingungen aus. An die Stelle mehr oder minder kurzfristig ausgerichteter Rüstungsbeihilfe trat nun ein langfristig orientiertes Ausbildungs-, Erprobungs- und Austauschprogramm beider Streitkräfte, dessen antipolnischer Effekt indes nach wie vor dominierend blieb. Dabei spielten auf beiden Seiten auch mannigfache andere Erwägungen hinein. Die Sowjetunion wollte eine westliche Einbindung Deutschlands verhindern, namentlich im Zusammenhang mit ihrer Verschärfung der Beziehungen zu Großbritannien seit 1926, zugleich ging es ihr um die Teilhabe an bestimmten modernen militärwissenschaftlichen, taktischen und technischen Erfahrungen, über die die Reichswehr verfügte. Auf deutscher Seite wollte man - vor allem im Hinblick auf Polen und auch Frankreich - eines möglichen sowjetischen Beistandes nicht verlustig gehen, die Reichswehr mochte auf die geheimen Erprobungen von Taktiken und Techniken in Sowjetrußland nicht verzichten und sich die Möglichkeit erhalten, Einfluß auf die Führung der Roten Armee zu nehmen, der nach Meinung hoher Offiziere ein immer ausschlaggebenderer Stellenwert in der sowjetischen Gesellschaft zukam. Durch Einflußnahme auf die Köpfe der Roten Armee - die in der Optik der Reichswehr ein Staat im Staate werden könnte - hoffte man, eine evolutionäre Entwicklung in Sowjetrußland befördern zu können.

Bei der Vertiefung der taktisch-technischen Zusammenarbeit standen - wie bei der Rüstungskooperation - die Fliegerwaffe, die chemische Kampfführung sowie die Panzerwagenkriegführung im Vordergrund. Erstmals im Juni 1924 war zwischen Rosengolz und Reichswehrvertretern die Idee erörtert worden, zehn deutschen Fliegeroffizieren die Möglichkeit zur Ausbildung in der UdSSR einzuräumen. Wurde zunächst der Seefliegerhorst Odessa in Aussicht genommen, aber wegen Desinteresses der Marine nicht wahrgenommen, so einigten sich Reichswehr und Rote Armee im Sommer 1924, das bei Woronesh gelegene Lipezk zu einer gemeinsamen Flugbasis auszubauen. Die im April 1925 eröffnete Station nahm im Sommer 1925 den ersten Ausbildungskurs auf. Er war zunächst vor allem für die Jagdflieger des Ersten Weltkrieges bestimmt, die hier ihre Kenntnisse auffrischen sollten. In der Folge bildete sich ein festes Ritual der Aufgabenbereiche heraus: Zum einen diente Lipezk als Basis für die Jagdfliegerausbildung - von 1925 bis 1933 wurden etwa 120 Jagdpiloten ausgebildet. Unter ihnen befanden sich 30 ehemalige Weltkriegsflieger, 20 zivile Fluglehrer, 10 jüngere Offiziere der Reichswehr und 60 Offiziersanwärter, die als sogenannte Jungmärker vor ihrem Dienstantritt in der Reichswehr hier eine fliegerische Ausbildung erhielten.[30] Der letzte Lehrgang wurde im August 1933 abgeschlossen. Durchmustert man die Laufbahnen dieser Jagdfliegerpiloten der Reichswehr in der späteren deutschen Luftwaffe, - so stellte zwar die Zahl von 120 Piloten ein nur Geringes des gesamten fliegenden Personals dar, indes aus den besten und erfahrensten Kursanten von Lipezk rekrutierte Görings Luftwaffe in ihrer Aufbauphase die Ketten- und Staffelführer der Jagdgeschwader und im Zweiten Weltkrieg ihre Gruppenkommodore. Neben der Jagdfliegerausbildung fanden von 1928 bis 1931 Beobachterlehrgänge statt, an denen 100 Reichswehroffiziere teilnahmen. Je länger Lipezk in Anspruch genommen wurde, um so bedeutsamer erwies es sich als Zentrum der Erprobung einer neuen Generation deutscher Kampfflugzeuge. Seit 1931 durchliefen fast alle 1933 in der Erstbewaffnung der Luftwaffe übernommenen Serienflugzeuge ihren Test in Lipezk, nachdem sie vorher in Rechlin erprobt worden waren. Etwa 200 Techniker, Ingenieure und Offiziere waren in diesem Erprobungskommando zusammengefaßt, die vor 1933 sowohl die He 45, He 46, die Arado 64/65, die He 51, die Ju K 47 wie auch die Do 11 flogen. Darüber hinaus machten sich die Piloten 1933 mit der sowjetischen R 5, der Do P, der Ju A 48, der HD 17, der Fokker, der Me 23 und HD 40 vertraut. Die sowjetische Seite partizipierte namentlich an den technischen Erfahrungen, während sich die militärtaktische Zusammenarbeit auf gelegentliche gemeinsame Übungen beschränkte. Der Roten Armee wurde von der Reichswehr ein ziemlich vollständiger Einblick in die Konstruktionen und Entwicklungen der deutschen Flugzeugindustrie gewährt. So interessierte sich der Oberbefehlshaber der Roten Luftflotte, Jakob Alknis, 1932 für Junkers Stratosphärenflugzeug, den Junkers Schwerölmotor, Focke-Wulfs «Windmühlenflugzeug», die deutschen Erprobungen von Fernzündungen und automatischen Steuergeräten.[31] Zu dieser Zusammenarbeit gehörte auch der gegenseitige Besuch bei Luftschutzübungen sowie die Bereitstellung der von der Reichswehr ausgearbeiteten Vorschriften für den Einsatz der Fliegerkräfte. Allerdings sind Behauptungen irreführend, daß die sowjetischen Militärs der deutschen Seite ihrerseits jeden Einblick in ihre eigene technische Entwicklung verweigerten. Lieth-Thommsen wurde schon am 5. Februar 1926 mit dem taufrischen Ergebnis sowjetischer Bomberproduktion, der TB 1, vertraut gemacht und konnte vierzehn Tage später ausführlich in die Forschungsergebnisse im Zentralen Forschungsinstitut für Luftfahrt Einblick nehmen.[32]

Ein weiteres wichtiges Gebiet der Zusammenarbeit betraf die kriegschemischen Versuche, nachdem eine gemeinsame Giftgasproduktion im Sande verlaufen war. Bei einer Unterredung zwischen Seeckt und dem stellvertretenden Volkskommissar für Verteidigung, Josef Unschlicht, am 16. April 1926 war die Durchführung gemeinsamer aviochemischer Versuche in Sowjetrußland vereinbart worden.[33] Seit 1924 in Zusammenarbeit zwischen Junkers und Stoltzenberg vorbereitet, nahmen 1927 20 deutsche Kampfstoffspezialisten an einem ersten Abregnungsversuch von chemischen Kampfstoffen durch eine Junkersmaschine teil im 20 Kilometer von Moskau entfernten Podosinkach. 1928 wurden derartige Versuche auf einem in der Nähe der Stoltzenbergwerke angelegten Manöverplatz fortgesetzt, der den Namen Tomka trug. Eine deutsche Spezialistengruppe von 29 Mann bereitete den Platz vor, auf dem von 1928 bis 1933 regelmäßig gefechtsmäßige Erprobungen von Kampfstoffen vorgenommen wurden. Neben den Absprüh- und Abregnungsversuchen, die bis 1931/32 im wesentlichen abgeschlossen worden waren, richtete sich das deutsch-sowjetische Gemeinschaftsinteresse vor allem auf die Frage,[34] wie die Wirkungsmöglichkeiten des Geländekampfstoffes Lost verlängert werden könnten. Eine Lösung bestand in der Destilla-

Ansicht des Flugerprobungszentrums der Reichswehr in Lipezk

Schulflugzeug vom Typ Heinkel HD 17 auf der Flugbasis Lipezk

Sprühwagen der Firma Krupp zur Geländevergiftung in Tomka

Geheimes Gasschießen in Tomka mit leichter Feldhaubitze

Offiziere und Chemiker der Reichswehr auf der Versuchsstation Tomka

tion sogenannten Zählostes. Ferner wurden erprobt: der Bombenabwurf von Phosgen- und Reizkampfbomben, die Entwicklung chemischer Minen und tragbarer Sprühgeräte, die großflächige Vergiftung von Geländeabschnitten durch sogenannte Sprühwagen der Firma Krupp, flächendeckender Artilleriebeschuß mit Kampfstoffen usw. Für die spätere taktische und technische Entwicklung der Nebeltruppen der Wehrmacht waren die Erfahrungen von Tomka von ganz unzweifelhaft großer Bedeutung. Ohne diese großangelegten Übungsmöglichkeiten hätte die Reichswehr den Anschluß an die internationale Entwicklung der Gaskriegstechnik und -führung verloren. Gleiches gilt für die Rote Armee. Ihre Führung, namentlich der Kommandeur der sowjetischen chemischen Truppen, Jakow Fischman, zeigte sich allerdings seit 1931/32 immer unzufriedener über die deutschen Versuchsanlagen, die technisch und taktisch zu wenig brachten. Auf sowjetischer Seite wurde der Reichswehr unterstellt, daß sie ihre neuesten chemischen Kampfstoffe vor der Roten Armee verberge. Fischman zum Beispiel erschien es völlig unglaubhaft, daß die IG Farben, der mächtigste Chemiekonzern der Welt, nicht in der Lage wäre, neue chemische Kampfstoffe zu entwickeln.[35] Seit 1932 drängte die sowjetische Seite deshalb auf die Einstellung der Arbeit in Tomka, wenn die Reichswehr nicht einen völlig neuen Kampfstoff zur Erprobung bringe.

Ein dritter Bereich der Zusammenarbeit betraf die Kampfwagenkriegführung. Am 9. Dezember 1926 war zwischen Reichswehr und Roter Armee ein Vertrag über die Einrichtung einer Panzerwagenschule in Kasan vereinbart worden. Sie sollte im Frühjahr 1927 ihren Betrieb aufnehmen, doch angesichts der anfänglichen Weigerung der sowjetischen Seite, Panzer eigener Produktion zur Verfügung zu stellen, nahm die Station ihre Tätigkeit erst im Frühjahr 1929 auf. Sie lief für die Rote Armee unter dem Code «TEKO». Die Erprobung erstreckte sich wohl zunächst auf zwei eingekaufte britische Christie-Panzer, ehe im Juli 1929 nach mancherlei Schwierigkeiten durch das Auswärtige Amt mit ausdrücklicher Zustimmung Stalins je drei Exemplare von «Großtraktoren» der Firma Krupp und Rheinmetall in Kasan eintrafen. In den Versuchen erwies sich der 16 bis 18 Tonnen schwere Panzer von Rheinmetall dem Krupp-Muster überlegen. Im folgenden Jahr konkurrierten ab Juni sogenannte Leichttraktoren der beiden Firmen. Neben der technischen Erprobung der Kampfwagen verfolgte die Reichswehr in Kasan das Ziel, sich eine Gruppe von Kampfwagenlehrern und -besatzungen heranzubilden, eine zweckmäßige Panzertaktik zu entwickeln und Vorsorge zu treffen, beste und schnellste Ausbildungsmethoden für Kampfwagenbesatzungen zu ermitteln.[36] Kasan kam in den Augen der Reichswehrführung - auch im Hinblick auf künftige Überlegungen zur Aufstellung eines Großheeres - eine zunehmend zentralere Stellung zu. Erprobt wurden von beiden Armeen auch die sowjetischen Panzer T 26, T 28, T 35 und BT. Die Station bildete ein wohl besonders gelungenes Beispiel deutsch-sowjetischer militärischer Zusammenarbeit, von der die sowjetische Seite ebenfalls in hohem Maße profitierte. Insgesamt wurden etwa 30 Reichswehroffiziere in Kasan ausgebildet. Die Schule stand unter der Leitung des ersten Kommandeurs der Panzertruppen, General Oswald Lutz. Heinz Guderian war 1932 und 1933 in Kasan.

Stellten diese drei Stationen das Rückgrat der militärtechnischen und -taktischen Zusammenarbeit zwischen Reichswehr und Roter Armee dar, so entwickelte sich darüber hinaus ein reger Offiziers- und Generalsaustausch, der vor allem die operative Ebene berührte. Bereits im Mai 1923 hatte die Rote Armee um die Entsendung eines deutschen Militärtheoretikers gebeten, des seinerzeit bekannten Major Ritter, der in seinem Buch die «Kritik des Weltkrieges» eigene Erfahrungen zu verallgemeinern versucht hatte.[37] Im Sommer 1924 nahmen in sowjetischer Uniform sieben Fliegerfachleute der Reichswehr den Dienst als Berater und Instrukteure in russischen Flugzeugwerken, in technisch-wissenschaftlichen Komitees der sowjetischen Luftstreitkräfte, in Spezialschulen der Roten Luftflotte wie auch an der Kommandeursfakultät der Moskauer Shukowski-Akademie auf.[38] Die Aufgabe des hierher beorderten Rittmeisters Martin Fiebig, im Zweiten Weltkrieg Kommandeur des VII. Fliegerkorps bei Stalingrad sowie Befehlshaber des Luftwaffenkommandos Südost und Nordost, bestand in der Vermittlung deutscher Kriegserfahrungen des Ersten Weltkrieges, namentlich des fliegenden Einsatzes und der Arbeit und Organisation von Fliegerstäben. Fiebig erhielt einen ausführlichen Einblick in die Ausbildungspraxis der Roten Fliegerkräfte, wobei für ihn die an der Fakultät durchgeführten Kriegsspiele Sowjetrußland gegen Polen/Rumänien von hohem Interesse gewesen sein dürften. Die noch wiederholt in der älteren Literatur anzutreffende Behauptung, daß Reichswehr und Rote Armee der jeweils anderen Seite jeden Einblick in ihre operativen Vorstellungen verwehrte, gehört somit dem Reich der Legende an.

Seit Sommer 1925 wurden regelmäßig Offiziere zu Manöverbesuchen ausgetauscht. Legte man zunächst Wert darauf, daß sowjetische Offiziere getarnt in der Uniform anderer Heere daran teilnahmen, so kam es seit den späten zwanziger Jahren zu offiziellen Besuchen der Offiziere beider Armeen. Wie aus geheimen Aufstellungen der Wehrmacht hervorgeht, waren 1925 11 sowjetische Stabsoffiziere Gäste der Reichswehr, 1926 10, 1927 9, 1928 und 1929 jeweils 19, 1930 20, 1931 sogar 37, 1932 noch 33 und 1933 4.[39] Aus nach Deutschland gelangten geheimen sowjetischen Dokumenten ist ersichtlich, daß von 1925 bis 1931 sogar 156 sowjetische Offiziere und Wissenschaftler in Deutschland weilten. Etwa die Hälfte von ihnen waren Kommandeure, die Reichswehrmanöver besuchten oder deutsche Kriegsschulen absolvierten, die anderen dagegen Spezialisten der verschiedensten Art. Die Ausreise eines jeden von ihnen wurde direkt von Stalin entschieden.

Als einen der ersten Offiziere empfing die Reichswehr 1925 Michail Nikolajewitsch Tuchatschewski, der auch 1932 nochmals in Deutschland weilte und bei dieser Gelegenheit Hindenburg vorgestellt wurde. Er war wohl der talentiertste Militär der Roten Armee, gleichermaßen ausgezeichnet durch hohes geistiges Niveau und praktische Organisationsfähigkeit. Er wurde 1934 Stellvertreter Woroschilows und 1935 einer der ersten Marschälle der Roten Armee. Ferner gehörten zu den häufigen Gästen der Reichswehr Josef Stanislawowitsch Unschlicht, kein Berufsmilitär, sondern Berufsrevolutionär, der sowohl der Tscheka, der Roten Armee wie der Volkswirtschaft diente, Jeronin Petrowitsch Uborewitsch, einer der Organisatoren der Roten Garde, von 1931 bis 1937 Befehlshaber des wichtigen Belorussischen Militärbezirkes, Witali Markowitsch Primakow, in den zwanziger Jahren Leiter der Kavallerieschule der Roten Armee, ehe er Militärberater in China und Militärattaché in Afghanistan und Japan wurde, Jona Emanuilowitsch Jakir, seit 1925 Befehlshaber des Ukrainischen Militärbezirkes, Alexander Iljitsch Jegorow, Berufsoffizier, der von 1931 bis 1937 Generalstabschef der Roten Armee war, Robert Petrowitsch Eideman, Chef der Frunse-Kriegsakademie und seit 1932 Vorsitzender der Gesellschaft zur Förderung der Verteidigung, des Flugwesens und der Chemie. Sie alle wurden Opfer der seit 1937 einsetzenden Repressalien des Stalin-Regimes und wurden erschossen oder kamen in Lagern um. Ein ähnliches Schicksal war den meisten sowjetischen Militärtheoretikern beschieden, die sich zeitweise in Deutschland aufhielten, wie Markian Germanowitsch, Trianfidilow, Apoga und Sergejew.[40] Zu den wenigen hohen Offizieren, die ihren Deutschlandaufenthalt nicht mit dem Tode büßten, gehörten der Korpskommandeur Semjon Konstantinowitsch Timoschenko, der 1940 sogar zum Marschall befördert, 1940/1941 Volkskommissar für Verteidigung und einer der bekanntesten Heerführer im zweiten Weltkrieg wurde sowie der im Sommer 1940 vorübergehend zum Generalstabschef der Roten Armee berufene Kyrill Afanasjewitsch Merezkow. Bei der Beurteilung von Timoschenko und Merezkow stützte sich der deutsche Generalstab bei der Vorbereitung des Überfalls auf die UdSSR noch auf die in den dreißiger Jahren erarbeiteten Personaleinschätzungen. So hieß es in einer Studie der Abteilung Fremde Heere Ost vom 29.August 1940 über Merezkow: «Beurteilung damals: 'Bauerntype. Körperlich wenig leistungsfähig, macht einen verschlafenen und mißtrauischen Eindruck, ist aber taktisch recht gut und sehr bestimmt, weiß sich durchzusetzen und wird von seinen Genossen als Taktiker sehr geachtet. Spricht ungern deutsch.»[41]

Die ersten beiden sowjetischen Kommandeure, die einen Generalstabslehrgang bei der Reichswehr durchliefen, waren 1926 die Offiziere Swetschnikow und Krassilnikow. Sowjetische Offiziere nahmen nicht nur zeitweilig an Manövern oder Lehrgängen teil, sondern einige von ihnen - wie z.B. Uborewitsch oder Jegorow - wurden über ein Jahr in das Reichswehrministerium kommandiert und dort operativ ausgebildet. Wiederholt setzte sich die Reichswehr für eine Verlängerung des Aufenthaltes einiger Offiziere ein. «Das Reichswehrministerium», so hieß es am 14. November 1927 in einer Aufzeichnung des Auswärtigen Amtes, «legt großen Wert darauf, daß sich Uborewitsch noch längere Zeit in Berlin aufhält, um ihn weiter in deutschem Sinne zu beeinflussen, zumal sich gezeigt hat, daß seine militärischen Auffassungen durchaus auf das deutsche System eingestellt sind.»[42] Oberst Hilmar Ritter von Mittelberger gab derartigen Spekulationen der Reichswehrführung Ausdruck, wenn er im Ergebnis einer vierwöchigen Reise in die Sowjetunion im Mai 1928 berichtete: «Als die bedeutendste militärische Erscheinung der Roten Armee müsse man wohl den Generalstabschef Tuchatschewski ansprechen... Auf ihn würden große Hoffnungen gesetzt. Er sei jetzt 33-34 Jahre alt, ehemaliger zaristischer Gardeleutnant, außerordentlich ehrgeizig und klug. Allgemein wisse man, daß er nur aus Opportunitätsgründen Kommunist sei. Man traue ihm auch den persönli-

Generalmajor Ritter von Mittelberger und Major Felmy in geheimer Mission in Moskau, deshalb keine Uniform sondern schlichtes Zivil

chen Mut zu, den Absprung vom Kommunismus zu wagen, falls es ihm im Verlauf der weiteren Entwicklung angezeigt erscheinen sollte...»[43] Mittelberger teilte ferner mit, er habe aus Unterhaltungen mit Offizieren den Eindruck gewonnen, «daß die Armee sich mehr und mehr von der Politik loslöse.» Mittelberger meinte, «daß für den Fall einer Umwälzung die Armee die ausschlaggebende Rolle spielen werde.» Zu ganz ähnlichen Auffassungen kam Generalmajor Werner von Blomberg, damals Chef des Truppenamtes, nach einer vierwöchigen Rundreise in der Sowjetunion, bei der er sowohl Lipezk, wie Tomka und Kasan besucht hatte und an Manövern bei Gomel und Kiew teilgenommen hatte. Noch vor seiner Reise wies Blomberg «auf den Wert guter Beziehungen der Reichswehr zur Roten Armee hin für den Fall eines Umsturzes in R.»[44]

Ein großer Teil der nach Deutschland entsandten sowjetischen Offiziere waren Spezialisten für das Transportwesen sowie Luftschutzsachverständige. Gaskampfoffiziere arbeiteten in den Berliner Laboratorien von Professor Fritz Wirth.

Botschafter Krestinki faßte am 28. Dezember 1928 in einem Brief an Stalin den Nutzen, der der Sowjetunion aus der militärischen Zusammenarbeit erwuchs, in fünf Punkten zusammen: in der generalstabsmäßigen Schulung sowjetischer Kommandeure, in der Sammlung von Erfahrungen bei Reichswehrmanövern - da die deutsche Armee als Gradmesser des eigenen Entwickungsniveaus angenommen wurde -, in der Demonstration der militärischen Stärke der UdSSR, in der Herstellung gemeinsamer Gefühle gegen die potentiellen Feinde beider Länder - namentlich Polen und die Entente - sowie schließlich in dem gewonnenen praktischen Erfahrungsschatz an gemeinsamen taktischen und technischen Erprobungen, vor allem im Rahmen der drei Ausbildungsstationen.[45]

Der intensive Austausch beider Armeen hielt auch Belastungsproben stand, die namentlich durch die Enthüllungen des «Manchester Guardian» am 3. und 6. Dezember 1926 entstanden waren - in Deutschland wiedergegeben durch den sozialdemokratischen «Vorwärts». Philipp Scheidemann griff sie am 16. Dezember 1926 in einer Reichstagsrede auf. Seinerzeit erfuhr die Öffentlichkeit von den Junkersgeschäften in Fili, der Stoltzenbergischen Giftgasfabrik in Trozk sowie Einzelheiten über die im September 1926 in Stettin gelöschten Ladungen aus Leningrad, mit denen die Lieferung der 400 000 in Rußland bestellten Granaten erfolgte. Die SPD eröffnete unter dem Motto «Sowjetgranaten gegen deutsche Arbeiter» eine großangelegte Kampagne gegen die Reichswehr, wobei sie die Sowjetunion und die KPD als «Helfershelfer des deutschen Militarismus» bloßstellte.[46] Die KPD geriet in die merkwürdige Lage, der Reichswehr indirekt Schützenhilfe gegen sozialdemokratische Attacken geben zu müssen. Zog der sowjetische Außenkommissar Georgi Tschitscherin die Enthüllungen von «Manchester Guardian» und «Vorwärts» mit der schlichten Bemerkung «Made in England»[47] in Zweifel und dementierte die Sowjetregierung am 4. Dezember 1926 alle Enthüllungen mit dem Hinweis, daß sie nur eine Störung der Genfer Abrüstungsverhandlungen bezweckten, so rechtfertigte Karl Radek diese Zusammenarbeit mit den Worten, «daß die UdSSR die Dienste ausländischer Techniker nicht ablehnt, wenn es sich darum handelt, ihre Verteidigung gegen die ausländischen Imperialisten zu stärken.»[48] General Bersin beklagte indes in einem geheimen Bericht vom 24. Dezember 1928 an

Woroschilow den schweren politischen Schaden, den Sowjetrußland durch diese Offensive genommen habe. Wilhelm Pieck erklärte vor dem Reichstag: «Deshalb ist die Beschaffung solcher Kampfmittel für Sowjetrußland ein Gebot der Notwendigkeit, der Selbstverteidigung. Wenn dann außerdem noch ausländische Staaten hinüberkommen und Sowjetrußland helfen, diese Selbstverteidigung zu vervollkommnen, ja - sollten die Arbeiter darüber weinen?»[49]

Wenn es allein um die Selbstverteidigungsfähigkeit der UdSSR gegangen wäre, hätten kommunistische Arbeiter sicherlich keinen Grund zum Weinen gehabt. Doch es ging um mehr, als um die Verteidigung der UdSSR, denn die Reichswehr plante einen «großen Befreiungskrieg», die nationalkonservativen Eliten in Deutschland konnten auf diesem Wege ihre politische Stellung festigen. Mit Bitterkeit mußten nachdenkliche Kommunisten registrieren, daß ihre Partei in Deutschland mit legalen und subversiven Mitteln die Reichswehr als militante Stütze des verhaßten Systems bekämpfte, andererseits das erste sozialistische Land der Arbeiter und Bauern eben dieser Reichswehr unter die Arme griff und in ihrer politischen Stellung geradezu zementierte.

Die Enthüllungen über die Zusammenarbeit von Reichswehr und Roter Armee förderten jene Moskauer Urteile über die Rolle der Sozialdemokratie in der deutschen Politik, wonach sie in den Augen der Stalinschen Führungsclique sogar zur Hauptkraft eines antisowjetischen Kriegsblocks avancierten. Entsprechend dieser Feindseligkeit, die sich im Frühjahr 1927 in einer rüden Pressekampagne zwischen «Roter Fahne» und «Vorwärts» entlud, charakterisierte Ernst Thälmann auf dem VI. Weltkongreß der Komintern im Herbst 1928 die Sozialdemokratie als eine Partei, die sich vollkommen mit den Kriegsoperationen der kapitalistischen Bourgeoisie gegen den Sowjetstaat solidarisiere, ja, sie sei sogar «der treibende Faktor in der Linie der Kriegsvorbereitungen gegen die Sowjetunion.»[50]

Immerhin führten die Dezemberenthüllungen sowie der auf eine Entspannung namentlich gegenüber Großbritannien gerichtete außenpolitische Kurs der Weimarer Republik dazu, daß seit 1926 bestimmte Formen der rüstungswirtschaftlichen Zusammenarbeit endgültig beendet wurden. Das Auswärtige Amt kontrollierte stärker die außenpolitischen Aktivitäten der Reichswehrgeneralität. Daneben blieben Formen der Zusammenarbeit bestehen, wurden im geheimen sogar ausgebaut. Bereits am 24. Januar 1927 machte der neue Chef des Waffenamtes, Generalmajor Georg Wetzell, im Auswärtigen Amt klar, daß namentlich an eine Liquidierung der Panzerschule in Kasan und der Fliegerstation Lipezk nicht zu denken wäre. «Diese beiden Waffen würden in jedem kommenden Krieg eine entscheidende Rolle spielen, und es sei für die Reichswehr unerläßlich, wenigstens einen Einblick in das Wesen dieser Waffen zu erhalten, den sie sonst in keinem anderen Falle bekommen könnte.»[51] Wetzell betonte, «daß die noch jetzt in Rußland betriebenen militärischen Dinge für unsere Armee durchaus lebenswichtig seien und daß er daher dringend bitte, sie weiter bestehen zu lassen.»

So wurde 1927 zwar die Gefu aufgelöst, die mit den Junkers- und Stoltzenberggeschäften verbundenen Verpflichtungen abgewickelt, dem im Oktober verabschiedeten Seeckt angeraten, eine Reise in die Sowjetunion im Frühjahr 1927 zu unterlassen, die Zentrale Moskau Anfang 1928 in ein Heim Deutscher Angestellter umgewandelt, doch zugleich versucht, die militärischen Beziehungen durch «Legalisierung» der Reichsregierung auf eine neue Basis zu stellen.

Dem dienten neuerliche Verhandlungsrunden mit Vertretern der Roten Armee seit Juli 1927. Auf sowjetischer Seite bestand angesichts der erhöhten Kriegsgefahr mit Großbritannien die dringende Absicht, eine Annäherung Deutschlands an Großbritannien zu verhindern und die alten Verbindungen auf neue Art fortzusetzen. Wie englische Akten enthüllen, war diese Annahme in der Tat kein Hirngespinst Stalinscher Angstsyndrome, denn es gab seinerzeit ernstzunehmende britische Generalstabspläne, die zum Ziel hatten, die UdSSR von Indien und Afghanistan in ihren mittelasiatischen Republiken aufzurollen.[52] In Gesprächen zwischen Reichswehrminister Otto Geßler, Heereschef Wilhelm Heye, Admiral Hans Zenker, General Hasse und Blomberg mit den sowjetischen Generalen Unschlicht, Lunjew und Jakobowitsch erklärte Unschlicht: «Militärisch verstehe man sich also vollkommen, politisch sei aber eine starke Differenz in den beiderseitigen Auffassungen vorhanden. General Heye habe ihm erklärt, er glaube an eine imminente Kriegsgefahr und zwar auf Jahre hinaus nicht. Die Sowjetregierung rechne dagegen, betonte Unschlicht, mit einer nahe bevorstehenden Katastrophe»[53]. Wenige Tage später faßte Heye seine Eindrücke von einem Gespräch mit Unschlicht dahingehend zusammen, daß dieser gesagt habe, «ein polnisch-rumänischer Angriff gegen Rußland (sei) nicht eine Frage von Jahren, sondern eine Frage von Monaten.»[54] Die sowjetischen Befürchtungen hinsichtlich einer Wende in der militärischen Zusammenarbeit mit der Reichswehr bewahrheiteten sich nicht, sie bekamen nur einen neuen Akzent, der für beide Seiten möglicherweise gewinnbringender als die früheren Beziehungen war.

Indes war nicht zu übersehen, daß die Marineleitung noch stärker als bereits 1923 nunmehr einen eigenen Kurs steuerte und aus der Solidargemeinschaft mit dem Heer ausstieg. Bei einem Besuch des früheren Chefs der Marineleitung, Admiral Paul Behnke, in Moskau hatte dieser im März 1926 betont, «daß sich im Ernstfalle die deutsche Marine gegen Polen zu betätigen haben würde... Die Front Rußlands und Deutschlands sei also in gleicher Weise nach Westen gerichtet.»[55] Als die sowjetische Marine daraufhin die Reichsmarine anging, ihr Unterstützung, namentlich beim Aufbau der U-Boot-Waffe zu geben, bot dies am 22. Juli 1926 Anlaß zu einer grundsätzlichen Erörterung «über die Richtlinien und Ziele der deutschen Marinepolitik» beim Chef der Marineleitung. Vortragender war der einstige Freikorpschef Wilfried von Loewenfeld. Dieser charakterisierte die Sowjetunion als den «augenblicklich größten Feind Deutschlands»[56], damit auch der europäischen Kultur. Er schloß indessen einen eventuellen Regimewechsel in Sowjetrußland nicht aus, was die europäische Situation verändern würde, weil damit auch Deutschlands antibolschewistische Mission entfiele. Zwar hielt auch Loewenfeld daran fest, Deutschland die Grenzen von 1914 wiederzugeben, doch Polen sollte nach seiner Ansicht dafür durch Gebiete der Sowjetunion entschädigt werden. Aus seiner antikommunistischen Einstellung heraus empfahl Loewenfeld Admiral Zenker im Kampf gegen Sowjetrußland Anschluß an Großbritannien, im Kampf gegen Frankreich das Bündnis von Italien zu suchen. Admiral Zenker riet zu einem vorsichtigen Kurs. «Polen geht seinem Zerfall entgegen. Die vierte Teilung Polens wird kommen.» Hinsichtlich der UdSSR empfahl er im Gegensatz zur Heeresleitung größte Vorsicht, aber kein Abreißen des Fadens. Entsprechend der Empfehlung von Loewenfeld verfuhr die Marine im Umgang mit der Sowjetunion nach dem Motto: «Mit den Russen nur spielen, sie freundlich betrügen, ohne daß sie es merken.» Hinsichtlich des U-Boot-Baues merkte die Marineleitung an, es sei eine Gefahr, «daß wir ihnen eine Waffe schmieden helfen, die sie später gegen uns selbst gebrauchen werden, daß wir militärisch Selbstmord begehen.»[57]

Obgleich auch bei der Reichswehr derartige Befürchtungen hin und wieder laut wurden, überwog mehrheitlich die Auffassung, der Ausrüstungs- und Ausbildungsstand der Roten Armee sei trotz aller Fortschritte derart niedrig, daß er für Deutschland nicht allzu bedrohlich zu bewerten sei. Vor allem mochte und wollte die Reichswehrführung nicht auf ein militärpolitisches Kalkül verzichten, das in ihren Kriegsspielen und Manövern immer wieder eine feste Größe einnahm: die mögliche Unterstützung eines Krieges gegen Polen durch die Sowjetunion. In der Reichswehrplanung läßt sich der Umschwung von einer vorwiegend defensiven Planung gegenüber Polen zu einer Eventualplanung für die Rückeroberung als deutsch angesprochener polnischer Territorien relativ präzis auf das Jahr 1926/27 ansetzen. In den Übungszyklen von Truppenamt und Heeresleitung beschäftigte man sich vornehmlich mit den möglichen Formen und Abläufen eines Krieges mit Polen.[58] Noch 1928 endete ein derartiges Kriegsspiel mit dem klaren Eingeständnis, daß ein Krieg gegen Polen, «nur kurze Zeit und unter Verlust weiter deutscher Gebiete» geführt werden könne.[59] Blomberg, der sich mit derart trostlosen Aussichten nicht abfinden wollte, ließ daraufhin das Kriegsspiel mit der Einlage fortsetzen, daß die Sowjetunion Polen angriffe, was der Reichswehr die Möglichkeit verschaffe, mit großzügigen Operationen Polen militärisch zu schlagen. Blomberg, der in internen sowjetischen Beurteilungen als Freund der UdSSR angesehen wurde, sah sich zu solchen Eingriffen um so eher berechtigt, als er bei seinem Besuch in der Sowjetunion im selben Jahr sich bindender Zusagen der höchsten sowjetischen Militärs versichert hatte. So erklärte ihm Woroschilow: «Nicht nur im Namen der Roten Armee, sondern auch im Namen der Regierung der Sowjetunion möchte ich erklären, daß im Falle eines polnischen Angriffs auf Deutschland Rußland zu jeder Hilfe bereit ist.»[60] Bestärkt sah sich Blomberg durch seine Teilnahme an den Herbstmanövern der Roten Armee bei Kiew, die eine deutlich antipolnische Ausrichtung zeigten. Bei dieser Gelegenheit erklärte Blomberg: «Es wäre ein säcularer Fehler, diese Armee zum Feinde zu haben», die er qualitativ weit über die polnische Heeresmacht stellte.[61] Blomberg mußte allerdings die Frage Woroschilows offen lassen, wie sich Deutschland im Falle eines polnischen Angriffs auf die UdSSR verhalten würde. Aufmerksam verfolgte man in der Reichswehr die scharfe antipolnische Einstellung im sowjetischen Offizierkorps. Der erste Feindnachrichtenoffizier in der Heeresleitung, Oberst Richard Kühlenthal, versicherte dem Auswärtigen Amt am 6. Juli 1928, daß die Rote Armee Polen als *den* Gegner betrachte, gegen den alle militärischen Vorbereitungen gerichtet seien.[62] Und ähnliche Auffassungen verbreitete Mittelberger nach seiner UdSSR-Reise. Im sowjetischen Offizierkorps werde offen über die Notwendigkeit eines Krieges gegen Polen gesprochen, allein schon aus wirtschaftlichen Gründen könne die UdSSR nicht auf ihre im Ersten Weltkrieg an Polen verlorengegangenen Gebiete verzichten.[63]

Wie heute aus erstmals eingesehenen sowjetischen Dokumenten hervorgeht, unterbreitete die Reichswehr 1928 der Roten Armee den Vorschlag, daß die militärischen Nachrichtendienste beider Armeen gegen Polen zusammenarbeiten und ihre jeweiligen Angaben austauschen sollten. Bersin empfahl Woroschilow am 24. Dezember 1928, auf den Austauschvorschlag einzugehen, eine direkte Zusammenarbeit beider Nachrichtendienste jedoch abzulehnen.

Am 10. Januar 1929 jedoch faßte Uborewitsch in einem 38 Seiten starken Memorandum an Woroschilow seine Eindrücke und Empfehlungen über seinen dreizehnmonatigen Aufenthalt in Deutschland zusammen. Uborewitsch bekannte sich zu einer weitgehenden Zusammenarbeit mit der Reichswehr. Er machte sich keinerlei Illusionen über die Revancheabsichten innerhalb der hohen Offizierkorps der Reichswehr gegenüber Polen, die nur dadurch gebremst wurden, daß sich die Reichswehr nicht stark genug für ein solches militärisches Abenteuer hielt. Blomberg jedoch weihte den russischen Kommandeur umfassend über die Kenntnisse der deutschen Spionage in

Polen ein. Nach Blomberg hätte die polnische Armeeführung einen umfassenden Angriffsplan gegen Sowjetrußland ausgearbeitet. Der Hauptstoß von 35 polnischen Divisionen, unterstützt von 14 rumänischen Divisionen, ziele gegen die Westukraine. Blomberg bedauerte die militärische Schwäche der Reichswehr, die in diesem Falle keine Unterstützung für die Rote Armee ermögliche. Er stellte jedoch seine guten Dienste in Aussicht, die Rote Armee in Verbindung mit den ungarischen Streitkräften zu bringen. Ungarn nämlich, das Anspruch auf ihm durch Rumänien genommene Gebiete erhebe, könne vielleicht dazu bewegt werden, eine rumänische Intervention gegen Rußland zu nutzen, um Bukarest in den Rücken zu fallen. Rumänien wäre auf diese Weise jedenfalls gezwungen, starke Kräfte zur Grenzsicherung gegen Ungarn bereitzuhalten, was die Rote Armee entlasten würde. Uborewitsch drang bei Woroschilow nicht nur auf einen Materialaustausch zwischen den Nachrichtendiensten, sondern auch auf eine abgestimmte Koordinierung ihrer jeweiligen Tätigkeiten gegen Polen, die auf eine enge Zusammenarbeit hinauslief. Das mindeste, was sich aus diesen Dokumenten ableiten läßt, ist wohl die Feststellung, daß sich seit 1929 die Nachrichtendienste der Reichswehr und der Roten Armee ihre militärischen Aufklärungsergebnisse gegenseitig zugänglich machten. Das wird bestätigt durch eine Notiz Köstrings vom 24.März 1932 an das Reichswehrministerium, in der es heißt: «Besuch Nachrichtenaustausches wird 4.April entgegengesehen.»[64]

Auch 1930 war es Uborewitsch, der am schärfsten antipolnische Auffassungen in der Roten Armee gegen Polen artikulierte. Anläßlich des Abschlusses eines Rüstungsvertrages mit der Firma Rheinmetall im Februar erklärte er: «Sind wir nun in 2 Jahren so weit, daß wir die Grenzregulierung vornehmen und die Polen totschlagen können? Wir müssen doch Polen wieder teilen.»[65]

Selbst die seit Herbst 1931 laufenden Verhandlungen über einen sowjetischen-polnischen Nichtangriffspakt hielten Woroschilow nicht davon ab, den deutschen Diplomaten zu erklären, «daß selbstverständlich irgendeine Garantie für die polnische Westgrenze unter keinen Umständen für die Sowjetregierung in Frage käme ... Sie werde nie etwas unternehmen, was den Danziger Korridor oder die

Reichswehrmanöver im September 1932 im Raum Frankfurt/Oder: Generalfeldmarschall Hindenburg werden in seiner Eigenschaft als Reichspräsident die sowjetischen Manöverteilnehmer vorgestellt, die von Michail Tuchatschewski geführt werden

Memel-Grenze usw. in irgendeiner Weise festigen könne.»[66] Woroschilow gab General Adam am 19. November 1931 offen zu verstehen, daß - genauso wie die Reichswehr - «auch die Sowjetunion sich mit den jetzigen Grenzen Polens nicht abfinden werde.»

Stalin selbst versuchte derartige deutsche Befürchtungen zu zerstreuen, wenn er am 13. Dezember 1931 in einer Unterredung mit dem deutschen Schriftsteller Emil Ludwig erklärte: «Wir waren nie die Garanten Polens und werden es nie werden, ebenso wie Polen nicht der Garant unserer Grenzen war und es auch nicht sein wird.»[67]

Die Führung der Reichswehr ging deshalb in ihren Kriegsspielen und Manövern, die besonders im Zuge der 1930 erlassenen Aufgabenstellungen für den Fall «Korfanty» und «Pilsudki» zunehmend aggressive Elemente erkennen ließen, zumeist von einem deutsch-sowjetischen Zusammenwirken gegenüber Polen aus. Das letzte Reichswehrmanöver in der Weimarer Republik vom 19. bis 22. September 1932 im Raum Frankfurt/Oder, an dem eine hochkarätige sowjetische Delegation unter Leitung von Michail Tuchatschewski teilnahm, mutete im Hinblick auf den September 1939 fast gespenstisch an. Unter der Leitung von Gerd von Rundstedt, 1939 Oberbefehlshaber der Heeresgruppe Süd gegen Polen, stand die 3. Infanteriedivision im Kampf gegen die 1. Kavalleriedivision unter Fedor von Bock, 1939 Oberbefehlshaber der Heeresgruppe Nord gegen Polen, wurde die Abwehr eines polnischen Angriffs über die Oderlinie durchgespielt,[68] das seine Fortsetzung in der Führerreise 1933 fand, in dem als Ausgangslage ein Konflikt zwischen Polen einerseits und Sowjetunion/Litauen andererseits angenommen wurde, in dem die Reichswehr im Bunde mit der Roten Armee Krieg gegen Polen und Frankreich führte.[69]

Durchmustert man die militärpolitische Anlage vieler dieser Kriegsspiele und Führerreisen zwischen 1927 und 1933, so nahmen sie fast bis ins Detail jene Situation vorweg, die dann im August/September 1939 tatsächlich eintreten sollte: Zweifrontenkrieg Deutschlands in Mitteleuropa, der durch das Zusammenwirken von Reichswehr und Roter Armee in Osteuropa binnen kürzester Frist beendet wurde. Insofern konnten viele Wehrmachtsgenerale von dem tatsächlichen Kriegsszenario des Herbstes 1939 nicht überrascht werden: sie hatten es zu oft, zu intensiv und zu genau im Sandkasten schon durchgespielt.

Allerdings war nicht zu übersehen, daß im Zuge der eigenen Aufrüstung und der zunehmenden Aufblähung ihres Personals der Stellenwert des Faktors Rote Armee im Denken der Reichswehrgeneralität im Sinken begriffen war. Als sich 1928/29 die Sowjetunion erneut darum bemühte, eine große Rüstungskooperation mit Deutschland in Gang zu setzen, dabei in erster Linie die Firma Krupp im Auge hatte, mehrten sich die Schwierigkeiten und Hemmnisse. Krupp zog sich rasch aus diesem Geschäft zurück und übrig blieb Rheinmetall, das sich jedoch in erster Linie auf konstruktive Hilfe und Lieferung von Halbfabrikaten beschränkte. Die sowjetischen Vorstellungen, weitere namhafte deutsche Rüstungfirmen zu gewinnen - wie etwa Rohrbach für die Metallflugzeugproduktion oder die Firma Goldschmidt für die chemische Kampfstoffproduktion - scheiterten.[70] Deutsche Politiker verhielten sich zu derartigen Beihilfen aus mannigfachen Gründen immer reservierter. Da spielten wohl Sorgen hinein, daß aufgrund der instabilen inneren Situation in Deutschland sowjetische Waffen einer deutschen kommunistischen Bürgerkriegsarmee zugute kommen könnten, da kamen immer stärker Überlegungen ins Spiel, ob die Rote Armee nicht auch für Deutschland zu einer militärischen Bedrohung werden könne. Eine immer wichtigere Rolle kam der seit 1930 rapide anwachsenden antikommunistischen Einstellung vieler deutscher Politiker, der meisten Parteien und großer Teile des deutschen Volkes zu. Sie standen in einem unmittelbaren Zusammenhang mit den massiven Repressionen der Stalinschen Diktatur, die sich seit der «Entkulakisierung», der gewaltsamen Umwandlung der russischen Landwirtschaft in das Kolchossystem, der Verschärfung des Kirchenkampfes, der Verfolgung von deutschen Ingenieuren usw. in Sowjetrußland abspielten. Angesichts dieser Situation sah sich selbst der Chef der Heeresleitung, Curt von Hammerstein, veranlaßt, das Bündnis mit der Roten Armee als einen «Pakt mit Beelzebub»[71] zu denunzieren, womit er fast Formulierungen Adolf Hitlers aus dem Sommer 1939 vorwegnahm. Doch was die Reichswehr nach wie vor an die Rote Armee band, war neben der antipolnischen Instrumentalisierung dieses Zweckbündnisses vor allem die Hoffnung, Einfluß auf die Rote Armee im Sinne einer gesellschaftlichen Evolution nehmen zu können. In einer Aufzeichnung vom Juni 1930 hieß es dazu: «Die Rote Armee bildet sich immer mehr zu dem Faktor in der Sowjetunion aus, der am stabilsten ist und von realpolitischen Erwägungen geleitet wird. Sie ist aus den bolschewistisch-marxistischen Experimenten herausgewachsen, die sonst noch die anderen Fundamente des Staates erschüttern... Die Rote Armee wird in steigendem Maße versachlicht. Damit wird sie zu einem ruhenden Pol in den Erscheinungen...» Jeder Abbruch der Militärbeziehungen würde zur Folge haben, daß «die Fühlung zu dem stabilsten, realpolitischsten Faktor in der Sowjetunion... verlorengehen» würde.[72]

II

Vom Partnerverhältnis zum Kriegsgegner

Der Machtantritt Adolf Hitlers am 30. Januar 1933 berührte die Reichswehr zunächst nicht tief. Sie fühlte sich durch Werner von Blomberg, einst Chef des Truppenamtes und von Hitler zum Reichswehrminister berufen, repräsentativ vertreten. Blomberg, der die Sowjetunion seit 1928 aus eigener Anschauung kannte und sich zum Advokaten einer engen Zusammenarbeit mit der Roten Armee gemacht hatte, sah zunächst keinen Grund - etwa gedrängt durch die neue politische Entwicklung in Deutschland - sich über Nacht von der russischen Option der Reichswehrführung zu verabschieden. Der militante Antikommunismus der neuen Machthaber tangierte die Reichswehrführung um so weniger, als sie stets strikt zwischen ihren innen- und außenpolitischen Verhaltensweisen unterschieden hatte. Selbst die programmatische Rede Hitlers vom 3. Februar 1933 vor der Generalität und Admiralität von Reichswehr und Reichsmarine, in der er die Eroberung neuen Lebensraumes im Osten und dessen rücksichtslose Germanisierung deutlich vorgezeichnet hatte,[1] konnten die anwesenden Militärs auch auf Polen beziehen, es schien, als zeichne sich hier eine nahtlose Kontinuität zwischen ihnen und den Zielen des neuen Reichskanzlers ab. Zumindest findet sich in den Reichswehrunterlagen kein Beleg dafür, daß der 3. Februar 1933 einen deutlich erkennbaren antisowjetischen Schub ausgelöst hätte.

Im Gegenteil: Die Schwierigkeiten bei der Fortsetzung der Zusammenarbeit mit der Roten Armee waren bereits vor dem 30. Januar beträchtlich genug, als daß sie Blomberg noch zusätzlich belasten wollte. Soweit übersehbar, enthielt sich Hitler zunächst jeglicher Einflußnahme auf die Rußlandkontakte der Reichswehr.

Belastet wurden die gegenseitigen Beziehungen durch die Tatsache, daß Anfang Januar 1933 der als hoher deutscher Offizier zur russischen Armee kommandierte Ernst Köstring durch den bayrischen Oberstleutnant Otto Hartmann ersetzt worden war. Auf sowjetischer Seite hegte man den Verdacht, die deutsch-sowjetischen Militärbeziehungen sollten dadurch auf niedrigerem Niveau fortgesetzt werden. Köstring seinerseits vermutete unberechtigt, Hitler selbst hätte seine Verabschiedung verlangt.

Indes drängte nunmehr das Auswärtige Amt die Reichswehrführung, die Tätigkeit auf den Stationen in Sowjetrußland nicht plötzlich zu beenden. Botschafter Herbert von Dirksen sprach in diesem Sinne mit Hammerstein, Adam und Fischer. Entsprechend der dabei erzielten Übereinkunft reiste der Chef des Heereswaffenamtes, Generalleutnant Alfred von Bockelberg, am 8. Mai 1933 nach Moskau. In den Gesprächen, die Bockelberg und Dirksen mit Jegorow, Woroschilow und Tuchatschewski führten, gerieten die deutschen Vertreter in das Wechselbad sowjetischer Politik: Am 13.Juni 1933 berichtete Bockelberg, Woroschilow und Jegorow «wiesen darauf hin, daß die Armee Glieder des betreffenden Staates seien, und daß ein enges Zusammengehen nur durchführbar sei, wenn die große Politik der Regierungen gleiche Ziele verfolge. Gleiches wurde von den Vertretern des russischen Auswärtigen Amtes betont. Die Tätigkeit und die Reden des Leiters des außenpolitischen Amtes der N.S.D.A.P. Rosenberg wurden von allen Sowjetstellen als besonders störend empfunden. Die ‹Doppelzüngigkeit› der deutschen Außenpolitik glaubten die Russen dadurch bewiesen zu haben. Tuchatschewski betonte bei einem Frühstück, das er anläßlich der ersten Meldung im engsten Kreis in seinem Arbeitszimmer gab, mehrfach, daß er Deutschland nun baldigst eine Luftflotte von 2000 Bombenflugzeugen wünsche, um aus der schwierigen politischen Situation herauszukommen.»[2] Auch Woroschilow betonte, er sei «ein guter Freund Deutschlands»[3] und an seiner wie auch an der Haltung seiner Regierung gegenüber Deutschland habe sich nichts verändert. Wie auf dieser Kontaktebene üblich, klammerten beide Seiten die innenpolitische Komponente völlig aus: Schließlich herrschte in Nazideutschland im Frühjahr 1933 eine beispiellose Verfolgungskampagne gegen Kommunisten, Sozialisten und Demokraten, die an die schlimmsten Tage des weißen Terrors erinnerte. Sie betraf in Deutschland lebende sowjetische Journalisten und Handelsvertreter ebenso wie Offiziere. Hatte Seeckt doch schon Ende 1932 in einem Artikel vorausgesagt, eine Pflege guter Beziehungen zur Sowjetunion schließe die rücksichtslose Bekämpfung des Kommunismus im eigenen Lande nicht aus. Er fand sich damit in Übereinstimmung mit Außenkommissar Litwinow, der Schleicher, laut Aufzeichnung von Major Erich Marcks, eröffnet hatte, «er würde es durchaus natürlich finden, wenn man die Kommunisten in Deutschland so behandelte, wie man in Sowjetrußland Staatsfeinde zu behandeln pflege.»[4]

Irritationen mußten in Moskau wohl vor allem deshalb entstehen, weil Minister wie Alfred Hugenberg oder hohe NSDAP-Funktionäre wie Alfred Rosenberg einen unverhohlenen Antisowjetismus praktizierten und Hitler selbst Anfang Mai 1933 die Axt an die letzten tragenden Säulen der gemeinsam gegen Versailles gerichteten Außenpolitik legte. Nach einem Treffen mit dem polnischen Botschafter in Berlin ließ die deutsche Reichsregierung amtlich verlauten, Hitler habe den Wunsch geäußert, beide Staaten möchten «ihre gemeinsamen Interessen beiderseits leidenschaftslos und nüchtern überprüfen und behandeln.»[5] Anfang Juni wies Hitler Hermann Rauschning in Danzig an, den bisherigen Kurs gegenüber Polen zu ändern und auf «jede lärmende patriotische Politik im Sinne deutschnationaler Selbstbestätigung»[6] zu verzichten.

Welche Gründe auch immer für die sowjetische Haltung ausschlaggebend waren, die Beendigung der Zusammenarbeit zwischen Reichswehr und Roter Armee vollzog sich nunmehr in einer Atmosphäre wachsenden gegenseitigen Mißtrauens und wechselseitiger Verdächtigungen, die zwar da und dort durch versöhnliche Gesten und vollmundige Toaste beschwichtigt und besänftigt wurden, aber am Ausgang schließlich wenig änderten. War Bockelberg am 10. Mai 1933 durch Tuchatschewski noch versichert worden, die Versuche in Tomka könnten 1933 fortgesetzt werden, was Fischman am 15./16. Mai 1933 bestätigte, so hatte von Bockelberg Moskau am 28. Mai kaum verlassen und Berlin noch nicht erreicht, als die sowjetische Seite am 31. Mai plötzlich alle Tomka-Versuche absagte.[7]

Zwar schwächte der stellvertretende Volkskommissar des Auswärtigen, Nikolai Krestinski, am 3. Juni diese brüske Absage mit den Worten ab, es handele sich nicht um einen Abbruch, sondern nur um eine Unterbrechung[8], doch nunmehr fielen im Zeichen politischen Drucks, wachsender antikommunistischer Hysterie in Berlin und gesteigerten Mißtrauens in Moskau rasche Entscheidungen. Dabei erwecken die Vorgänge den Eindruck, als ob der ursprünglich von der Sowjetunion initiierte Abbruch der Militärbeziehungen bei einigen hohen Reichswehrgeneralen auf eine derart offene Bereitschaft traf, die jede sowjetische Maßnahme mit noch härteren Gegenmaßnahmen beantwortete. Alle in dieser Zeit unternommenen Bemühungen einiger deutscher und hoher sowjetischer Offiziere, diese Unterbrechung nur als zeitbedingt und vorübergehend zu betrachten, trafen bei den politisch nunmehr maßgeblichen Reichswehroffizieren auf taube Ohren. Sie wollten sich ihrer sowjetrussischen Erb- und Altlast rasch, geräuschlos und unwiderbringlich entledigen.

Am 26. Juni 1933 kündigte Hammerstein die Schließung der Station Lipezk an.[9] Sein Schreiben, in versöhnlich anerkennenden Worten an die sowjetische Adresse verfaßt, was in Moskau auch durchaus so verstanden wurde, stand in erheblichem Gegensatz zu der schroffen Auflösungsordre, die Blomberg am 21. Juli 1933 hinsichtlich der Station in Tomka erließ.[10] Auch die Rote Armee löste am 26. Juni einseitig ihre bislang eingegangenen Verpflichtungen gegenüber der Reichswehr auf. Besonders gereizt reagierte die Führung der Reichswehr auf die nur telefonisch erfolgte Absage sowjetischer Militärs, einen für sie eingerichteten Kursus in Berlin zu absolvieren, der ausdrücklich erst vereinbart worden war. Die Reichswehr sagte daraufhin am 3. August 1933 ihre fast zur Tradition gewordene Teilnahme an den Manövern der Roten Armee ab.[11]

Trotzdem wäre es offenbar unberechtigt, daraus die Schlußfolgerung abzuleiten, daß alle Beteiligten leichten Herzens aus dieser Zusammenarbeit schieden. Das betraf in erster Linie jene deutschen Offiziere, die unmittelbar mit der Roten Armee zusammenarbeiteten und in Moskau direkte Kontakte hielten. Wer die Berichterstattung des deutschen Militärattaches in Moskau, Hartmann und seines Hilfsoffiziers Hans Krebs, verfolgt, der in dieser kritischen Zeit - wie dann später noch einmal im September 1939 - daran direkt beteiligt war, ehe er am Ende des zweiten Weltkrieges als letzter Generalstabschef des Heeres vom Berliner Reichskanzleibunker aus letzte Kontakte zur Roten Armee aufnehmen wollte, dem drängt sich der Eindruck auf, daß diese Offiziere alle Strohhalme suchten, um die Zusammenarbeit nicht gänzlich als politischen Faktor ausgelöscht zu sehen.

Bereits am 16. Mai 1933 stellte Hartmann in seinem Bericht für Hammerstein die Gretchenfrage: «Es gibt nur ein vollwertiges Entweder-oder. Mit der zunehmenden industriellen Festigung (und) Selbständigkeit Rußlands kann die Freundsc(haft) mit diesem Lande vom militärischen Gesichtspunkt aus nur an Bedeutung gewinnen.»[12] Bei Hammerstein stießen diese Worte nicht auf taube Ohren, war er doch einer der wenigen hohen Reichswehrgeneräle, die kein Hehl aus ihrer Abneigung gegen die extrem antisowjetische Politik des neuen Reichskanzlers machten. Demonstrativ gebrauchte Hammerstein deshalb am 1. Juli 1933 bei der Verabschiedung sowjetischer Offiziere Worte wie die von den «befreundeten Armeen», die an der «bewährten Linie unserer Zusammenarbeit» festhalten mögen.[13] Auf derselben Linie argumentierte von Bockelberg und der wohl einflußreichste Wehrwirtschaftsoffizier der Reichswehr, Oberstleutnant Georg Thoma, der im Mai 1933 ebenfalls die Sowjetunion besucht hatte. Für beide Offiziere waren vor allem die wehrwirtschaftlichen Aspekte in Sowjetrußland faszinierend. Bockelberg legte Wert auf die Feststellung, daß die leitenden Persönlichkeiten der Roten Armee bei allen sich bietenden Gelegenheiten auf eine enge Zusammenarbeit mit dem deutschen Heer und der deutschen Technik gedrängt hätten. «Die Zusammenarbeit mit der Roten Armee und der sowjetrussischen Rüstungsindustrie ist bei dem Ausmaß der russischen Pläne und bei der dargelegten Energie ihrer Durchführung nicht nur aus wehrpolitischen, sondern auch aus rüstungstechnischen Gründen dringend erwünscht.»[14]

Das rüstungspolitische Kalkül der Reichswehrstäbe wurde befördert durch zwei weitere Überlegungen: zum einen wollte man verhindern, daß durch die Beendigung der militärischen Zusammenarbeit mit Sowjetrußland ein militärpolitisches Vacuum entstünde, das nach den gegebenen Umständen nur durch Frankreich und möglicherweise auch durch Polen geschlossen werden könne. Namentlich Hartmann und Krebs drängten in ihrer Berichterstattung deshalb darauf, die bestehenden Kontakte in irgendeiner Weise doch noch am Leben zu erhalten. Zum zweiten ist unübersehbar, daß die persönlichen Beziehungen zwischen Generalen der Reichswehr und der Roten Armee ein politisches Kapital waren, das nicht leichtfertig ausgeschlagen werden sollte. Ob sich damit nur die Idee einer Beeinflussungsstrategie zugunsten Deutschlands verband oder auch eine Evolutionsstrategie, bei der davon ausgegangen wurde, die Rote Armee und ihre Generale könnten künftig vielleicht einmal die Geschicke Rußlands in ausschlaggebender Weise bestimmen, sei dahingestellt.

Seit September 1933 jedenfalls war das Bemühen einiger Reichswehroffiziere und roter Generale unverkennbar, aus dem krisenreichen Sommerloch wieder herauszukommen. Und ihr Bemühen stieß auf ein wohlwollendes russisches Militärinteresse. Deutsche Offiziere waren bis Ende Oktober 1933 noch Gäste der Roten Armee. Die Ursachen dieses Stimmungswandels sind nicht eindeutig auszumachen. Doch aus jetzt nach Westeuropa gelangten sowjetischen Archivalien kann auf eines geschlossen werden: Die Führung der Roten Armee war über die Haltung der Reichswehr hervorragend informiert. Der Chef der sowjetischen militärischen Aufklärung, General Ja. Bersin, unterrichtete Volkskommissar Kliment Woroschilow 1933 regelmäßig und systematisch über alle Berichte, die der deutsche Militârattach Hartmann nach Berlin gab. Aus ihnen ging unverkennbar hervor - und Bersin betonte dies mehrfach -, daß eine Reihe deutscher Militär nach wie vor an der Fortsetzung der militärischen Zusammenarbeit interessiert waren. Auf welche Weise die sowjetische militärische Aufklärung in den Besitz dieser geheimen Berichte gekommen ist, läßt sich gegenwärtig noch nicht klären. Die Vermutung liegt jedoch nahe, daß sie die Kopien dieser Berichte direkt aus Berlin empfangen haben muß. Denn nicht nur die Hartmannschen Berichte erreichten

Bersin, sondern knapp drei Monate nach der Abreise von Bockelberg lag z.B. dessen gesamter Reisebericht der sowjetischen Spionage vor. Wenn man weiß, daß zu den streng geheimen Unterlagen der militärischen Zusammenarbeit zwischen Reichswehr und Roter Armee nur ein ganz kleiner, ausgesuchter Kreis hoher Reichswehroffiziere überhaupt Zugang hatte, muß vermutet werden, daß mindest seit 1933 ein hochgestellter Reichswehrangehöriger im Dienst der sowjetischen Aufklärung stand und sie über alle internen Vorgänge unterrichtete. Wer diese Person war, gehört zu den noch zu lüftenden Geheimnissen der neueren Geschichte, wirft indes neue Fragen in dieser Zusammenarbeit auf. Bereits Ende August 1933 war Bersin bekannt geworden, daß Hammerstein und Adam von ihren Posten entfernt werden sollten und Beck als neuer Generalstabschef in Aussicht genommen worden war. Auf sowjetischer Seite wurde erkannt, daß einige Reichswehroffiziere auf ein Signal aus Moskau warteten, das die Möglichkeiten einer künftigen Zusammenarbeit nicht völlig kappte.

Groteskerweise erfolgte dieses Signal im unmittelbaren Zusammenhang mit der endgültigen Auflösung aller Stationen und Verbindungsstäbe in Moskau, die bis zum 14. September 1933 vollendet wurde. Wie General Bersin Woroschilow am 14. Oktober 1933 berichtet, begann die Liquidierung der Station in Tomka am 26. Juli und dauerte bis zum 15. August. Das deutsche Versuchskommando hinterließ in Tomka Anlagen und Materialien im Wert von 40 bis 50 000 Goldrubel. Vier Güterwagen verließen Tomka am 29. August über Sebesh und zwei über den Hafen Leningrad am 11. September. Die Auflösung der Panzerstation Kasan begann am 20. Juli und war am 6. September 1933 beendet. Drei deutsche Transporte mit insgesamt 19 Waggons verließen am 11. und 19. August sowie am 4. September 1933 Kasan und wurden am 4., 11. und 18. September über Leningrad verschifft. Darunter befanden sich sechs schwere und vier leichte Panzerwagen. Den Wert der von den Deutschen hinterlassenen Vorräte und Geräte bezifferte Bersin auf über eine Million Rubel. Die Flugstation Lipezk schließlich wurde zwischen dem 19. Juli und 20. August 1933 liquidiert. Die Reichswehr überließ der Roten Armee hier 15 Militärflugzeuge, Motoren, Fahrzeuge, funktechnisches Gerät usw. In sieben Güterwagen transportierte die Reichswehr am 11. und 30. September über Sebesh und am 19./20.September über Leningrad das von ihr beanspruchte Material nach Deutschland. Nunmehr - so konstatierte Bersin lakonisch - befinde sich kein «Freund» mehr auf den russischen Versuchsstationen.

Völlig zu Recht urteilte Hartmann am 19. September 1933 «Immerhin bedeutet die Einstellung der Versuchsarbeit einen Wendepunkt, dem entscheidende Bedeutung zukommen kann.»[15] Die am 22. und 23. August dafür veranstalteten Empfänge nahm die sowjetische Seite wahr, um ganz eindeutig zu verstehen zu geben, daß die Rote Armee offensichtlich Wert darauf legt, «gute persönliche Beziehungen aufrechtzuerhalten, wodurch eine Normalisierung der Beziehungen gefördert werden könnte.» Oberst Hartmann deutete die Abschiedszeremonien mit den Worten, die Rote Armee hätte sich damit «die Tür für eine spätere militärische Zusammenarbeit mit uns offen gelassen.»[16]

Als indessen der sowjetische Militärattaché in Berlin, Lewitschew, bei Oberst Karl-Heinrich von Stülpnagel anfragte, ob absehbar wieder mit einer Zulassung sowjetischer Offiziere zu Reichswehrlehrgängen gerechnet werden könnte, hielt sich Stülpnagel nach Rücksprache mit Blomberg und dem Staatssekretär im Auswärtigen Amt, Bernhard von Bülow, bedeckt und vermied eine Antwort.[17]

Von sowjetischer Seite war dieser Vorstoß offenbar im Ergebnis der Abschiedsessen unternommen worden, die am 12. September für die deutschen Stationschefs und am 23. September für den Leiter der Zentrale Moskau gegeben worden waren. Die von der Reichswehr an den Tag gelegte Großzügigkeit, der Sowjetunion den größten Teil des auf den Stationen befindlichen Materials im Wert von 2,9 Millionen Mark kostenlos zu übergeben, hatte nach Hartmanns Einschätzung sowjetischer Bekundungen dazu beigetragen, «ein Fundament zu schaffen, auf dem die freundschaftlichen militärischen Beziehungen in einer anderen Form zum Nutzen beider Armeen neu gegründet werden könnten.»[18]

Angesichts geübter neudeutscher Zurückhaltung kam Tuchatschewskis Schritt vom 31. Oktober 1933 noch größere Bedeutung zu. Anläßlich der Verabschiedung des deutschen Botschafters Dirksen, der schon im Mai 1933 beobachtet hatte, wie sich die militärischen

Vertreter beider Länder «in einer melancholischen Stimmung» verabschiedeten «und mehr wie Freunde, die sich voneinander nicht freiwillig, sondern unter dem Zwang widriger Umstände trennen»,[19] kam es zu einem ausgedehnten Meinungsaustausch zwischen Fritz von Twardowski, erster Botschaftsrat in Moskau und früherer U-Boot-Kommandant, und Tuchatschewski. Twardowski berichtete, der sowjetische Marschall habe den Standpunkt vertreten, «daß trotz der bedauerlichen politischen Entwicklung die Gefühle der Roten Armee gegenüber der Reichswehr und dem deutschen Volke die alten geblieben seien und daß man nie vergessen werde, daß die Reichswehr die Rote Armee bei ihrem Aufbau entscheidend unterstützt habe.» Nachdem Tuchatschewski auf die feindselige Politik der neuen deutschen Regierung eingegangen war, meinte er: «Gelinge es der Politik, diese Bedenken bei der Sowjetregierung zu zerstreuen, so gäbe es keinen Grund, die alte Zusammenarbeit zwischen beiden Armeen nicht wieder aufzunehmen, die von der Roten Armee aufs freundlichste begrüßt werden würde... In der Sowjetunion bleibe die Rapallopolitik die populärste, und die Reichswehr sei die Lehrmeisterin der Roten Armee in schwerer Zeit gewesen; das sei unvergessen und werde nicht vergessen werden.» Bei der Verabschiedung von Twardowski betonte Tuchatschewski noch einmal eindringlich: «Vergessen Sie nicht, es ist die Politik, Ihre Politik, die uns trennt, nicht unsere Gefühle, die Gefühle der Freundschaft der Roten Armee zur Reichswehr.»[20]

Ob es nun diese Worte waren, von denen Sebastian Haffner meint, sie wären es gewesen, «die den Marschall dreieinhalb Jahre später das Leben kosteten»[21], mag zwar füglich bezweifelt werden, denn sie standen ganz offenbar im Kontext sowjetischer Politik, wie sie auch Woroschilow darstellte, nämlich die nationalkonservativen Eliten in Deutschland als Ansprechpartner gegen die Nationalsozialisten auszuspielen. Doch auszuschließen ist es nicht, daß einige rote Führungskader aufgrund ihrer Erfahrungen stärker mit der Reichswehr sympathisierten als mit Frankreich.

Der neue deutsche Botschafter in Moskau, Rudolf Nadolny, ließ sich jedenfalls am 11. November 1933 in seinen Richtlinien bescheinigen, eine seiner Aufgaben bestünde darin, «das gute Verhältnis zwischen der Reichswehr und der Roten Armee zu pflegen.»[22] Woroschilow versicherte Nadolny denn auch am 10. Januar 1934, «daß Rote Armee mit großer Genugtuung an Zusammenarbeit mit Reichswehr zurückdenke; er hoffe, daß auch in dieser Beziehung altes gutes Verhältnis wieder hergestellt werde.»[23] Nadolny konnte Woroschilow bestätigen, dies liege auch im Sinne der Reichswehr, wie er erst kürzlich aus dem Munde von Blomberg erfahren habe. War es ein Zufall, daß am selben Tag, dem 10.Januar, Dr.Klaus Mehnert in den «Münchener Neuesten Nachrichten» unter dem Titel «Köpfe der Weltpolitik: Woroschilow» ein sehr wohlwollendes Porträt des sowjetischen Volkskommisars für Verteidigung als Gründer und Schöpfer der Roten Armee entwarf?

Indes vollzog sich im Rahmen der Reichswehr ein erstes Revirement. Der Roten Armee wohlbekannte deutsche Generale, wie der Chef der Heeresleitung bzw. des Truppenamtes, Hammerstein bzw. Adam, die der militärischen Zusammenarbeit mit Sowjetrußland aufgeschlossen gegenüberstanden, wurden ausgewechselt. An ihre Stelle traten Generale, die bislang andere Aufgaben erfüllt hatten oder deren antisowjetische Gesinnung außer Zweifel stand. Am 3. Januar 1934 war in Berlin bekanntgegeben worden, daß zum Monatsende Werner von Fritsch Hammerstein als Chef der Heeresleitung ersetzen werde. Von Fritsch war bekannt, daß er sich schon 1920 entschieden gegen jede deutsche Annäherung an Sowjetrußland ausgesprochen hatte. Zum Chef des Truppenamtes war an Stelle Wilhelm Adams seit 1. Oktober 1933 Ludwig Beck getreten. Einzig Werner von Blomberg blieb in leitender Position. Seine Haltung zu Sowjetrußland wurde jedoch immer ambivalenter. Er gehörte 1933 zwar nicht zu den antirussischen Stimmungsmachern, versuchte aufgrund seiner hohen Meinung von der Kampfkraft der Roten Armee zaghaft den Draht nach Rußland nicht abreißen zu lassen, glitt jedoch seit 1934/35 immer stärker in das Fahrwasser militanter Osteroberungspolitiker ab, ehe er seit 1935 geradezu zum Advokaten eines antisowjetischen Kreuzzuges wurde. Diese Personalveränderungen in der Reichswehr am Vorabend des deutsch-polnischen Nichtangriffs- und Freundschaftsvertrages vom 26. Januar 1934 waren der Hintergrund eines Meinungsaustausches zwischen Hartmann und dem sowjetischen Generalstabschef Alexander Jegorow. Hartmann berichtete, Jegorow habe aus seiner Freundschaft für die Reichswehr keinen Hehl gemacht und betont: «Er lasse an der Treue seiner Überzeugung nicht rütteln...Sein Vertrauen sei besonders befestigt worden durch seine persönlichen Eindrücke anläßlich seiner Studien in Deutschland und durch seine Unterredungen mit maßgeblichen Führern des Reichsheeres; dabei gedachte er besonders des längeren der Generale Hammerstein, Adam, von Leeb, von Brauchitsch, Halm. Er bedauerte, daß die mit ihm bekannten Personen ausgeschieden, zum Teil in anderen Stellungen verwendet sind.» Jegorow betonte sein Interesse, Fritschs oder Becks persönliche Bekanntschaft zu machen. «Mit besonderer Herzlichkeit», fuhr Hartmann fort, «gedachte Jegorow auch der deutschen Offiziere Paulus und Reinhardt, auch Brennecke, die er unbegrenzt verehrt. 'Wenn die deutsche Armee einmal keinen Raum mehr für P(aulus) und R(einhardt) hat', sagte Jegorow, 'nehmen wir sie mit offenen Armen auf; es sind unersetzliche Lehrkräfte, die wir besonders brauchen können.»[24] Nun, für einen von ihnen, den Stalingradmarschall Friedrich Paulus, sollte sich ein solcher fast zehnjähriger neuerlicher Aufenthalt ergeben, allerdings kaum einer mit offenen Armen, sondern hinter Stacheldraht. Alles in allem hielt es auch Hartmann für ausgeschlossen, der Anregung Jegorows nachzugehen, daß möglicherweise der neue deutsche Generalstabschef Beck die Sowjetunion bereise, obgleich bis 1933 die Chefs des Truppenamts der Reichswehr regelmäßig ein- bis zweimal im Jahr Sowjetrußland besucht hatten.

Am Beispiel Jegorows dokumentiert sich auch besonders klar der anbahnende Stimmungswandel in der Beurteilung der Roten Armeeführer. 1933 hatte sich das Reichswehrministerium noch die Anschauung zu eigen gemacht: «Jegorow ist wohl als eine der stärksten Persönlichkeiten der Roten Armee anzusprechen, der sich bei ihm ranggleichen Kommandeuren großer Autorität erfreut, über großes militärisches Wissen verfügt und gesunde Vorstellungen von den Ausbildungs- und Erziehungsgrundsätzen hat.» Knapp drei Jahre später, am 28. August 1936, wertete die Außenstelle Hamburg der militärischen Abwehr denselben Jegorow als einen Mann der Mittelmäßigkeit ab und schrieb: «Jegoroff selbst ist ein Mensch von mittelmäßiger Begabung, daher kann man von ihm auch nichts außerordentliches erwarten.»

Überhaupt fällt auf, daß abgesehen von den besonders hochgeschätzten Kommandeuren Uborewitsch, Tuchatschewski, Jakir, Blücher und Jegorow eine Reihe sowjetischer Offiziere schon vor Hitlers Machtergreifung mit Worten disqualifiziert wurden, die auf tradierte Denkklischees verweisen. Divisionskommandeur Choroschilow erhielt das Reichswehrprädikat: «Von unaufrichtigem, mißtrauischem und hinterhältigem Wesen, anscheinend fanatischer Kommunist», vor dem aus Mittelasien stammenden Artillerieoffizier Klein-Bursi wurde gewarnt: «Vorsicht ihm gegenüber am Platz, da unzweifelhaft nach seinen Äußerungen überzeugter Kommunist» und der lange Jahre als Gehilfe des sowjetischen Militärattaché in Berlin weilende Leo Schnittmann erhielt gar das Urteil, ein «geriebener, verschlagener Jude» zu sein.[25]

Das Frühjahr 1934 bereitete den Beziehungen zur Roten Armee ein vorläufiges Ende, denn nach dem deutsch-polnischen Abkommen von Ende Januar 1934 mußte das politische und militärpolitische Klima gegenüber Sowjetrußland vereisen. In seiner Ansprache vor Spitzen der Reichswehr, SA und SS am 28. Februar 1934 zog Hitler die Konsequenzen daraus, in dem er erstmals das künftige Kriegsszenario entblätterte, das zunächst Schläge im Westen vorsah, um sich dann mit voller Kraft gegen den Osten zu wenden, was angesichts des Vertrages mit Polen nur gegen Rußland gemünzt werden konnte.[26] Schlußfolgerungen zog auch Blomberg, der am 23. Februar 1934 die Rote Armee aus der Liste befreundeter Armeen streichen ließ und sie in die Kategorie potentieller Gegner einreihte.[27]

Im Blickwinkel der Reichswehr bzw. ab März 1935 der Wehrmacht wandelte sich nunmehr der früher als potentiell deutschfreundlich eingeschätzte Tuchatschewski zu einem Werkzeug der französischen Militärs. Als Brunnenvergiftung denunzierten Diplomaten und Militärs des Dritten Reiches seinen am 31. März 1935 in der Moskauer «Prawda» veröffentlichten Artikel «Kriegspläne des heutigen Deutschlands». In ihm hatte der Marschall prophezeit, daß nach Wiedereinführung der Wehrpflicht das 100 000-Mann-Heer der Reichswehr binnen eines Jahres auf 850 000 Soldaten verstärkt werden könne. Der neue deutsche Botschafter Graf Friedrich Werner von der Schulenburg protestierte gegen diese Auslassungen beim sowjetischen Außenkommissar Litwinow, Hartmann beim Chef der Abteilung Ausländische Verbindungen der Roten Armee.[28]

Hohe Offiziere der Reichswehr empfanden dies besonders deshalb für unangemessen, weil sie von einem hohen sowjetischen Militär stammten, den sie bzw. der sie bestens kannte. Die deutschen Offiziere gingen bei ihren Beziehungen zur Roten Armee von der Annahme aus, daß es sich um traditionelle Sonderbeziehungen handele, die wenigstens zum Teil außerhalb des allgemeinen politischen Klimas standen. Köstring war deshalb nicht überrascht, als sich der sowjetische Generalstab bei ihm über ein deutsches Armeeflugblatt beklagte, «dessen farbig-rotes Titelbild einen Rotarmisten stark verunglimpfend darstellte. Mir wurde nahegelegt, diese Art von Propaganda zu verhindern mit dem Hinweis, daß von russischer Seite niemals eine derartige Verunglimpfung deutscher Soldaten geschehen sei.»[29] Ähnliche Beanstandungen unterbreitete der sowjetische Militärattaché in Berlin, Kommandeur Orlow, dem Adjudanten des Oberbefehlshabers des Heeres, Major Rabe von Papenheim, am 26. November 1935, über einen antisowjetischen UFA-Film. Orlow stieß sich dabei nicht an der antisowjetischen Tendenz des Filmes, wohl aber an der Verunglimpfung der Roten Armee. Eine Verschlechterung der politischen Beziehungen - so Orlow -, heiße doch nicht, daß sich diese «unbedingt auch auf die Armee auswirken müssen. Wenn in Rußland auf allen möglichen Gebieten deutschfeindliche Propaganda getrieben würde, das deutsche Heer und der deutsche Soldat seien nie hier mit hineingezogen worden.»[30]

Köstring mutmaßte, eine solche Haltung der Roten Armee beruhe auf der Annahme, die Wehrmacht wäre «bis zuletzt in bezug auf Rußland» der ausschlaggebende Faktor.[31]

Den neuen Wind der braunen Machthaber bekam auch der einstige Hauptkontaktmann der Reichswehr in Sowjetrußland, Oskar von Niedermayer, zu spüren, als er am 15.Februar 1935 an der Berliner Universität im Rahmen eines von Professor Otto Hoetzsch veranstalteten Vortragszyklus über die Wehrpolitik in der Sowjetunion sprach und daraufhin von der Gestapo als «pro-bolschewistisch» de-

Einer der Hauptorganisatoren deutsch-sowjetischer Militärzusammenarbeit in den zwanziger Jahren war Otto von Niedermayer, dessen prorussische Einstellungen 1935 schwer kritisiert wurden

nunziert wurde, weil seine Ausführungen «ganz auf der pro-russischen Linie der nach Osten gekehrten Außenpolitik des Professors Hoetzsch (liegen), der eine ganz auf Rapallo-Linie liegende Politik inaugurierte.» Niedermayer entging wohl nur deshalb scharfen, angedrohten Konsequenzen, weil sich das Auswärtige Amt, aber auch das Reichswehrministerium hinter ihn stellten, wobei es Blomberg am 18.April 1935 allerdings für «unzweckmäßig» hielt, zum gegenwärtigen Zeitpunkt öffentlich über russische Wehrpolitik zu sprechen.[32]

Nach seiner Rückkehr nach Moskau zum 1. Oktober 1935 als neu akkreditierter Militärattaché stellte Köstring fest: «Bemerkenswert war Tuchatschewski, mir seit langem in seiner an Überheblichkeit grenzenden Zurückhaltung bekannt. Angeblicher Franzosenfreund. Jetzt aufgeschlossen, außerordentlich liebenswürdig in Ton, Äußerungen, Interesse für die ihm bekannten Offiziere, von ganz verändertem Benehmen gegen früher.» Als politische Hauptintentionen wertete Köstring die wiederholt geäußerten Bemerkungen wie: «Wir finden schon wieder zusammen» oder «was ich in unserer Zusammenarbeit gelernt habe, und die vielen Freunde, die ich bei Ihnen hatte.»[33]

Als außerordentlich bedeutsam wurde in Berlin ein Gespräch betrachtet, das Marschall Tuchatschewski am 26. Oktober 1935 mit dem ihm bereits seit längerem bekannten deutschen Diplomaten von Twardowski hatte. In dieser Unterredung unterbreitete Tuchatschewski Deutschland Offerten, die, ungeachtet aller Warnungen, auf eine umfassende Verbesserung der deutsch-sowjetischen Beziehungen abzielten. Der Marschall versicherte Twardowski zunächst seiner Hochachtung vor der deutschen Armee und ihrem Offizierkorps, die ihn veranlaßt hätten, der deutschen Wehrmacht ein rasches Tempo bei der Herstellung ihrer Kriegsbereitschaft zuzutrauen. «Wenn es aber zu einem Krieg zwischen Deutschland und der Sowjetunion kommen sollte, was ein schreckliches Unglück für beide Völker wäre, so würde Deutschland nicht mehr das alte Rußland vor sich haben; die Rote Armee habe viel gelernt und viel gearbeitet. Mehrmals hob er hervor, daß er bedauere, daß Deutschland und die Sowjetunion nicht zusammengingen. Beide Länder könnten sich ökonomisch sehr gut ergänzen und hätten keine territorialen Streitpunkte; und er fügte dann hinzu: 'Wenn Deutschland und die Sowjetunion dieselben freundschaftlichen politischen Beziehungen wie früher hätten, könnten sie jetzt der Welt den Frieden diktieren. Aber wir sind Kommunisten und Sie dürfen nicht vergessen, daß wir Kommunisten bleiben wollen und bleiben werden. Auch wenn man in Deutschland eine andere Weltanschauung vorzieht, sollte das kein Hinderungsgrund sein, zusammen zu arbeiten.'»[34] Das unter der Leitung Walter von Reichenaus stehende Wehrmachtsamt kommentierte den Schritt Tuchatschewskis am 25.November 1935 mit den Worten: «Mit Vorsicht aufzunehmende Andeutungen russischer offizieller Persönlichkeiten deuten auf den Wunsch zu einer Entspannung mit Deutschland hin.»[35]

In diesem Zusammenhang muß wohl auch Tuchatschewskis mysteriöser Zwischenaufenthalt Mitte Februar 1936 in Berlin gesehen werden, nachdem er zuvor London und Paris besucht hatte. Ob es bei dieser Gelegenheit tatsächlich zu einem Treffen zwischen Blomberg und Tuchatschewski gekommen ist, wie Hans von Herwarth in seinen Erinnerungen behauptet, oder ob Görings Erklärung vom 12. August 1936 gegenüber dem polnischen Diplomaten Jan Szembek zutreffend ist, daß Hitler jegliche derartige Kontaktaufnahme strikt verboten habe[36], bleibt gegenwärtig ebenso strittig und ungewiß wie die seinerzeitigen Vermutungen der Deutschen Botschaft in Moskau über geheime Kontaktbemühungen zwischen Blomberg und dem ihm wohlbekannten sowjetischen General Uborewitsch im Herbst 1936. Zu den Merkwürdigkeiten jener Monate gehört auch jene, daß dem Reichswehrministerium am 29.Januar 1936 über die deutsche Botschaft Ankara der Aufsatz eines polnischen Politologen namens Richard Wraya zugestellt wurde, in dem ausführlich die Rote Armee als Gegengewicht zur kommunistischen Partei hingestellt wurde.

Unstrittig bleibt jedenfalls die Tatsache, daß sich Tuchatschewski wie Uborewitsch nach wie vor hoher Wertschätzung der alten Reichswehrgeneralität gewiß sein konnten. Auch 1936 galt noch die 1933 verfaßte Beurteilung Tuchatschewskis, die da lautete: «Seiner ganzen Persönlichkeit nach scheint Tuchatschewski dazu berufen, auch in der zukünftigen militärischen, vielleicht sogar politischen Entwicklung Rußlands eine große Rolle zu spielen. Zweifellos ist der jetzt 39jährige Tuchatschewski eine der befähigsten Persönlichkeiten, die in der jetzigen Führerschaft der Roten Armee einen weit überragenden Platz einnimmt.» Noch enthusiastischer klang die Beurteilung für Uborewitsch aus dem Jahre 1934: «Außerordentlich energische, ehrgeizige, ausgesprochene Führerpersönlichkeit mit tiefer militärischer Bildung und praktischem militärischen Können, ausgesprochene militärische Begabung auch für große Lagen. Wohl der tüchtigste und fähigste Offizier der Roten Armee.»[37] Belegt ist nur, daß die Generale Fritsch, Beck und Stülpnagel Ende Juni 1936 durch die Entsendung von Major Spalcke als Emmissär des Generalstabes einen letzten Versuch machten, den Faden zur Roten Armee nicht völlig abreißen zu lassen. Die Gespräche Spalckes mit General Urizki und Below - Jegorow und Timoschenko ließen sich dienstlich für unabkömmlich erklären - brachten nur die atmosphärisch wichtige, wechselseitige Versicherung, Bestes für ein gutes Einvernehmen zwischen beiden Armeen tun zu wollen. Als Spalcke Blomberg über seine Reise berichtete, zeigte sich der Kriegsminister wenig aufgeschlossen. Er hielt die Verschlechterung der Beziehungen für unvermeidlich, weil sie sich aus dem Gegensatz Nationalsozialismus und

Bolschewismus ergaben. Auch einen ideologischen Glaubenskrieg hielt Blomberg für möglich und unvermeidbar, wenn es die Geschichte so wolle.[38]

Liegt hier möglicherweise eine der innerdeutschen Ursachen für die unzweifelhaft belegbaren Zuhälterdienste des nazistischen Sicherheitsdienstes unter Reinhard Heydrich für Josef Stalin ?

Nach wie vor ist in der Literatur keine überzeugende Antwort auf die Frage gegeben worden, welche letzten Motive Stalin zur Enthauptung zunächst eines Teils der Armeeführung im Sommer 1937 veranlaßten und vor allem auf die Frage, weshalb gerade dieser Zeitpunkt gewählt wurde.

War Stalin irregeführtes Opfer eines nationalsozialistischen Komplotts oder war dieses frisierte Material mit Zutun und Wissen des sowjetischen Geheimdienstes aufbereitet worden? Wer die Ausführungen Tuchatschewskis am 26. Oktober 1935 in einem Kontext mit den Erklärungen sowjetischer Politiker vom August 1939 an liest, den verblüfft die Identität der Aussagen: keine territorialen Streitfragen, ökonomische Ergänzung, Ideologie kein Hindernis für Zusammenarbeit, Diktat für den Frieden der Welt usw.

Kann man deshalb noch unterstellen, Tuchatschewski hätte im Oktober 1935 diese Erklärungen aus eigener Machtvollkommenheit gegeben oder handelte er nicht vielmehr im Auftrag der sowjetischen Regierung, die sich der besonderen Beziehungen zur Wehrmacht bedienen wollte, um eine umfassende Regelung der deutsch-sowjetischen Beziehungen anzustreben?

Wer die Praxis sowjetischer Diplomatie kennt, neigt der Annahme zu, daß Tuchatschewski damals in Übereinstimmung mit der sowjetischen Regierungspolitik handelte und keinen Alleingang unternahm.

Das wird auch durch die Tatsache belegt, daß die Sowjetunion 1935 auch auf anderen diplomatischen Kanälen bestrebt war, zu einem Nichtangriffsabkommen mit Deutschland zu gelangen.

Auf der anderen Seite brodelte seit April 1936 eine internationale Gerüchteküche, die dem sowjetischen Marschall unterstellte, Haupt einer Antistalinfronde zu sein. Die ersten Gerüchte darüber tauchten im April 1936 aus der Untergrundszene der russischen Emigration in Prag auf, die seitdem nicht mehr abrissen. Zugleich muß in Betracht gezogen werden - worauf später näher einzugehen sein wird -, daß seit August 1936 die Spitzen des Dritten Reiches forciert Kurs auf eine militärische Auseinandersetzung mit Sowjetrußland nahmen, die nur noch übertroffen wurde durch die Kriegsvorbereitungen ab Sommer 1940 für den Fall «Barbarossa». Trotz aller Bereitwilligkeit der deutschen Militärs, eine solche Planung in Angriff zu nehmen, blieb innerhalb der NS-Führungsspitze offenbar ein an Gewißheit grenzender Verdacht bestehen, daß eine bestimmte Gruppe von Militärs noch einer alten Ostoption verhaftet wäre. Als Hitler im August 1936 seine antisowjetische Kampagne auf dem Parteitag in Nürnberg eröffnete, notierte Reichspropagandaminister Joseph Goebbels am 2. August 1936, Hitler «geht gegen Rußland ins Zeug. Recht hat er. Die Armee ist da manchmal schlecht beraten.»[39] Am 15. November 1936 hielt Goebbels ein Gespräch mit Hitler fest, in dem ihm dieser erklärt hatte: «Die Aufrüstung geht weiter. Wir stecken märchenhafte Summen hinein. 1938 sind wir ganz fertig. Die Auseinandersetzung mit dem Bolschewismus kommt. Dann wollen wir parat sein.»[40] In dieses Konzept paßte Ende 1936 auch der Plan, das sowjetisch-französisch-tschechoslowakische Bündnis zu zersetzen. Seit August 1936 waren deutsche Unterhändler in Prag im Gange, dem tschechoslowakischen Staatspräsidenten Edvard Beneš einen Nichtangriffsvertrag mit Deutschland in Aussicht zu stellen, wenn er aus seinen übrigen Beistandspakten austrat.

Dieser Draht nach Prag erwies sich als ein hervorragendes Mittel, um zwei Ziele der deutschen Politik zu befördern. Am 9. Februar 1937 nämlich ließ der deutsche Unterhändler, Maximilian Karl Graf zu Trautmannsdorff, gegenüber dem tschechoslowakischen Botschafter in Berlin, Adalbert-Wojtech Mastny, durchblicken, die Verhandlungen mit Prag wären ins Stocken geraten, weil Reichskanzler Adolf Hitler laut gewisser ihm zugegangener Nachrichten damit rechne, daß «in Rußland aller Wahrscheinlichkeit nach eine baldige plötzliche Wende, der Sturz Stalins und Litwinows und die Etablierung einer Militärdiktatur bevorstehe. Sollte dieser Fall eintreten, dann würde der Kanzler seine gesamte Haltung gegenüber Rußland ändern, und er wäre bereit, West- und Osteuropa gleichzeitig zu erledigen.»[41] Mit der Ankündigung Hitlers, im Verhältnis zu Rußland könnte eine neue «Rapallo-Ära» anheben, sollte nicht nur die Tschechoslowakei aus dem Bündnis gebrochen werden, sondern sie war darüber hinaus wohl auch Teil eines zweiten verdeckten Planes.

Im Zusammenhang mit dem Großen Kriegsspiel von 1936/37, in dem erstmals ein Großkrieg mit Sowjetrußland ins Kalkül gezogen wurde, müssen offenbar Meinungsverschiedenheiten darüber entstanden sein, wie die Stärke Rußlands veranschlagt werden müsse. Am 27. Januar 1937 notierte Goebbels: «Große Debatte. Blomberg, Göring, Darré und Fritsch...Die Sowjets hetzen wahnsinnig. Aus dem Moskauer Prozeß wird niemand mehr schlau. Barbarisch mit den Methoden Iwan des Schrecklichen. Heer wird von Blomberg hoch eingeschätzt, aber der Führer ist nicht dieser Meinung.»[42] Tags darauf sprach Hitler indessen mit Goebbels am Mittagstisch unter vier Augen: «bei Tisch erklärt er Aufrüstung, legt Rußlands Stärke dar, zieht unsere Möglichkeiten in Betracht.»[43]

Warnte Blomberg als Vertreter der Wehrmacht davor, Rußlands Stärke nicht unterzubewerten, so trat zur selben Zeit Wirtschaftsminister Hjalmar Schacht mit dem Ansinnen an Hitler heran, die Wirtschaftsbeziehungen zur UdSSR angesichts des deutschen Rohstoffmangels umfassend zu verbessern. Grundlage dazu wäre eine politische Klimaveränderung. Um diese war es Schacht seit Dezember 1936 in Verhandlungen mit dem sowjetischen Handelsbeauftragten David Kandelaki gegangen, was am 29. Januar 1937 dazu führte, daß Kandelaki im Auftrag Stalins und Molotows eine umfassende Erörterung aller politischen Fragen mit Deutschland vorschlug.[44] Schacht wandte sich am 6. Februar an Außenminister Konstantin von Neurath und Hitler, die ihn am 11. Februar 1937 indessen beschieden, daß von einer solchen politischen Regelung nichts zu erwarten stehe, sie vielmehr für Deutschlands Interessen schädlich sei. Aber so fügte Neurath hinzu: «Etwas anderes wäre es, wenn sich die Dinge in Rußland in einer Richtung einer absoluten Despotie, gestützt auf das Militär, weiterentwickeln sollten. In diesem Fall dürften wir allerdings den Zeitpunkt nicht verpassen, um uns in Rußland wieder einzuschalten.»[45] Schacht erhielt also dieselbe Antwort, wie sie dem tschechoslowakischen Botschafter Mastny zuteil geworden war.

Die Frage ist: Glaubte Hitler tatsächlich an eine Palastrevolution im Kreml? Oder waren seine Äußerungen nur eine Camouflage des geplanten Komplotts?

Sowohl die Botschaft in Moskau als auch das Reichskriegsministerium erklärten am 29. Januar, 8. Februar und 11. März 1937 alle Gerüchte über einen angeblichen Militärputsch für unzutreffend.[46] Oberst Joachim von Stülpnagel dementierte alle derartigen Gerüchte mit den Worten: «In letzter Zeit ist wiederholt über Meinungsverschiedenheiten zwischen Stalin und den höchsten roten militärischen Führern berichtet worden. All diese Meldungen kamen aus Quellen, die man als ausgesprochene Sensationsquellen bezeichnen kann.» Indessen differenzierte Stülpnagel die Führung der Roten Armee in zwei Kategorien von Militärs: «Die erste Kategorie setzt sich aus Nichtskönnern (Budenny, Woroschilow usw.) proletarischer Abstammung zusammen. Diese Elemente halten fest zu Stalin - Kaganowitsch...Die zweite Kategorie der militärischen Führer sind sogenannte Spezialisten, wie z.B. Tuchatschewski...Daß diese Leute wirklich im Herzen Kommunisten sind, ist nicht anzunehmen.»[47]

Hitlers seltsames Gebahren könnte ein Teilstück der seit Mitte Dezember 1936 geplanten Zersetzungskampagne gegen Sowjetrußland gewesen sein. Zu diesem Zeitpunkt muß zwischen ihm und Himmler die Idee verabredet worden sein, Dokumente aus der Zeit der Zusammenarbeit zwischen Reichswehr und Roter Armee derart zu manipulieren bzw. zu fälschen, daß aus ihnen ein angebliches Komplott zwischen Wehrmachtsgeneralen und Sowjetkommandeuren entstand. Mitte Januar 1937 erhielt Walter Schellenberg von Reinhard Heydrich den Auftrag, eine Geschichte der geheimen Kooperation beider Armeen zu verfassen. Kein Wehrmachtsoffizier wurde dazu herangezogen. Nicht ausgeschlossen werden kann die Vermutung, daß die SS mit der von ihr betriebenen Aktion auch einen Schlag gegen vermutliche Ostoptanten in der Wehrmachtsführung und hohen Staatsbürokratie führen wollte, denn auch so konnten Blombergs Warnungen und Schachts Vorstoß verstanden werden.

Botschafter Mastny beeilte sich indessen, die deutsche Warnung sofort nach Prag zu geben. Allerdings blieb sie ohne Resonanz, obgleich sich bei den tschechoslowakischen Militärs seit Oktober 1936 die Berichte aus Berlin und Warschau mehrten, die von deutschen Bemühungen sprachen, sich mit den Sowjets zu arrangieren und auf prosowjetische Tendenzen in den Reihen der alten Reichswehr hinwiesen.

Am 7. April 1937 fand schließlich eine Unterredung zwischen dem zweiten Mann des Dritten Reiches, Hermann Göring, und Botschafter Mastny statt, bei der Göring vermutlich weitere «Beweise» für das Bestehen einer derartigen Militärkonspiration vorlegte, die den Botschafter veranlaßten, am 17. April mit Beneš zusammenzutreffen.[48]

Beneš, nunmehr im höchsten Maße alarmiert über die potentielle Gefahr eines Kurswechsels in der Sowjetunion durch eine «nationale» Generalität, Vermutungen übrigens, die auch von französischen Diplomaten im April 1937 geteilt wurden, die Tuchatschewski und Woroschilow als deutschhörige Parteigänger ausmachten, veranlaßten den tschechoslowakischen Staatspräsidenten am 22., 24. und 26. April sowie am 7. Mai, mit dem sowjetischen Botschafter Sergej Alexandrowski Rücksprache zu nehmen und ihm Mitteilung von seinen Informationen zu geben, ehe er sich am 8. Mai 1937 mit einer direkten Warnung an Stalin wandte. Inzwischen waren am 21. April hohe politische Polizeioffiziere der Tschechoslowakei nach Deutschland gereist, um sich von der Stichhaltigkeit der Beweise zu überzeugen. Ihnen wurden die deutschen Falsifikate untergeschoben, die die Grundlage für Beneš' Warnung darstellten.

Was seit April 1937 in Moskau geschah, entsprach ziemlich genau den Intentionen der SS-Regisseure. Am 22. April beschloß das Politbüro der KPdSU, die Reise Tuchatschewskis nach London anläßlich der Krönung des englischen Königs Georg VI. abzusagen. Das geschah am selben Tag, als Beneš in Prag Alexandrowski vorwarnte. Der Politbürobeschluß folgte formal einer Empfehlung des Leiters des NKWD, Nikolai Jeshow, der angeblich Beweise für ein in London geplantes Attentat des deutschen Geheimdienstes gegen Tuchatschewski in den Händen hatte und sich außerstande sah, den Marschall in Großbritannien zu schützen. Wie die Untersuchungskommission der KPdSU im Herbst 1989 feststellte, befindet sich beim Komitee für Staatssicherheit (KGB) der UdSSR «keinerlei Material über die Vorbereitung eines Attentats auf Tuchatschewski, was

Grund genug dafür ist, diese Information als eine Fälschung zu betrachten.»[49]

Zu genau demselben Zeitpunkt - dem 22. April - begann die Sonderabteilung des NKWD, das im Dezember 1936 zur Aufdeckung angeblich konterrevolutionärer Verschwörungen in der Roten Armee eingesetzt worden war, die ersten durch Aussagen «erhärteten» Verdächtigungen über die «verbrecherischen» Beziehungen von Tuchatschewski, Uborewitsch und Kork in Umlauf zu setzen. Nach der traditionellen Militärparade am 1. Mai drohte Stalin bei einem von Woroschilow gegebenen Festessen allen Feinden in der Armee ein Strafgericht an, bei dem sie zu Pulver zerrieben würden. Einen Tag nach Eintreffen der eine Reihe roter Kommandeure kompromittierenden Dokumente aus Prag, am 9. Mai 1937, ließ sich Woroschilow vom Politbüro eine Anzahl von Umbesetzungen in der Roten Armee bestätigen. Der am 10. Mai bestätigte Vorschlag enthob Tuchatschewski seiner bisherigen Funktion als Stellvertreter des Volkskommissars für Verteidigung und versetzte ihn als Militärbefehlshaber in den bedeutungslosen Militärbezirk Wolga. Am 13. Mai kam es zu einem Gespräch zwischen Stalin und Tuchatschewski, über dessen Inhalt nichts bekannt ist.

Indessen schloß sich der Ring um Tuchatschewski immer enger: am 14. Mai wurde der Chef der Frunse-Militärakademie, Awgust Kork, verhaftet, am 15. Mai Korpskommandeur Boris Feldmann. In den von ihnen erpreßten, erprügelten und erfolterten Aussagen belasteten sie Tuchatschewski, Jakir, Eideman und weitere 40 Kommandeure der Roten Armee. Am 22. Mai 1937 wurden Tuchatschewski und Robert Eideman, am 28. Mai Jona Jakir und am 29. Mai Jeronim Uborewitsch in Haft genommen.

War die Verhaftungswelle gegen Tuchatschewski und andere hohe sowjetische Militärs ausschließlich eine Folge der Dokumentenübergabe durch Beneš an Stalin?

Ganz ohne Zweifel bestimmte sie den Zeitpunkt, aber für das Schicksal Tuchatschewskis und seiner Gefährten war wohl eher die Tatsache entscheidend, daß die Armee bzw. ihre Kommandeure nach der beginnenden Ausschaltung der Altbolschewiki von 1917 in den Augen Stalins den Keim einer Opposition darstellten, die bei seinem Weg zum unumschränkten Diktator präventiv liquidiert werden mußte. Dabei spielte sicherlich auch eine Rolle, daß Tuchatschewski nach den ersten Erprobungen sowjetischer Waffen, Taktik und Organisation in Spanien zu den drängenden Kräften gehörte, die einer raschen Modernisierung der Roten Armee das Wort redeten. Zu seinen Hauptgegnern zählten die Altkavalleristen Woroschilow und Budjonny, die den verklärenden Glanz des roten Oktober über unzeitgemäße Kavallerietraditionen legten. Eine Ablösung Woroschilows vom Oberkommando konnte jedoch im Stalinschen System sehr rasch als eine Palastrevolution gegen den obersten «Führer» überhaupt gedeutet werden.

Die Reserve, die eine Reihe militärischer Führer bei der verstärkten politischen Repression im Lande und der politischen Indoktrination der Armee gegenüber an den Tag gelegt hatte, mochte ebenfalls in den Augen Stalins und seiner Clique dazu beigetragen haben, sie in Krisenzeiten als unzuverlässig anzusehen. Diese Generalität war in seinen Augen zu selbständigem Handeln fähig und somit verdächtig. In der Tat wird es eine nicht mehr zu beantwortende Frage sein, ob die alte Führungsgarde der russischen Revolution bereit gewesen wäre, die grandiosen Fehler Stalins, wie sie im Juni 1941 offenbar wurden, widerstandslos hinzunehmen. Selbst ein Stalin lebte in den ersten Kriegswochen des Juni 1941 durchaus im Bewußtsein, für seine Politik persönlich zur Verantwortung gezogen zu werden.

Die Anklage gegen Tuchatschewski und seine Mitverhafteten, die am 24. Mai 1937 in einem Beschluß der KPdSU(B) zusammengefaßt wurde, gab in ihren Hauptpunkten offenbar präzis das wieder, was in den Falsifikaten der SS zusammengestellt worden war. Ihnen wurde eine antisowjetische Verschwörung unter der Parole des sogenannten «nationalen Rußland» vorgeworfen, angelastet «Deutschland für dessen Hilfe besondere ökonomische Vorrechte innerhalb der Sowjetunion zu gewähren» und «alle Verträge und Abkommen der Sowjetunion zu revidieren, vor allem die Hilfeleistungspakte mit Frankreich und der Tschechoslowakei zu kündigen.» Weiterhin hielt der Beschluß fest, «das Offizierkorps der Roten Armee, insbesondere der Generalität, einer gründlichen Untersuchung zu unterziehen, denn es ist unvorstellbar, daß die Verschwörer unter der Generalität ohne eine breitere Basis unter den höheren Rängen der Roten Armee ihre Wühlarbeit haben betreiben können.»[50]

Das Urteil gegen Tuchatschewski und andere rote Kommandeure wurde in einer erweiterten Sitzung des Militärrates vom 1. bis zum 4. Juni 1937 im Kreml faktisch vorweggenommen. Am 2. Juni nahm dort Stalin das Wort. Seine Ausführungen bestätigen den Verdacht, daß er sich den Tenor der gefälschten Dokumente voll zu eigen gemacht hatte. Als angeblichen Hauptdrahtzieher der Verschwörung machte Stalin nämlich nicht die Naziclique, sondern in erster Linie die Reichswehr aus. «Das ist eine militärisch-politische Verschwörung. Das ist das eigenhändige Werk der deutschen Reichswehr. Und ich glaube, diese Leute sind Marionetten in den Händen der Reichswehr. Die Reichswehr will eine Verschwörung bei uns - diese Herren haben diese Verschwörung übernommen. Die Reichswehr will, daß diese Herren ihr systematisch militärische Geheimnisse übermitteln. Die Reichswehr will, daß die bestehende Regierung abgesetzt, gestürzt wird - sie haben das übernommen, es ist aber nicht gelungen. Die Reichswehr will, daß im Falle eines Krieges alles bereit ist, damit die Armee Verrat begehen kann, Verrat in der Hinsicht, daß sie nicht bereit ist zur Verteidigung. Das alles wollte die Reichswehr, und sie haben das vorbereitet. Das ist die Agentur, der leitende Kern der militärisch-politischen Verschwörung in der UdSSR, der aus zehn patentierten Spitzeln und drei patentierten Spionageanstiftern besteht. Das ist eine Agentur der deutschen Reichswehr. Das ist das Wesentliche. Diese Verschwörung hat demzufolge ihren Nährboden weniger im Innern als vielmehr in äußeren Bedingungen, sie ist weniger eine Folge der Innenpolitik unseres Landes als vielmehr der Politik der deutschen Reichswehr. Sie wollten aus der UdSSR ein zweites Spanien machen, fanden sich und warben Spitzel, die sich in der Sache auskennen. So ist die Lage.»[51]

Hitlers, Himmlers und Heydrichs Drachensaat war aufgegangen. Sie hatten in ihrem diabolischen Plan fest Stalins Mentalität einkalkuliert, sein krankhaftes Mißtrauen und seinen pathologischen Argwohn.

Wenn Heydrichs Aktion sich möglicherweise auch gegen eine gemutmaßte Ostoption innerhalb der Wehrmacht richtete, so war dies allerdings ein Schlag ins Wasser. Auf Seiten der Wehrmacht gab es kein Wort des Bedauerns, was das Schicksal der roten Generalität anging. Erst als im Februar 1938 eine Reihe hoher Generale von Hitler mit Schimpf und Schande aus der Wehrmacht gejagt wurde, äußerte man Selbstmitleid. Sogar Köstring kommentierte den Sturz der roten Militärs mit den Worten, er «kann uns nur freuen.»[52] «Von uns aus gesehen, können wir die Tatsache, daß die rauhe Hand eines argwöhnischen Politikers in das hier noch beste, die Armee, zerstörend eingegriffen hat, nur begrüßen. Meine dauernd betonte Auffassung, daß wir von den Massen an Menschen und Material noch nichts zu fürchten haben brauchen, findet erneut Bestätigung.»[53]

Derselben Auffassung waren auch Blomberg und Keitel, die sich offenbar erleichtert fühlten. Denn 1936/37 hatten sich aus purem Machtkalkül und aus der Arroganz der Macht heraus auch die letzten Befürworter einer aktiven Ostpolitik in der Wehrmacht längst von ihren einstigen Vorstellungen verabschiedet und fanden sich immer mehr in nahtloser Übereinstimmung mit der Lebensraumpolitik des Dritten Reiches. Zwar hatten Blomberg, Fritsch und Beck zwischen 1934 und März 1935 zunächst noch zu denen gehört, die den Draht nach Rußland vorerst nicht völlig abreißen lassen wollten, nicht wegen irgendwelcher nostalgischer Sympathien sondern einzig und allein aus dem Grund, Sowjetrußland so lange wie möglich vor einer Verbindung mit dem Hauptgegner Frankreich fernzuhalten. Je aussichtsloser diese Politik indes durch die lärmende und bedrohliche deutsche Aufrüstungspolitik wurde, um so mehr schwenkte auch ein Blomberg auf die Linie Hitlers ein, in Sowjetrußland vordergründig den Hort alles Bösen in Europa zu erblicken. Dabei stellte er aufgrund seiner eigenen Erfahrungen die militärische Stärke Sowjetrußlands in hohe Rechnung und versuchte gerade durch einen rabiaten militanten Antisowjetismus englische Bündnisbereitschaft zu befördern. Schon im März 1935 hatte Blomberg dem englischen Militärattach in Berlin, Marshall-Cornwall, erklärt: »Rußland ist eine große und reale Gefahr, die England offenbar nicht voll wahrnehme. Rußland ist in der Tat die größte Gefahr für das heutige Europa. Die kommunistische Regierung verfügt über eine Macht, die keine Zarenregierung je besaß...Die russische Dampfwalze existiert, aber sie ist längst nicht mehr die schwerfällige und langsame Walze von einst, sondern eine effiziente und gutausgerüstete Maschine. Er fürchtet, daß der nächsten russischen Sturmflut nichts widerstehen kann und sich die Zeiten von Dschingis Khan wiederholen. Rußland würde Polen und Deutschland überfluten. Es wäre eine Dummheit, fuhr er fort, anzunehmen, daß die Russen technisch unterlegen wären. Selbst wenn sie darin ein wenig unterlegen sind, machen sie es durch ihre Masse wett.»[54]

Da in den internen Urteilen der meisten Wehrmachtsbehörden der militärische Wert der Roten Armee längst nicht so hoch veranschlagt wurde wie Blomberg seinem englischen Gesprächspartner weis zu machen suchte, liegt die Annahme nahe, daß man das Schreckgespenst der roten Dampfwalze benötigte, um England bündnispolitisch zu gewinnen und zugleich der eigenen Aufrüstung die notwendige Legitimation zu verleihen. Wäre nämlich auch nur die Spur einer Furcht der Wehrmacht vor der roten Dampfwalze tatsächlich vorhanden gewesen, so hätte die Wehrmachtspolitik im Osten andere Züge tragen müssen, zumindest Anzeichen für die Schaffung von Verteidigungsstellungen im Osten gezeigt, wie man sie gegenüber Frankreich mit dem Westwall betrieb. Die russische Bedrohungslegende mußte auch gegenüber den kleineren Staaten Europas - wie Österreich oder Ungarn - dazu herhalten, die deutschen Hegemonialansprüche in Europa zu rechtfertigen. Je weiter die deutsche Aufrüstung voranschritt, desto deutlicher betonten die deutschen Militärs ihre präventiven Absichten gegenüber Sowjetrußland. Gegenüber dem britischen Militärattaché in Berlin versicherte Blomberg am 13. Januar 1937, daß er ungeachtet verschiedener möglicher antibolschewistischer Rezepte «die drastische Verwendung des Messers» als die beste Behandlungsmethode ansehe.[55]

In dieselbe Kerbe hatte der Oberbefehlshaber des Heeres, von Fritsch, schon im September 1935 gegenüber finnischen Abwehroffizieren geschlagen, denen er versicherte, daß sich das neue Deutschland mit «ganz besonderem Eifer» der Aufgabe stelle, «gegen Sowjetrußland als den Träger der kommunistischen Idee anzugehen» und «daß unsere Arbeit gegen Rußland heute an allererster Stelle steht.»[56]

Für die Wehrmachtsgeneralität bedeutete das Übergreifen der Stalinschen großen Säuberung auf die Rote Armee seit Mai 1937 offenbar eine der entscheidenden Zäsuren in der Beurteilung der militärpolitischen und militärstrategischen Möglichkeiten der Sowjetunion und damit auch Deutschlands. Jede Kontaktaufnahme mit Vertretern der Roten Armee war seit diesem Zeitpunkt abgebrochen. Wenn es möglicherweise noch Hoffnungen und Spekulation in der Wehrmacht gegeben hatte, die rote Generalität neutralisieren zu können oder als potentielle Gegenkraft anzusehen, die eine evolutionäre Entwicklung in Sowjetrußland vorantreiben könnte, so war durch die Hinrichtung und Ermordnung aller Partner, mit denen die Reichswehr seit 1921/22 in Kontakt gestanden hatte, von Tuchatschewski über Uborewitsch bis zu Jegorow, Rosengolz, Fischman und Krestinski endgültig allen derartigen Vorstellungen der Boden entzogen worden.

Über das Ausmaß der Vernichtung des höheren sowjetischen Offizierkorps war der Generalstab des Heeres relativ genau unterrichtet. In einer am 11. April 1938 von der 3. Abteilung des Generalstabes gezogenen vorläufigen Bilanz «Bisheriges Ergebnis der 'Säuberungsaktion' in der Sowjet-Armee 1937», die auf einer sorgfältigen Analyse verfügbaren offiziellen Materials der UdSSR beruhte, kam Oberst Kurt von Tippelskirch zu dem Ergebnis, «daß bis Anfang 1938 verschwunden, d.h. erschossen oder verhaftet sind gegenüber dem Bestande von Ende 1935: 80% der Generäle vom kommandierenden General aufwärts, 90% der Armeekommissare, 70% der Divisionskommandeure, 65 - 70% der Brigadekommandeure, 85 % der Divisions- und Brigadekommissare, 40 % der Obersten.[57]

Wie widersprüchlich auch die bislang veröffentlichten sowjetischen Zahlen über das Ausmaß der Verhaftungs- und Ausrottungsaktion in der Roten Armee sind, soviel dürfte feststehen, daß von den fünf Marschällen des Jahres 1937 drei umkamen, von den 15 Armeekommandeuren I. und II. Ranges 13, alle acht Admirale, 75 von 85 Korpskommandeuren, 110 von 195 Divisionskommandeuren, 186 von 406 Brigadekommandeuren. Insgesamt fielen etwa 40 000 sowjetische Offiziere der Verfolgungswelle zwischen Mai 1937 und September 1938 zum Opfer, annähernd 50 Prozent des gesamten Offiziersbestandes. Am schlimmsten wütete der Terror unter den

Ein ruhender Pol in den Beziehungen zwischen Reichswehr/Wehrmacht und Roter Armee war General der Kavallerie Ernst Köstring (erster von rechts), assistiert von seinem häufigen Begleiter Hans Krebs

höheren Rängen der Roten Armee. Nach Angaben von Generalleutnant A.I. Todorski fielen von 733 hohen Offizieren 579 der Stalinschen Verfolgungswut zum Opfer, das waren fast 80 Prozent des führenden Kommandobestandes.[58] Die Rote Armee war auf diese Weise enthauptet worden. Die 3. Abteilung konnte deshalb schlußfolgern: «Die ‹Säuberungsaktion› kann noch nicht als beendet angesehen werden. Sie bedeutet aber schon jetzt eine gewaltige Schwächung des russischen Offizierkorps und damit auch eine Schwächung der Schlagfertigkeit der Roten Armee, da die besten und erfahrensten Offiziere ihr zum Opfer gefallen sind.»[59]

Der Militärattaché in Moskau, Köstring, kommentierte die Säuberung am 25. Dezember 1937 mit den Worten, daß Stalin die Armee auf «längere Zeit geschwächt» hat. Als Folge dessen erwartete er: «Ein Absinken der Sowjetunion von einer gewissen in der Weltgeltung erreichten Höhe. Ein Waffengang des Kolosses wird noch unwahrscheinlicher.»

Uneins in der Wehrmacht war man sich indes über die Nachhaltigkeit und die Dauer dieser Schwächung. Während Köstring schon am 22. August 1938 davor warnte, trotz des gesunkenen operativen Könnens der Roten Armee deren «Schlagkraft der Masse»[60] zu unterschätzen, die sie besonders in der Verteidigung stark machte, ging der Rußlandreferent im OKH, Major Karl Spalcke, bei einem Vortrag vor Blomberg sogar so weit festzustellen, daß «diese Schwächung nur so lange dauern [werde], bis sich die neuen Männer eingearbeitet hätten. Mangel an Nachwuchs brauche kaum vorhanden zu sein, denn in der Roten Armee würden nun schon seit fast zwanzig Jahren Führer und Generalstabsoffiziere ausgebildet, die geeignet seien, die liquidierte Schicht vollauf zu ersetzen. Die vorübergehende Schwächung werde aber völlig ausgeglichen durch eine größere Homogenität in der Schicht der hohen und höchsten Kommandeure und die damit verbundene größere Geschlossenheit. Die Liquidation habe sich unverkennbar und im wesentlichen auf Offiziere bürgerlicher Herkunft beschränkt, die allein deshalb schon als klassenfremd und daher unzuverlässig angesehen worden seien. ...Die Führerschicht der Roten Armee werde nach dieser Reinigung zwar primitiver sein (wie wir das auch schon bei den Diplomaten, die die Trotzkisten ersetzten, erlebt hätten), aber sie werde, vom Standpunkt des russischen Nationalismus aus gesehen, zuverlässiger und stoßkräftiger sein.»[61]

Spalckes Urteile haben in der Wehrmachtsführung zwar kaum nachhaltige Spuren hinterlassen, wie die Berichterstattung über die Begegnung mit der Roten Armee in Polen im September 1939 durch Wehrmachtsoffiziere zeigte, im besonderen Maße jedoch die Fehlurteile über die Rote Armee bei der Planung der Operation «Barbarossa» seit Sommer 1940 belegen. Vorerst entscheidend war jedoch der Umstand, daß die Wehrmachtsführung seit Sommer 1937 ihre Kriegsplanungen auf eine völlig andere Grundlage stellen konnte, seitdem ihr bewußt geworden war, daß die Rote Armee als ein über ihre Grenzen hinauswirkender Faktor nicht mehr zum Tragen kommen konnte.

Er bildet den entscheidenden Hintergrund für die nun in eine neue Phase eintretende deutsche Eroberungspolitik, die in der berüchtigten Besprechung Hitlers am 5. November 1937, von Oberst Friedrich Hoßbach protokolliert, mit den Spitzen der Wehrmacht ihren Ausdruck fand. Sowjetrußland spukte in diesem von Hitler entworfenen Kriegsszenario - vorerst gegen Österreich und die Tschechoslowakei gerichtet - nur noch als bedeutungslose Randfigur.

Dies stand in deutlichem Gegensatz zu den operativen und militärpolitischen Planungen der Wehrmacht zwischen Frühjahr 1935 und Frühjahr 1937, in denen die Konfrontation mit Sowjetrußland einen erheblichen Stellenwert eingenommen hatte.

Für die Reichswehr ist zwar in der Phase ihrer Aufrüstung stets Frankreich der militärische Hauptfeind Nummer Eins geblieben, die einzige Macht, der man seinerzeit zutraute, der Entwicklung in Deutschland gewaltsam Einhalt gebieten zu können. Doch im Zuge der französisch-sowjetischen Annäherung seit 1933 geriet die UdSSR immer stärker in das operative Blickfeld. Als weitere Hauptgegner sah man die sogenannten Trabantenmächte Frankreichs, namentlich die Tschechoslowakei und Polen, an. Durch den Abschluß des Nichtangriffsvertrages im Januar 1934 war Polen zeitweilig als Gegner neutralisiert worden, obgleich diese Politik der neuen Reichsregierung auf tiefes Mißtrauen und die versteckte Ablehnung durch das Reichsheer stieß. Die militärische Führung nahm bei aller formalen Zurückhaltung bei jeder sich bietenden Gelegenheit Anlaß, sich über die Unzuverlässigkeit Polens, besonders bei Belastungsproben, sowie über die natürliche Gegnerschaft Deutschlands zu diesem seinen Nachbarn auszulassen. Mochte Goebbels sich polnischer Kulturpropaganda annehmen, sich selbst die Großindustrie für Investitionen in Polen erwärmen, Reichswehr und Wehrmacht hielten auf strikte militärische Distanz zu Polen, vermieden jeglichen engeren Kontakt zu seinen Militärs, überwachten dagegen peinlich genau alle militärischen Aktivitäten des Nachbarn und zeigten sich auch wenig angetan von japanischen Avancen, eine deutsch-japanisch-polnische Militärallianz aus der Taufe zu heben. Dementsprechend legte die Reichswehr auch 1933/34 ihren Manöverplanungen unverändert die Annahme eines deutsch-polnischen Krieges zugrunde. Gelinde Empörung lösten deshalb auf seiten der Reichswehr auch die Kontakte Hermann Görings zur polnischen Regierung aus, in denen er nach Reichswehrkalkül unzumutbare Konzessionen an Polen machte. Der Militärattaché in Warschau, Generalleutnant Max Schindler, berichtete Beck am 22. Februar 1935: «Der schwierigste von den 4 Punkten des sog. ‹Gespräches Göring› sei der vierte, wonach bei einem Krieg gegen Rußland für Polen freie Hand in der Ukraine bestehen soll, Deutschland soll dafür in diesem Fall Einfluß im Baltikum erhalten. Der Führer hat dem Herrn Rw. Minister gesagt, daß Min. Göring seine Instruktionen nicht überschritten habe. Das Gespräch sei von den Polen auf den vierten Punkt gebracht worden. Polnischer Vorschlag sei Ausgleich für Deutschland bei Erweiterung Polens nach Südosten und zwar: falls der Korridor aus seiner jetzigen Gegend verlegt werde durch Einfluß Deutschlands jenseits des 'neuen' Korridors, falls der Korridor in seiner jetzigen Lage bleibe durch Erweiterung im Anschluß an Ostpreußen. Der wesentlichste Punkt bei diesen Gesprächen sei die Erweiterung einer etwaigen militärischen Zusammenarbeit zur Abwehr eines russischen Vordringens.»[62]

Innerhalb der Wehrmachtsgeneralität lebte die Feindschaft gegenüber Polen in einem Maße fort, die auch erklärt, weshalb die politische Führung auf die ungeteilte Zustimmung des gesamten höheren Offizierkorps stieß, als sie an der Jahreswende 1938/39 die Weichen für eine militärische Auseinandersetzung mit Polen stellte. Innerhalb der Heeresgeneralität fanden Hitlers und Görings Spekulationen, mit Polen eine antisowjetische Front zu bilden, zu keiner Zeit restlose Akzeptanz, um so eher aber die 1939 wiederbelebten Pläne eines deutsch-sowjetischen Zusammenwirkens gegen Polen, die alten deutsch-russischen Traditionen in weit höherem Maße entsprachen.

Als direkter militärischer Faktor tauchte Sowjetrußland in den Plänen des Heeres und der Luftwaffe erstmals nach Abschluß des sowjetisch-französischen und des sowjetisch-tschechoslowakischen Beistandspaktes vom Mai 1935 auf, die der deutsche Generalstab als Einkreisungspolitik verstand. Bis dahin hatte sich nur die Kriegsmarine, stets weitaus antisowjetischer und antirussisch denkender, theoretisch auf einen derartigen Konflikt im Ostseeraum eingestellt. Galt bis Ende 1933 auch für die Marine als der wahrscheinlichste Konfliktfall eine Auseinandersetzung mit Polen und Frankreich, so schwenkte sie spätestens seit Oktober 1934 auf eine mögliche Auseinandersetzung Deutschlands mit Frankreich und Sowjetrußland um.[63] In einem am 24. April 1934 verbreiteten Memorandum: «Die militärpolitische und seestrategische Lage Deutschlands» ließ sich die Marineleitung darüber wie folgt aus: «Statt des für 10 Jahre zunächst mit einer gewissen Wahrscheinlichkeit ausscheidenden Polens zeichnete sich aber immer klarer ein neuer Feind im Osten ab, Rußland, so daß wir heute wieder, mehr als je zuvor, vor der Aufgabe stehen, unsere operativen Planungen und Rüstungen zur See auf den Zweifrontenkrieg abstellen zu müssen.»[64]

Sowjetrußland als potentiellen Gegner anzunehmen, unterstellten auch Blomberg und Walther von Reichenau im März 1935 bei der Ausarbeitung des Plans «Schulung», der einen Überfall auf das schwächste Glied der deutschen Nachbarn, auf die Tschechoslowakei, ins Visier nahm. «Rußland», so hieß es dort, «wird voraussichtlich seine Luftwaffe gegen uns einsetzen und beabsichtigt, die Tschechei dazu als Basis zu nehmen.»[65] Am 23. Mai 1935 gab das Reichswehrministerium eine Studie über die Einsatzmöglichkeiten der sowjetischen Luftstreitkräfte gegen Deutschland heraus. Die Überlegungen, daß die Sowjetunion die Tschechoslowakei als einen mitteleuropäischen Flugzeugträger gegen Deutschland nutzen könnte, war seit 1935 nicht nur Gegenstand wellenweise das Land überschwappender Propagandakampagnen, sondern auch Anlaß für die Luftwaffenführung, Überlegungen für eine militärische Auseinandersetzung mit Sowjetrußland anzustellen. Am 28. August 1935 übermittelte der Chefaufklärer der Luftwaffe, Oberst Hilmar Freiherr von Bülow, Generalleutnant Erhard Milch eine Vortragsnotiz. In ihr hieß es: «Unter Berücksichtigung der französisch-russischen sowie tschechisch-russischen Beistandspakte und der beim 7. Weltkongreß der kommunistischen Internationale in Moskau wiederholt betonten Absicht, die sowjetische Wehrmacht immer weiter auszubauen und zu vervollkommnen, um eines Tages einen offensiven Vernichtungskrieg mit den kapitalistischen Staaten Europas führen zu können, gewinnt die lebhafte Tätigkeit der russischen Luftstreitkräfte an der Westgrenze der Sowjetstaaten gelegenen Militärbezirke erhöhte Aufmerksamkeit.»[66]

Ausdruck fanden derartige Annahmen nicht nur in Kriegsspielen der Luftwaffe im Oktober 1936 sowie im Januar 1937, sondern auch in der Begriffsprägung vom Uralbomber. Die Kriegsziele gingen stets von einer Manöverlage aus, bei der Deutschland (Blau) sich in einem Zweifrontenkrieg gegen Frankreich (Rot) und Sowjetrußland/Tschechoslowakei (Gelb) befände.

Beruhten diese Planungen vor allem auf der Voraussetzung des Eintritts eines Bündnisfalles zwischen Frankreich, der Tschechoslowakei und Sowjetrußland bei einem deutschen Überfall auf die Tschechoslowakei und rechnete man dabei vor allem mit dem Auftreten roter Luftstreitkräfte, so entstand im Juli 1935 auf Anweisung von Generaloberst Werner von Fritsch auch eine Kriegsvariante für den Einsatz der Landstreitkräfte in Ostpreußen, dem einzigen Territorium, bei dem auf Grund seiner Lage mit Erdkampfhandlungen gegen die Rote Armee gerechnet werden konnte. Fritsch wies den Befehlshaber des I. Armeekorps, Walter von Brauchitsch, am 10. Juli an: «Ferner ist der Fall vorzubereiten, daß bei Neutralität Polens russische Kräfte im Bündnis oder mit stillschweigendem Einvernehmen mit Litauen und Lettland gegen die Provinz angesetzt werden. In diesem Fall kann es sich empfehlen, zur Ausweitung des für den späteren hinhaltenden Widerstand zur Verfügung stehenden Gebietes sofort bei Kriegsbeginn auf litauisches Gebiet vorzugehen.»[67] Am 3. Oktober 1935 legte Brauchitsch ein den Vorgaben Fritschs folgendes Operationskonzept vor, das einen Einfall in Litauen zu einem frühen Zeitpunkt vorsah, «bevor die Masse der russischen Erd- und Luftstreitkräfte in Litauen eingetroffen und die Mobilisierungsarbeiten der litauischen Armee vollendet sind.»[68]

Brauchitsch sah als Hauptmethode dabei die Aufstellung schnellbeweglicher Stoßkräfte an, die in der Art eines Streifzuges tief nach Litauen vorstoßen und beim späteren Rückzug durch nachhaltige Zerstörung von Straßen, Bahnanlagen, Kunstbauten und lebenswichtigen Einrichtungen eine Zone verbrannter Erde hinterlassen sollten.

Im selben Jahr erfolgte auch der Startschuß für eine verstärkte geistige Manipulierung der Wehrmachtsangehörigen im Konfliktfall mit Sowjetrußland. Ein «Psychologisches Laboratorium des Reichskriegsministeriums» entwarf im November 1935 für den Weltanschauungskrieg schon Flugblätter an die Rotarmisten, in denen es u.a. hieß: «Euer Kampf ist sinnlos. Ihr kämpft nicht für Rußland, sondern für die Herren Kommissare und Parteifunktionäre, meist dreckige Juden, die nie in ihrem Leben ehrliche Arbeit ... geleistet haben. Früher wart Ihr Russen (rsp. Ukrainer etc.) Herren im eigenen Hause. Jetzt regieren Juden und ehemalige Verbrecher und treiben Euch - für Erweiterung ihrer Herrschaft über andere Völker - in den Krieg und in den Tod. Wer sind denn bei Euch in der Armee die politischen Kommissare? Fast alles Juden...Schlagt sie tot...Dreht die Bajonette um und kämpft mit uns gegen die verfluchten jüdischen Kommissare!»[69]

Hier wurde schon 1935 von der Wehrmacht vorweggenommen, was sich 1941 im berüchtigten Kommissarbefehl niederschlagen sollte.

Ihren Höhepunkt erlebten derartige Operationsspiele mit der großen Wehrmachtsstudie 1936/37, die vom Generalstab des Heeres seit Spätherbst 1936 durchgespielt wurde. Das von Generalstabschef Ludwig Beck geleitete Kriegsspiel begann am 9. November 1936 mit der lapidaren Feststellung: «Nach der Lage ist mit baldigem Angriff der Russen zu rechnen. Der Führer und Reichskanzler hat angeordnet, daß für einen unmittelbar bevorstehenden Kampf alles vorzubereiten ist, was ohne Verkündung der Mobilmachung oder Anwendung des X-Falles möglich ist.»[70]

Dieses Manöver stellte eine Zusammenfassung aller bisher in den verschiedenen Ressorts durchgespielten Kriegsvarianten dar. Der Hauptschlag galt wiederum der Tschechoslowakei, gegenüber Frankreich, dessen Kriegseintritt offengelassen wurde, sollte sich die Wehrmacht defensiv verhalten, gegenüber Litauen und seiner möglichen Unterstützung durch sowjetische Truppen sollte sich das I. ostpreußische Armeekorps - wie schon 1935 geplant - präventiv und offensiv verhalten. Die tschechoslowakischen und sowjetischen Fliegerkräfte in der Tschechoslowakei sollten ebenfalls durch einen Präventivschlag der Luftwaffe auf dem Boden vernichtet werden.

Dieses Manöver war zugleich auch eine Probe auf einen möglichen Koalitionskrieg, bei dem man auf eine Beteiligung Italiens, Ungarns und auch Österreichs bei der Zerschlagung der Tschechoslowakei, aber auch bei einer Auseinandersetzung mit Sowjetrußland setzte. Goebbels faßte die Abschlußsitzung dieses Kriegsspiels im Januar 1937 in die Worte: «Annahme: Deutschland mit faschistischen Bundesgenossen im Ernstfall gegen Rußland, Tschechei und Litauen. Bis ins Kleinste ausgearbeitet.»[71]

Geistig eingestimmt wurde die Wehrmacht auch durch eine Propagandakriegsübung, bei der erstmals sogenannte Propagandakompanien in Erscheinung traten. Ministerialrat Eberhard Taubert stellte noch Ende 1944 in seinem Rechenschaftsbericht fest: «Das große Wehrmachtsmanöver im Herbst 1936, bei dem Dr. Taubert die PK der ‹Blauen Heeresgruppe› führte (Löcknitz), wurde unter der Annahme eines Krieges zwischen Deutschland und der Sowjetunion durchgeführt. Es wurde alles, was heute in der Wirklichkeit geschieht, im Spiel entwickelt.»[72] Zu diesem Kriegsspiel gehörte auch der Vortrag Heinrich Himmlers vor den Spitzen der Wehrmacht im Januar 1937, in dem er den «internationalen jüdisch-freimaurerisch geführten Bolschewismus» zum Hauptgegner des Dritten Reiches erklärt und die Wehrmachtsspitzen auf einen «Vernichtungskampf» gegen «untermenschliche Gegner» orientierte.[73]

Propagandaübungen und Winterkriegsspiel der Wehrmacht standen ganz eindeutig unter dem Eindruck der seit Spätsommer 1936 unverhüllten Kampfansage des Dritten Reiches an Sowjetrußland. Sie waren gekennzeichnet durch die geheime Denkschrift Hitlers vom 26. August 1936 über den Vierjahresplan, in der er der Wehrmacht die Aufgabe stellte, in vier Jahren einsatzbereit zu sein, dem antisowjetischen Propagandafeldzug vom September 1936 aus Anlaß des «Parteitages der Ehre», mit dem Hitler das Ziel verfolgte, daß «Moskau diplom. Beziehungen abbricht»[74] und dem Abschluß des Antikominternpaktes mit Japan am 25. November 1936.

In Spanien kam es seit Ende 1936 erstmals zur direkten, wenn auch vor der Öffentlichkeit verhüllten, militärischen Auseinandersetzung zwischen Angehörigen der Roten Armee und der Wehrmacht.

Das Dritte Reich trat in der zweiten Jahreshälfte 1936 in eine aktive Phase seiner militärischen Planungen gegen Sowjetrußland ein, die im Winterkriegsspiel 1936/37 kulminierten und erst im Sommer 1940 im Zusammenhang mit den «Barbarossa»-Vorbereitungen wieder überboten werden sollten. Die Beschwörung einer weltbolschewistischen Gefahr war bündnispolitisch hauptsächlich an die Adresse Großbritanniens gerichtet.

Am 24. Juni 1937 jedoch dokumentierte die von der Wehrmachtsführung herausgegebene Weisung für die einheitliche Kriegsvorbereitung einen radikalen Umschwung, denn hier tauchte die Sowjetunion - völlig im Gegensatz zum Winter 1936/37 - als Kriegsgegner kaum noch auf. Die Erschießung von Tuchatschewski, Jakir, Uborewitsch, Putna, Kork, Eideman und Feldman am 12. Juni 1937 hatten offenbar durchschlagende Wirkung für das deutsche Kriegskonzept.

Von nun an trat Sowjetrußland in den operativen Dokumenten des deutschen Generalstabes immer weiter in den Hintergrund, wurde zu einer quantité negligeable, die man vorerst nicht mehr ernsthaft in Rechnung stellen mußte. Besonders im Zusammenhang mit der Kriegsvorbereitung gegen die Tschechoslowakei ist deutlich erkennbar, daß die oberste Führung des Dritten Reiches ein militärisches Engagement Sowjetrußlands nahezu ausschloß. Selbst Beck, der gegen die abenteuerliche Politik Hitlers und seiner Trabanten protestierte, sah einzig und allein die Gefahr eines Zweifrontenkrieges durch das Zusammenspiel Frankreich-Großbritanniens mit der Tschechoslowakei gegeben. Letztlich machte er sich die von Hitler am 28. Mai 1938 ausgegebene Parole zu eigen: «Rußland: wird sich nicht beteiligen, nicht für Angriffskrieg geeignet.»[75] Und auch der Oberbefehlshaber des Heeres, Brauchitsch, urteilte im Spätsommer 1938 über die Sowjetunion herablassend: «Die russische Armee ist durch Erschießung der Führer usw. in ihrer Verwendungsfähigkeit stark gemindert. Ein Eingreifen des Heeres ist daher zunächst wohl nicht zu erwarten.»[76] Für denkbar wurde nur ein sofortiges Eingreifen der roten Fliegerkräfte gehalten.

Mit der Annexion Österreichs und des Sudetenlandes im Frühjahr und Herbst 1938 war für das Dritte Reich der Weg freigelegt worden, Ost- und Südosteuropa politisch und wirtschaftlich majorisieren zu können. Unsicher zeigte sich die Führung des Regimes indessen am Jahresende 1938, wo sie künftig den Hebel für weitere deutsche Territorialgewinne anzusetzen habe. «Man schwanke nur», teilte der Staatssekretär im Auswärtigen Amt, Ernst von Weizsäcker, Botschafter Ulrich von Hassell am 16. Dezember 1938 mit, «ob gleich gegen England, indem man sich dafür noch Polens Neutralität erhalte, oder zuerst im Osten zur Liquidation der deutsch-polnischen und ukrainischen Frage»[77] vorgegangen werden sollte.

Es war nicht Sache der deutschen Militärs und des deutschen Generalstabes, die politischen Voraussetzungen für die jeweils optimale Variante zu finden. Indes sieht man die tatsächlichen militärischen Planungen des deutschen Generalstabes seit Ende 1938 durch, so wird klar, daß reale Kriegsvorbereitungen nur für den östlichen Kriegsschauplatz getroffen wurden. Die seit Oktober 1938 vorbereiteten militärischen Aktionen sahen die völlige Zerschlagung der Tschechoslowakei, die Besetzung des Memellandes und einen möglichen Einmarsch in Litauen entsprechend dem seit 1935 geübten Verfahren vor.

Bedenken wurden aus Heereskreisen wurden in der Regel nur dann laut, wenn Politiker neben einem Ostkrieg abenteuerlich auch einen militärischen Konflikt mit Frankreich und Großbritannien einkalkulieren. Bei einem solchen Krieg fühlte sich das Heer völlig überfordert, die Kriegsmarine hielt sich ihm kaum gewachsen und auch die Luftwaffe erhob Bedenken. Welche Ostvariante indessen erwogen wurde, ob mit Polen eine Lösung der Baltikums- und der Ukraine-Frage angestrebt werden sollte oder gegen Polen eine derartige Lösung erfolgen sollte, berührte die Militärs nur zweitrangig. Zeitweise setzten Teile des Militärs offenbar darauf, durch eine gezielte Entfachung des ukrainischen Nationalismus, der sich gleichermaßen gegen die sowjetische Ukraine wie gegen die starke ukrainische Minderheit in Polen richtete, einen neuen Krisenherd in Osteuropa zu entfachen, der beliebige Einsatzchancen einräumte.[78]

Zumindest der Abwehrapparat unter Admiral Wilhelm Canaris nahm sich an der Jahreswende 1938/1939 der in der Tschechoslowakei lebenden ruthenischen Minderheit in einer Weise an, die den Eindruck erweckte, als wolle er sie zu einem «Piemont», zu einem Ausgangspunkt eines künftigen Großukrainischen Staates machen.[79] Zudem forcierte er seine Zersetzungsarbeit im Kaukasus in trauter

Der beste Kenner der Sowjetmarine: Marineattaché Norbert von Baumbach

Gemeinsamkeit mit Japan, woraufhin in den europäischen Kabinetten im Winter 1938/39 der Eindruck entstand, als richte das Dritte Reich seinen nächsten Hauptstoß Reiches gegen die Ukraine. Und obgleich sich Hitler bedeckt hielt, kann man die zeitweilig ernsthaft erörterte Variante nicht allein als ein Sandkastenspiel subalterner Dienststellen hinstellen, die nichts anderes fertigbrachten, als weltferne Papiere zu fabrizieren.

Auf englischer und französischer Seite wurde eine Kanalisierung derartiger deutscher Aktivitäten durchaus für möglich gehalten, trotz aller Unwägbarkeiten, wie sich eine derartige Politik realisieren sollte.[80] Die endgültige Abkehr von allen Ukraine-Projekten erfolgte nach der Besetzung der Tschechoslowakei Mitte März 1939 und der Aufgabe Rutheniens zugunsten Ungarns. Erst jetzt, nachdem die polnische Regierung alle deutschen Vorschläge vorsichtig abgelehnt hatte, sich an diesem höchst fragwürdigen Ukraine-Projekt als deutscher «Erntehelfer» zu beteiligen, begannen sich Politiker und Militär des Dritten Reiches, Ende März 1939 auf einen militärischen Konflikt mit Polen vorzubereiten. Obwohl sich Reaktionen deutscher Militärs auf die deutsche Wende gegen Polen quellenmäßig schwer belegen lassen, steht eindeutig fest, daß im Gegensatz zu den Warnungen vor einem Krieg gegen Frankreich und Großbritannien sich kein einziger hoher deutscher Militär gegen eine militärische Abrechnung mit Polen wandte. Im Gegenteil: Außenminister Joachim von Ribbentrop appellierte am 24. Januar 1939 vor Generalen und Admiralen noch einmal an die Wehrmachtsführung, doch Abstand von ihrem Drängen zu nehmen, eine Abrechnung mit Polen als nächstes Hauptziel anzugehen. Ribbentrop beschwor bei dieser Gelegenheit noch einmal den Antibolschewismus als das Kernstück nationalsozialistischer Politik. «Zwischen Nationalsozialismus und Bolschewismus konnte und kann es niemals einen Kompromiß geben. Im Gegenteil, ein Kompromiß mit diesem Todfeind der Ordnung wäre die einzige Möglichkeit, die Durchschlagskraft der nationalsozialistischen Idee zu lähmen.»[81] Kaum sieben Monate später hätte kein Militär Ribbentrop an diese Ausführungen erinnern dürfen. Der sich seit April 1939 abzeichnende Bruch mit Polen wurde ganz offensichtlich von der Mehrheit des nationalkonservativen Offizierkorps begrüßt. Abwehroffizier Helmuth Groscurth notierte: «Die große Reichstagsrede des Führers gibt nun die Arbeit gegen Polen frei. Das ist gut und wurde Zeit.»[82]

Ob ein Teil der Generalität seinen Einfluß geltend machen konnte, daß bei einem Überfall auf Polen der Bismarckschen Rückversicherungspolitik gegenüber Rußland gedacht werden sollte und ob die Risiken eines Mehrfrontenkrieges nicht durch Neutralisierung der Sowjetunion oder gar deren aktives Mittun zu mindern wären, läßt sich nicht mit Eindeutigkeit aus den Quellen ablesen.[83] Der italienische Journalist Angelo Rossi behauptete, die ersten Anregungen zu einer Verbesserung der deutsch-sowjetischen Beziehungen wären an der Jahreswende 1938/39 nicht von den Diplomaten der Wilhelmstraße, sondern von den Militärs des Bendlerblocks ausgegangen.[84] Auf alle Fälle wurde es als sensationell empfunden, daß Hitler am 12. Januar 1939 den sowjetischen Botschafter in Berlin, Alexej Merezkalow, erstmals beachtete und in ein längeres, wenngleich politisch belangloses, Gespräch verwickelte. Selbst der Chef des Oberkommandos der Wehrmacht, Wilhelm Keitel, nahm nach Jahren strenger Enthaltsamkeit keinen Anstoß, Anfang Februar 1939 mit

Merezkalow eine gesellschaftliche Begegnung in der Villa eines Industriellen zu suchen.

Im Frühjahr 1939 zirkulierten im Dritten Reich drei mögliche Kriegsszenarien. Denn es ist wohl ein grandioser Trugschluß anzunehmen, daß die am 3. April 1939 herausgegebene Weisung Fall Weiß die seinerzeit einzig denkbare Alternative war. Sie war es genausowenig, wie andere von der Wehrmacht zwischen 1933 und 1939 entworfene Kriegspläne. Als Varianten eines möglichen Krieges kamen in Frage:

1. Eine Auseinandersetzung mit Großbritannien, Frankreich, Sowjetrußland und Polen. Hitler stellte in seinen Ausführungen an die Generalität am 23. Mai 1939 eine solche Möglichkeit durchaus in Erwägung und ging davon aus, ihr durch eine Koalition Deutschland - Italien - Japan begegnen zu können. Bei einer solchen Bündniskonstellation wollte Hitler mit «einigen vernichtenden Angriffsschlägen England und Frankreich»[85] angreifen. Ohne Zweifel stellte dieses Szenario die für das Dritte Reich ungünstigste Möglichkeit dar, beruhte sie doch zudem auf der Annahme eines stabilen faschistischen Blocks, der in dieser Form gar nicht vorhanden war. Einzig die Luftwaffe glaubte sich in beträchtlicher Überschätzung ihrer eigenen Möglichkeiten einem solchen Kriege gewachsen. Sie hatte am 2. Mai 1939 geurteilt: «Die deutsche Luftwaffe ist zur Zeit jeder einzelnen europäischen Luftwaffe überlegen...Auch in dem Falle, wo britische und französische Luftwaffe gleichzeitig als Gegner auftreten, ist die deutsche Luftwaffe für das Jahr 1939 als überlegen anzusehen... Weder Polen noch Rußland sind in der Lage, einen wirkungsvollen Luftangriffskrieg gegen Deutschland zu führen.»[86]

2. Eine Begrenzung der Auseinandersetzung auf Osteuropa, bei dem die Westmächte neutral blieben und als Gegner vor allem Polen und Sowjetrußland übrig blieben. Gegenüber Polen hielt sich die Wehrmacht für weit überlegen. In ihrer Beurteilung der polnischen Armee vom 1. Mai 1939 urteilte der Generalstab des Heeres: «Ein dem geringen Bildungsstand des poln. Soldaten angepaßter Schematismus und eine unkomplizierte, fast als primitiv anzusprechende Gefechtsausbildung treten hervor. Die Mannschaften bedürfen bei ihrer mangelhaften Allgemeinbildung und Unselbständigkeit steter

Führung ...Das polnische Heer ist zum Angriff erzogen. Es ist jedoch wegen seiner mäßigen Führung und seiner noch ungenügenden Bewaffnung zu größeren Operationen gegen einen neuzeitlichen Gegner nicht fähig. Einer schweren moralischen Belastung wird das Heer kaum gewachsen sein.»[87] Hinsichtlich einer Unterstützung Polens durch Sowjetrußland setzten die Militärs große Fragezeichen. Systematisch arbeitete vor allem die Marine an einem Operationsplan gegen Rußland, bei dem sich die Admiralität einig darüber war, daß er offensiv gelöst werden sollte. Noch am 19. August 1939 wurde eine «Operative Weisung für die Kriegführung gegen Rußland» verabschiedet, die die Ausschaltung der sowjetischen Seestreitkräfte, den Schutz des deutschen Handels in der Ostsee und der Seeverbindungswege zwischen Ostpreußen und dem Reich vorsah.[88] Göring versicherte seinen Generalen schon im April 1939: «Der russischen Armee trauen wir nicht viel zu.»[89] Das Heer dagegen stellte sich auf eine militärische Auseinandersetzung mit der Roten Armee ein. In den Aufmarschplänen für den Fall Weiß vermerkte die Heeresgruppe Nord am 15. Juni 1939: «Von Rußland ist anzunehmen, daß es sich abwartend verhält. Materielle und wirtschaftliche Unterstützung Polens ist nicht ausgeschlossen. Für den Einsatz russischer Luftstreitkräfte auf polnischem Boden und für die Heranführung russischer Erdtruppen auf dem Schienenwege fehlen z. Zt. die Voraussetzungen.»[90] Generalstabschef Franz Halder urteilte Ende Juni/Anfang Juli vor der Wehrakademie, daß man den russischen Faktor bei einem Krieg mit Polen gering ansetzen könne, weil die Wehrmacht ihre Operationen dort so blitzschnell durchführen werden, daß die Russen kaum aus ihrem Schlaf erwachen würden.[91]

3. Damit zeichnete sich die vom Generalstab am meisten angestrebte Kriegsvariante ab, den Krieg mit Polen vorerst lokalisieren zu können, obgleich durchaus mit der Möglichkeit einer Kriegsausweitung gerechnet wurde, die sich indessen erst in dem Maße realisieren würde, in dem die potentiellen Gegner des Dritten Reiches mobil machten.

An der Kriegsbesessenheit Hitlers und seiner engsten politischen Führungsclique im Sommer 1939 besteht kein Zweifel. Sie wollten den Krieg um jeden Preis und unter Hinnahme fast jeden erträglichen Risikos auslösen. Die Mehrheit der nationalkonservativen Entscheidungsträger in der Armee stand jedoch einem Mehrfrontenkrieg mit den Westmächten nach wie vor skeptisch und besorgt gegenüber. Beck fürchtete, ein solcher Krieg bedeute das finis Germaniae.

Es waren wohl in erster Linie weniger militärstrategische, als vielmehr rüstungswirtschaftliche Gründe und kriegspsychologische Erwägungen, die das Dritte Reich seit Frühjahr 1939 zu dem Versuch veranlaßten, die mögliche Koalition durch verschiedene Vorstöße aufzusprengen. Ohne Zweifel wäre der Naziclique auch noch im Sommer 1939 eine Verständigung mit Großbritannien am meisten entgegengekommen. Je entschiedener sich jedoch gerade Großbritannien weigerte, Polen deutschen Aggressionsabsichten preiszugeben, desto stärker orientierte sich die deutsche Diplomatie auf einen vorübergehenden machtpolitischen Interessenausgleich mit der Sowjetunion auf Kosten der osteuropäischen Völker. Die Sowjetunion sollte damit - ohne die künftigen Pläne für die Errichtung eines Ostimperiums preiszugeben - zeitweilig neutralisiert und als Rohstofflieferant mobilisiert werden. Zugleich sollte der Armee die Sorge vor einem Mehrfrontenkrieg genommen werden, weil man sich der Illusion hingab, ein Pakt mit Sowjetrußland würde Frankreich und Großbritannien davon abhalten, zugunsten Polens in einen Krieg gegen Deutschland einzutreten.

Seit Mai 1939 mehrten sich im französischen und britischen Kabinett die meist aus deutschen Oppositionskreisen stammenden Hinweise, Deutschland und die UdSSR führten politische Geheimverhandlungen. Die englischen Akten weisen aus, daß als ein entscheidender Träger der neu angebahnten Beziehungen jene deutschen Militärs angesehen wurden, die seit den zwanziger Jahren mit der Roten Armee kooperiert hatten. Der britische Militärattaché an der Berliner Botschaft berichtete am 17. Mai 1939 an das Foreign Office, ihm sei von einem verabschiedeten deutschen Offizier mitgeteilt worden, daß sich Werner von Fritsch an einen der höchsten Leute der NS-Hierarchie mit dem Rat gewandt habe, gemeinsam mit Rußland vorzugehen.

Ähnliches wurde dem Nachrichtenchef der OHL des Ersten Weltkrieges, Oberst Walter Nicolai, nachgesagt, der sich mit ähnlichen

Empfehlungen an Hitler gerichtet haben sollte.[92] Der Staatssekretär im Foreign Office, Robert Vansittart, richtete am 18. Mai eine Denkschrift an den Außenminister, in der er aufgrund von Informationen aus dem deutschen Generalstab behauptete, Hitler hätte bereits vor sechs Monaten sein Verbot aufgehoben, die Beziehungen zwischen Wehrmacht und Roter Armee ruhen zu lassen. Vansittart sagte ferner, es fänden bereits rüstungswirtschaftliche Gespräche statt und russischen Offizieren wäre die Gelegenheit zum Besuch deutscher Rüstungswerke gegeben worden.[93] Der französische Botschafter Robert Coulondre war im Besitz von Informationen, daß Hitler Keitel und den Oberbefehlshaber des Heeres, Walter von Brauchitsch, befragt habe, ob ein Krieg unter den gegebenen Umständen zum Vorteil Deutschlands ausgehen könne. Keitel und Brauchitsch hätten die Beantwortung der Frage davon abhängig gemacht, auf welcher Seite sich Rußland befände. Bliebe Rußland außerhalb des Krieges, glaubte Keitel an einen Sieg und hielt ihn Brauchitsch für wahrscheinlich.[94]

Bei solchen Annahmen griff man nicht nur auf die bekannte Zusammenarbeit zwischen Reichswehr und Roter Armee zurück, sondern brachte auch jene merkwürdigen Episoden ins Spiel, die sich 1938 in China zugetragen hatten. Dort hätten nach persönlicher Beobachtung etwa des renommierten amerikanischen Journalisten John Gunther, deutsche und sowjetische Militärberater bei der Abwehr der japanischen Invasion um Shanghai Seite an Seite mit der chinesischen Armee gekämpft.[95]

Ob Wehrmachtsoffiziere unmittelbaren Anteil am Zustandekommen des deutsch-sowjetischen Nichtangriffsvertrages vom 23. August 1939 hatten, läßt sich aus der dürftigen deutschen Quellenüberlieferung kaum beantworten. Schaut man indes auf die Rolle des deutschen Militärattachés in Moskau, Köstring, so war sie äußerst karg bemessen, beschränkte sich vor allem auf Lagebeurteilungen.

Die Reaktion der deutschen Militärs auf den für sie zumeist überraschenden Abschluß des Vertrages Ribbentrop - Molotow am 23. August 1939 war vor allem ein Gefühl der Erleichterung, nicht in erster Linie von der Einsicht bestimmt, mit einem Gegner weniger rechnen zu müssen, sondern mehr von der Hoffnung belebt, daß dieser diplomatische Schock die Westmächte davon abhalten könnte, in einen aussichtslosen Krieg für Polen einzutreten. Auf alle Fälle erleichterte der 23. August den deutschen Militärs endgültig ihren Entschluß, Polen militärisch niederzuwerfen und den Krieg zu entfesseln.

III

«Freundschaft» durch Blut gefestigt

Die offizielle sowjetische Begründung für den sowjetischen Einmarsch am 17.September 1939 in Polen war seit 1946 feststehend. Sie lautete: «Die polnische Regierung floh am 16.September [1939] nach Rumänien. Sie ließ das polnische Volk und das Land im Stich, die sie mit ihrer kurzsichtigen Politik in die nationale Katastrophe geführt hatte. Unter diesen Bedingungen sah sich die sowjetische Regierung zu diplomatischen und militärischen Aktionen gezwungen, um die Bevölkerung der Westukraine und Westbelorußlands vor der faschistischen Versklavung zu bewahren. Getreu ihrer internationalistischen Pflicht, erteilte die Sowjetregierung der Sowjetarmee am 17.September 1939 den Befehl zum Überschreiten der Staatsgrenze. Sowjetische Truppen führten diesen Befehl aus und wendeten damit rechtzeitig ein weiteres Vordringen der faschistischen Aggression nach Osten ab.»[1]

In diesem Zitat finden sich gleich mehrere Behauptungen, die zu zynischen Glaubensdogmen gerannen. Die erste, die am leichtesten zu widerlegen ist, indes sie verlogene Methodik offenbart, besteht darin, die Flucht der polnischen Regierung auf den 16.September 1939 vorzudatieren, um von daher den völligen Zusammenbruch des polnischen Staates ableiten zu können. Tatsächlich jedoch verließ die polnische Regierung ihr Land erst, nachdem sowjetische Truppen die polnische Staatsgrenze am frühen Morgen des 17.September 1939 überschritten hatten. Am 6.September 1939 hatte die polnische Regierung Warschau verlassen, seit dem 9.September führte sie Grenzübertrittsverhandlungen mit der rumänischen Regierung. Erst am Abend des 17.September ging sie nach Rumänien, ihr folgte am Morgen des 18.September das polnische Oberkommando. Folge und Wirkung wurden also bewußt manipuliert, möglicherweise - wie wir heute annehmen können - im Resultat frisierter Katastrophen-Berichte des Berija-Apparates, der Stalin und seinem Außenkommissar Molotow die notwendigen Argumente in die Hand spielen wollte. Ohne entsprechende Begründung nämlich wäre der sowjetische Einmarsch in Ostpolen zu einem simplen Überfall auf einen souveränen, um seine Existenz ringenden Staat geworden, zu dem es keinerlei völkerrechtliche Legitimation gab. Darüber hinaus ist es schwer einzusehen, der polnischen Regierung aus dem Verlassen ihres Landes den Vorwurf machen zu wollen, das Land im Stich gelassen zu haben. Sollte sie sich etwa den nationalsozialistischen Gewalthabern ausliefern und sich des Verdachtes der Kollaboration zeihen lassen, wie es im Mai 1940 dem belgischen König widerfuhr? Wer hat sich je das moralische Recht genommen, die norwegische oder niederländische Regierung im Frühjahr 1940 für das Verlassen ihres Landes unter Anklage zu stellen? Derartige Anschuldigungen fallen wohl eher unter das Stichwort einer bewußten politischen Kriminalisierung der seinerzeitigen polnischen Führung.

Als zweite Argumentationskette indes wurde das ethnische Moment ins Spiel gebracht, die Bewahrung von drei Millionen Weißrussen und sieben Millionen Ukrainern vor dem faschistischen Joch. Nun kann sicherlich gar kein Zweifel daran bestehen, daß die nichtpolnischen Bevölkerungsgruppen in Vorkriegspolen, das alles andere als ein idyllisch demokratisches Gemeinwesen war, zur unterdrückten Randgruppe des polnischen Staatsvolkes gehörten und die Sowjetunion niemals innerlich die ihr im März 1921 im Friedensvertrag von Riga aufgezwungene Staatsgrenze anerkannte. Doch welche Grenzen waren denn in den zwanziger und dreißiger Jahren von allen Staaten Europas allseits respektiert? Hing es ausschließlich vom Status einer Groß-, Mittel- oder Zwergmacht ab, wie bindend derartige Grenzen waren? Wer sich allein mit ethnischen Begründungen daranmachte, Gebietsverluste einzuklagen, der durfte sich nicht wundern, wenn die Landkarte Europas schließlich völlig umgeschrieben wurde. Keine Großmacht konnte in dieser Hinsicht mehr Rechte beanspruchen als der kleinste europäische Nachbar. Zweierlei Völkerrechtsmaß - das der Mächtigen und das der Schwachen - mußte Europa zu einem ununterbrochen brodelnden Pulverfaß machen.

Die stalinistische Hauptargumentationskette lief aber darauf hinaus, daß der Einmarsch der sowjetischen Truppen in Polen dem deutschen Drang nach Osten einen wirksamen Sperriegel vorlegte, der sonst möglicherweise gar nicht zu bremsen gewesen wäre und im schlimmsten Fall gar zu einer direkten militärischen Konfrontation geführt hätte. Diese Argumentation erweise sich im Rückblick als eine der großen Lügen des Zweiten Weltkrieges. Denn es war ja nun in der Tat beileibe nicht so, als ob dieser sowjetische Einmarsch der Naziführung ungerufen und ungelegen kam, vielmehr hatten die politischen Spitzen dieses Regimes seit Kriegsbeginn ununterbrochen Aufforderungen an die Adresse Moskaus gerichtet, sich doch nun endlich das an Kriegsbeute zu holen, was ihnen seit dem Abschluß des Nichtangriffsvertrages vom 23.August in seinem geheimen Zusatzabkommen zustand. Daß diese Festlegung nicht gerade auf großes Wohlwollen innerhalb der deutschen Generalität stieß, bildet eine andere Facette innerhalb der Machtstrukturen dieses Dritten Reiches, die hier ebenfalls näher zu betrachten wäre.

Bereits unmittelbar nach Abschluß des Nichtangriffsvertrages drängte die deutsche Regierung auf die Entsendung einer sowjetischen Militärmission nach Berlin. Dies geschah sicherlich im Hinblick auf eine öffentliche Demonstration enger deutsch-sowjetischer Zusammenarbeit, als auch mit Blick auf die Entfesselung des Krieges gegen Polen. Die Sowjetunion wich dem deutschen Anliegen zunächst aus und wartete bis zum 31.August 1939, ehe sie durch Botschafter Schulenburg die Ankunft von vier hohen Offizieren für den 1.September 1939 in Berlin anmelden ließ, wobei Molotow es indes für zweckmäßig hielt, sie nicht als Militärmission anzusehen, sondern sie als Neubesetzung des Postens des sowjetischen Militärattachés auszugeben.[2]

Auf alle Fälle stand dem deutschen Oberkommando nunmehr ein auf entsprechendem Niveau befindliches militärisches Verbindungsorgan zur UdSSR zur Verfügung. Nach dem Kriegseintritt Frankreichs und Großbritanniens am 3.September 1939 wendete sich Ribbentrop am selben Tag mit einem Telegramm nach Moskau. «Erwarten bestimmt, polnische Armee in einigen Wochen entscheidend geschlagen zu haben. Wir würden dann das Gebiet, das in Moskau als deutsche Interessensphäre festgestellt wurde, militärisch besetzt halten. Natürlich müßten wir aber aus militärischen Gründen auch weiter gegen diejenigen polnischen Streitkräfte vorgehen, die zu dieser Zeit in dem zur russischen Interessensphäre gehörenden polnischen Gebiet stehen. Bitte dies mit Molotow sofort zu besprechen und dabei festzustellen, ob es nicht von der Sowjetunion für geboten gehalten wird, daß russische Streitkräfte sich zur gegebenen Zeit gegen polnische Streitkräfte in russischer Interessensphäre in Bewegung setzen und dieses Gebiet ihrerseits in Besitz nehmen. Nach unserer Auffassung würde das nicht nur Entlastung für uns sein, sondern auch im Sinne Moskauer Abmachungen sowie im sowjetischen Interesse liegen.»[3]

Für Molotow und die sowjetische Führung stellte sich indessen die Interessenlage erheblich anders dar. Weder war abzusehen, in welchem Tempo sich die Kampfhandlungen in Polen entwickeln würden - vielerorts ging man ja von der Annahme eines langwierigen polnischen Widerstandes aus, der bis in den Spätherbst währen könnte - noch war die militärische Reaktion Frankreichs und Großbritanniens abzusehen, die ja Polen eine rasche Entlastungsoffensive in Aussicht gestellt hatten. Molotow ließ deshalb über Schulenburg am 5.September mitteilen, «daß dieser Zeitpunkt noch nicht herangereift ist. Es ist möglich, daß wir uns irren, es scheint uns aber, daß durch Übereilung der Sache geschadet und der Zusammenschluß der Gegner gefördert werden könnte.»[4]

Eine neue Situation reifte am 8.September heran, als die deutsche 4.Panzerdivision, der Masse der Infanterieverbände weit voranpreschend, die Warschauer Arbeitervorstädte Wola und Ochota erreichte. Durch Sondermeldung verbreitete das Oberkommando der Wehrmacht die Mitteilung: «Deutsche Truppen sind am 8.September 17 Uhr 15 in Warschau eingedrungen.»[5] Der deutsche Militärattaché in Moskau, General Ernst Köstring, erhielt daraufhin vom Generalstab des Heeres Auftrag, bei den sowjetischen Militärs auf raschen

Einmarsch zu drängen, «da Warschau genommen und eine polnische Regierung nicht mehr bestünde.»[6] Schulenburg empfing von Molotow an diesem 8.September ein Telefonat, in dem es hieß: «Ihre Mitteilung über den Einzug deutscher Truppen in Warschau habe ich erhalten. Übermitteln Sie deutscher Reichsregierung meine Glückwünsche und Grüße.»[7] Dieses peinliche Glückwunschtelefonat Molotows, der den Text der deutschen Sondermeldung offenbar so verstanden hatte, als wäre Warschau bereits erobert, stand am Anfang einer langen Reihe derartiger sowjetischer Beglückwünschungen nationalsozialistischer Siege.

Die sowjetischen Militärs indessen waren realistischer oder besser informiert. Sie teilten Köstring nämlich am nächsten Tag mit, daß nur deutsche Vorhuten in Warschau eingedrungen wären, die sich aufgrund des heftigen polnischen Widerstandes wieder zurückgezogen hätten. Ein rascher sowjetischer Handlungsbedarf ergab sich damit aus ihrem Blickwinkel nicht. Allerdings muß über Köstring vereinbart worden sein, daß der sowjetischen Militärführung ab 10.September die Lageberichte der Abwehr über die polnische Armee gegeben wurden. Zugleich stellte sich die Wehrmachtsführung darauf ein, «daß Eingreifen der Russen wahrscheinlich zu erwarten sei.»[8]

Darauf deuteten nach deutscher Beobachtung die Einberufung einer großen Anzahl von Reservisten sowie Mobilmachungsübungen in sechs Militärbezirken an der Westgrenze hin. Ein Indiz für die veränderte Haltung der Moskauer Führung gegenüber Polen um den 8.September kann auch aus dem von Klement Gottwald an die tschechoslowakischen Kommunisten gerichteten Rundbrief entnommen werden, in dem festgestellt wurde: «Die internationale Arbeiterklasse kann in keinem Fall das faschistische Polen verteidigen.»[9]

Seit dem 8./9.September bestand sowohl auf deutscher wie auf sowjetischer Seite kein Zweifel mehr daran, daß es in absehbarer Zeit zu einer sowjetischen Intervention gegen Polen kommen würde. Die UdSSR gab seit diesem Zeitpunkt ihre bislang beobachtete scheinbar neutrale Zurückhaltung gegenüber den beiden Kriegsblöcken immer offener zugunsten des Dritten Reiches auf, begünstigte nicht nur dessen politisch-militärisches Vorgehen in Polen, sondern nahm Kurs auf die Herstellung derartiger politischer und militärischer Beziehungen zum Dritten Reich, die zwar nicht formell zu einem Bündniszustand führten, in der Praxis indes alle deren Merkmale aufwiesen.

Für die Stalin-Molotow-Gruppe war das Eingreifen in Polen nunmehr schließlich nur noch eine Frage des Zeitpunktes und der Opportunität der Begründung. Die sowjetische Führung erkannte nunmehr, daß der Überfall der deutschen Wehrmacht Polen rascher in eine militärische Katastrophe stürzen würde, als man wohl ursprünglich erwartet hatte. Deutlich war zugleich geworden, daß Polen kaum noch Hoffnung auf eine englisch-französische Entlastungsoffensive setzen konnte. Molotow räumte am 10. September gegenüber Schulenburg ein, die Sowjetregierung sei durch «unerwartet schnelle deutsche militärische Erfolge völlig überrumpelt worden»[10] und machte zugleich auf das politische Dilemma Moskaus aufmerksam, das auf der Suche nach einer Motivation seiner Intervention war, mit der sie ihr Gesicht vor der Weltöffentlichkeit als auch gegenüber dem nationalsozialistischen Partner zu wahren suchte. Molotow brachte gegenüber Schulenburg erstmals die Erwägung ins Spiel, «das weitere Vordringen deutscher Truppen zum Anlaß zu nehmen, um zu erklären, daß Polen auseinanderfalle und Sowjetunion infolgedessen genötigt sei, den von Deutschland ‹bedrohten› Ukrainern und Weißrussen zu Hilfe zu kommen. Mit dieser Begründung solle den Massen das Eingreifen der Sowjetunion plausibel gemacht und gleichzeitig vermieden werden, daß Sowjetunion als Angreifer erscheint.»[11]

Die Diskussion zwischen den deutschen und sowjetischen Vertretern konzentrierte sich zwischen dem 10. und 16.September auf zwei Kernpunkte: auf die Schaffung vollendeter militärischer Tatsachen durch die Wehrmacht, was vor allem die rasche Eroberung von Warschau erforderte, und eine Abstimmung der von sowjetischer Seite zu gebenden Begründung für den Einmarsch in Polen. Molotow drängte die deutschen Partner, ihm einen möglichst präzisen Zeitpunkt für die Einnahme von Warschau zu benennen, die deutsche Seite dagegen versuchte Moskau auf ein Kommuniqué festzulegen, das die Übereinstimmung des Vorgehens hervorhob.

Da der erbitterte polnische Widerstand in Warschau militärisch nicht in dem raschen Tempo gebrochen werden konnte, wie noch am

8. September erhofft worden war, gab man sich auf sowjetischer Seite offenbar mit der Tatsache zufrieden, daß der militärische Widerstand der polnischen Armee weitgehend gebrochen sei und unterstellte dem polnischen Staat Handlungsunfähigkeit. Hinsichtlich der beabsichtigten sowjetischen Erklärung beim Einmarsch in Polen gelang es den deutschen Diplomaten, die ursprüngliche sowjetische Erklärung verbal derart abzuschwächen, daß sie zwar - wie Molotow erklärte - «für das deutsche Empfinden einen kleinen Schatten enthalte»[12] - aber für die deutsche Reichsregierung dadurch tragbar wurde, daß ihr ein gemeinsames Kommunique der deutschen und sowjetischen Regierung folgen sollte. Das sowjetische Entgegenkommen ging so weit, daß Stalin in der Nacht des 17. September 1939 um 02.00 Uhr mit Schulenburg gemeinsam die Note durchging, die der polnischen Regierung den Einmarsch der sowjetischen Truppen ab 05.40 Uhr mitteilte. Bereitwilligst änderte Stalin die von Schulenburg als unannehmbar gerügten Stellen ab. Der polnische Botschafter in Moskau Waclaw Grzybowski erhielt knapp eine Stunde vor dem Einmarsch der Roten Armee die sowjetische, von Schulenburg redigierte Note, in der es hieß: «Der polnisch-deutsche Krieg hat die innere Unhaltbarkeit des polnischen Staates erwiesen. Im Lauf der zehntägigen Operationen hat Polen alle seine Industriegebiete und kulturellen Zentren verloren. Warschau als Residenzstadt Polens besteht nicht mehr. Die polnische Regierung ist zerfallen und bekundet keinerlei Lebenszeichen. Das bedeutet, daß der polnische Staat und seine Regierung tatsächlich aufgehört haben zu existieren. Dadurch haben die Verträge ihre Gültigkeit verloren, die zwischen der Sowjetunion und Polen bestanden. Sich selbst überlassen und ohne Führung geblieben, hat sich Polen in ein bequemes Feld für jegliche Zufälle und Überraschungen verwandelt, die eine Bedrohung für die Sowjetunion darstellen können. Infolgedessen kann die Sowjetregierung, die bisher neutral war, sich nicht weiter neutral zu diesen Tatsachen verhalten. Die Sowjetregierung kann sich auch nicht gleichgültig dazu verhalten, daß die mit ihr blutsmäßig verwandten Ukrainer und Weißrussen, die auf dem Territorium Polens leben und der Willkür des Schicksals ausgeliefert sind, schutzlos bleiben.»[13]

Die hier aufgestellte Behauptung, der polnische Staat habe zu existieren aufgehört, stellte nicht nur eine Fiktion dar, sondern auch einen brutalen Bruch mit den Normen des Völkerrechts, denn die zeitweilige Okkupation des polnischen Staatsgebietes stellte nämlich dessen Existenz als Subjekt des Völkerrechts keineswegs in Frage. Völlig zu Recht entgegnete der polnische Botschafter Grzybowski, daß die Souveränität Polens bestehe, solange noch ein einziger polnischer Soldat kämpft und erinnerte Potemkin daran, daß auch nach der Besetzung Moskaus durch Napoleon im Jahre 1812 niemand die Existenz Rußlands bestritten habe, solange die Armee Kutusows kämpfte.

Die deutschen Militärs reagierten zwiespältig auf den Einmarsch zweier sowjetischer «Fronten» mit über sieben Armeen in Ostpolen. Auf der einen Seite überraschte diese Tatsache viele hohe Offiziere, weil die bisherigen Kontakte zwischen den Militärs beider Staaten unter strikter Geheimniswahrung abliefen. Militärpolitisch wurde einerseits die Intervention der Roten Armee als politische Entlastung begrüßt, namentlich von der Seekriegsleitung - eine große militärische Bedeutung wurde ihr angesichts des Feldzugsverlaufs nicht beigemessen -, auf der anderen Seite verfolgten eine Reihe hoher Militärs die sowjetischen Absichten sehr mißtrauisch und mißvergnügt. Bezeichnenderweise waren es gerade die Militärs des Heeres, die dieser neuen militärpolitischen Situation sehr skeptisch gegenüberstanden. Während namentlich die englisch-französische Presse die Operationen der Wehrmacht und der Roten Armee als ein gemeinsames Komplott anprangerten, das ihrer Meinung nach seine Wurzeln in der militärischen Zusammenarbeit zwischen Reichswehr und Roter Armee in der Weimarer Republik fand, läßt sich kaum die Stimme eines hohen Heeresoffiziers aufspüren, die ihre uneingeschränkte Zustimmung zu dieser militärischen Allianz ausdrückte. Das angeblich so russophile deutsche Heer war unter nationalsozialistischem Einfluß - von ganz wenigen Ausnahmen abgesehen - sowjetfeindlicher als die Generalität und Admiralität der gesamten übrigen Streitkräfte. Der Abwehroffizier Helmuth Groscurth notierte schon am 10. September 1939: «Eingreifen der Russen ist zu erwarten. Eine grauenvolle Freundschaft.»[14] Wenige Tage später, als die von der Wehrmacht bereits besetzten ostpolnischen Gebiete geräumt werden mußten, da sie laut Zusatzabkommen vom 23. August 1939 zur sowjetischen Interessensphäre gehörten, notierte Groscurth, dessen Auffassung zumindest für Teile der Abwehr repräsentativ war: «Am 21. wird die neue unglückliche Demarkationslinie bekannt. Sogar das Ölgebiet wird aufgegeben. Der Rückmarsch ist mehr als kurz befristet, eine Art Flucht. Deutsches Blut half den Russen und dem Bolschewismus zum mühelosen Vordringen.»[15] Generalstabschef Franz Halder trug am 21.September in sein Tagebuch ein: «Ein Tag der Schande der deutschen politischen Führung.»[16]

Derartige Urteile lassen darauf schließen, daß von der einstigen deutsch-sowjetischen militärischen Notgemeinschaft der zwanziger Jahre am Ende der dreißiger Jahre nicht mehr viel vorhanden war. Die früheren Anhänger einer bedingten militärischen Kooperation mit Sowjetrußland, die auf dem Prinzip gegenseitig pragmatischen Nutzens beruhte, waren Ende der dreißiger Jahre längst aus den entscheidenden Positionen des deutschen Heeres verbannt, und wenn überhaupt noch auffindbar - wie etwa der enge Vertraute Seeckts, Fritz Tschunke -, in anderen als militärischen Funktionen tätig. Ihre Stelle nahmen im deutschen Heer mehr oder minder militante radikale «Antiostler» ein, die der Sowjetunion sowohl aus weltanschaulichen Gründen, aus politischen Überzeugungen wie auch aus strategischen Motiven zutiefst mißtrauten. Anders als etwa die Marineführung, die den sowjetischen Einmarsch in Polen als Ausgangspunkt für die Herstellung allianzähnlicher Beziehungen betrachtete, obgleich auch sie bis kurz vor dem 23.August die UdSSR als militärischen Hauptgegner ins Auge gefaßt hatte, überwog beim Generalstab des Heeres die Kontinuität destruktiven politischen und militärischen Verhaltens gegenüber Sowjetrußland.

Die antisowjetischen Kriegsplanungen zwischen 1935 und 1937 waren offenbar nicht spur- und folgenlos in Schubladen verschwunden. Sie lebten im Frühjahr 1939 wieder auf. Besonderes Interesse beanspruchten aus dem Blickwinkel des Oberkommandos des Heeres zwei Zonen: einerseits Litauen und andererseits die Ukraine. Seit Ende 1938 hatte die Abwehr ein provokantes Spiel mit nationalistischen Gruppen der Ukraine gespielt, die teils auf dem Territorium der Tschechoslowakei, Polens oder der UdSSR lebten. Beim Überfall auf Polen hatte die Wehrmacht auch einen Nebenschlag gegen Litauen ins Kalkül gezogen, gewaltfrei bei Zustimmung Litauens, mittels eines sogenannten Schutzvertrages, zu dem eine Skizze am 20. September 1939 vorlag, andernfalls eine Besetzung, zu dem unter dem Befehl Heinz Guderians bis zum 25./26. September 1939 das XIX. motorisierte Korps bereitgehalten wurde. Guderians Plan bewegte sich in den Gedankengängen, wie sie seit 1935 entwickelt worden waren.[17]

Die Abwehr unter Admiral Wilhelm Canaris hatte im Sommer 1939 sorgfältige Vorbereitungen zur Auslösung eines ukrainischen Aufstandes in Ostpolen getroffen. Bereits am 10. September 1939 jedoch notierte Abwehroffizier Großcurth: «Westukraine ist als russische Interessensphäre anerkannt. Die Russen rücken bei etwaigem Volksaufstand ein. So geben wir zum 3. Male die Ukraine preis!!»[18]

Die Militärs drängten - gegen den Widerstand des Auswärtigen Amtes - seit dem 11. September auf die Auslösung eines Aufstandes, wenngleich Canaris seinen Mitarbeitern deutlich machte, «daß ein ukrainischer Aufstand, wenn er einmal entfesselt ist, sich gegen Polen und Rußland wenden wird.»[19] Am 12. September gab der Chef des Oberkommandos der Wehrmacht, Wilhelm Keitel, Canaris grünes Licht, durch die Organisation Melnyk eine Revolte in Ostgalizien zu provozieren, die sich die Vernichtung des Polen- und des Judentums zum Ziel setzen sollte. Keitel warnte Canaris indessen davor: «Eine politische Ausweitung dieser Bewegung in Richtung der Sowjetunion (Groß-Ukrainische Idee) muß unbedingt verhindert werden.»[20] Am 15. September wurden die ukrainischen Abwehrleute mobilisiert und zur 14. deutschen Armee in Südpolen in Marsch gesetzt, um nach der Eroberung von Lwów in Aktion zu treten. Der sowjetische Einmarsch in Polen hatte sowohl den Plänen der deutschen Abwehr in Ostgalizien als auch den Absichten des Oberkommandos des Heeres gegenüber Litauen ein Ende gesetzt.

Besonders verärgert und ungehalten zeigten sich die Heeresgenerale jedoch - trotz aller vorherigen Ankündigungen - über das von ihnen terminlich als überraschend und unkonventionell empfundene Antreten der Roten Armee, von dem sie erst Kenntnis erhielten, nachdem sowjetische Truppen bereits die Grenzen Ostpolens überschritten hatten. Köstring wurde in Moskau durch Schulenburg um Mitternacht des 17. September von der sowjetischen Absicht informiert. Er drang sofort darauf, Rücksprache mit dem Oberbefehlshaber der sowjetischen Streitkräfte, Marschall Kliment Woroschilow zu nehmen. Dieser weigerte sich jedoch strikt, das Antreten der sowjetischen Truppen um einige Zeit zu verzögern, ebenso wie er es als unmöglich erklärte, die bereits gestarteten sowjetischen Fliegerkräfte anzuhalten. Da die Truppen der Wehrmacht zu diesem Zeitpunkt bereits die am 23. August vereinbarte Demarkationslinie um mehr als 200 Kilometer nach Osten überschritten hatten und etwa auf der Linie Lwów-Brest-Białystok-Ostrowice standen, vereinbarten Köstring und Woroschilow, in Sorge vor militärischen Zusammenstößen, eine vorläufige Trennungslinie zwischen Białystok und Lwów. Das Führerhauptquartier erhielt die Nachricht vom sowjetischen Einmarsch gegen 04.00 Uhr früh. Sie war über den Leiter der Abteilung Fremde Heere Ost, Eberhard Kinzel, an Hitlers Adjudant Rudolf Schmundt gegeben worden. Im Ergebnis der Beratungen zwischen Hitler, Ribbentrop, Keitel und Jodl erging kurz darauf ein Befehl der Operationsabteilung des Oberkommandos des Heeres an die Heeresgruppen und Armeen, der sie kurz vor 08.00 Uhr erreichte. In diesem Befehl hieß es: «Russische Streitkräfte überschreiten am 17. 9. früh die russisch-polnische Grenze zwischen Kamenez, Podolski und Polozk. Die Linie Skole-Stryj-Lemberg-Włodzimierz-Wlodawa-Brest-Kamieniec-Litewski-Białystok darf vorerst von deutschen Truppen nach Osten weder überschritten noch überflogen werden. Rasche Besetzung des Ölgebietes von Boryslaw durch A.O.K. 14 ist besonders wichtig.»[21] Mit dem Befehl, die galizischen Ölfelder einzunehmen, interpretierte das Oberkommando des Heeres die endgültige Demarkationslinie, die am 23. August entlang der Flüsse Pissa - Narew - Weichsel - San festgelegt worden war, in dem Sinne, als gehöre dieses Gebiet zur deutschen Interessensphäre. Diesen Standpunkt machte sich auch OKW-Mitarbeiter Walter Warlimont in einem Gespräch mit dem stellvertretenden sowjetischen Militärattaché, Michail Beljakow, am Nachmittag des 17. September in der Bendlerstraße zu eigen. Der sowjetische Oberst nahm die Warlimont-Erklärung über die Besetzung der galizischen Erdölfelder «unbeweglichen

Gesichts»[22] entgegen, alarmierte jedoch sofort Moskau. Molotow protestierte gegenüber Schulenburg empört über diese Verletzung der Demarkationslinie, die Lwów zur deutschen Interessensphäre schlug.

Durch das nicht koordinierte militärische Vorgehen des Dritten Reiches und Sowjetrußlands kam es am 17. September 1939 zu ersten Verlusten deutscher Truppen durch sowjetische Fliegerkräfte. Das XXI. Armeekorps meldete Tote und Verwundete durch einen sowjetischen Fliegerangriff bei Bialystok und bei Jesow. Die überraschten deutschen Armeebefehlshaber richteten an das Oberkommando des Heeres die dringende Anfrage: «Wann und wo ist mit dem Auftauchen russischer Kräfte vor eigener Front zu rechnen»?[23]

Während die Fronten der Heeresgruppen Süd und Nord ihren Vormarsch nach Osten im wesentlichen einstellten, allerdings ihre Anstrengungen zur Einnahme von Lwów und des Erdölgebietes von Drohobyz verstärkten, bereitete das Oberkommando des Heeres ein Begrüßungsflugblatt für die Rote Armee vor. Es lautete: «Das deutsche Heer begrüßt die sowjetrussischen Truppen. Als Soldaten haben wir den Wunsch, mit den Soldaten der Sowjetunion in ein gutes politisches Verhältnis zu treten. Der russische Soldat hat bei uns stets in hoher Achtung gestanden. Das soll auch für die Zukunft gelten.»[25]

Der 19. September brachte die befürchteten Zusammenstöße deutscher und sowjetischer Verbände, namentlich im Raum Lwów. Sowjetische Panzer, die von Osten her anrollten, wurden von der 2. Gebirgsdivision der deutschen 14. Armee als polnische Einheiten angesehen und bekämpft. Es gab auf beiden Seiten Verluste.

Der Gefahr des Aneinandergeratens der Streitkräfte beider Seiten sollte nunmehr im wesentlichen durch drei Maßnahmen begegnet werden. Am 19. September erschien in den deutschen und sowjetischen Medien ein lange strittig verhandeltes gemeinsames Kommuniqué beider Regierungen, dessen Endfassung Stalin diktiert hatte und Hitlers Beifall fand. Durch den Rundfunk in Moskau und Berlin seit dem Nachmittag des 18. September verbreitet, wurde es am 19. September im «Völkischen Beobachter» unter der Überschrift «Einvernehmen zwischen Berlin und Moskau über Polen» abgedruckt. In ihm hieß es: «Zur Vermeidung von irgendwelchen unbegründeten Gerüchten bezüglich der Aufgaben der deutschen und sowjetischen Truppen, die in Polen tätig sind, erklären die Deutsche Reichsregierung und die Regierung der UdSSR, daß die Handlungen dieser Truppen keinerlei Ziele verfolgen, die den Interessen Deutschlands oder der Sowjetunion zuwiderlaufen oder dem Geiste und den Buchstaben des zwischen Deutschland und der Sowjetunion getroffenen Nichtangriffsvertrages widersprechen. Im Gegenteil, die Aufgabe dieser Truppen besteht darin, Ordnung und Ruhe in Polen herzustellen, die durch den Zerfall des polnischen Staates zerstört sind, und der polnischen Bevölkerung zu helfen, Bedingungen ihres staatlichen Daseins neu zu regeln.»[26]

In Moskau tagten am Nachmittag des 20. September der Volkskommissar für Verteidigung, Woroschilow, und der Generalstabschef der Roten Armee, Schaposchnikow, mit Köstring, dem Luftwaffenattaché, Oberst Heinrich Aschenbrenner, und dem Sonderbeauftragten des OKH, Hans Krebs. Sie vereinbarten, daß die sowjetischen Gruppen bis zum 23. September auf der Linie beharrten, die sie bis zum Abend des 20. September erreicht hatten. Die Truppen der Wehrmacht dagegen sollten ab 22. September in Tagesmärschen von je 20 Kilometern auf die endgültige Demarkationslinie zurückgeführt werden. Der Rückzug sollte bis zum 4. Oktober beendet sein. Zwischen beiden Armeen sollte jeweils ein Abstand von 25 Kilometern eingehalten werden. Beide Seiten kamen überein, Verbindungskommandos abzustellen, die sich über die Modalitäten des Marsches, die Übergabe von Städten, die Verhinderung polnischer «Provokationen» und «Sabotageakte» verständigen sollten. Eine direkte Zusammenarbeit zwischen Wehrmacht und Roter Armee wurde dann ins Kalkül gezogen, wenn es galt, polnische Truppenteile oder «Banden» gemeinsam zu vernichten.[27]

Zum selben Zeitpunkt, als diese weitgehende militärische Vereinbarung zwischen Wehrmacht und Roter Armee abgeschlossen wurde, befahl das Oberkommando des Heeres seinen Heeresgruppen und Armeen den Rückzug auf die endgültige zweite Demarkationslinie entlang des San, der Weichsel, des Narew und der Pissa. Hitler ordnete an, «daß vorwärts dieser Linie kein deutsches Blut mehr fließen soll.»[28]

Die erste Begegnung zwischen Gruppen der Wehrmacht und der

Wahrscheinlich am 21. September 1939 fand nahe von Brest-Litowsk eine Zusammenkunft deutscher und sowjetischer Soldaten statt, die von Guderian als Gegenbesuch für sein Treffen mit Borowenskij angeordnet worden war. Keines dieser Fotos ist indessen seinerzeit von Goebbels zur Veröffentlichung in der deutschen Presse freigegeben worden

Roten Armee fand - wie bereits geschildert - am 20. September 1939 ostwärts von Brest-Litowsk statt. Dem Treffen Borowenskij - Guderian kam symbolhafte Bedeutung zu, nicht nur, weil es von anwesenden Bildberichterstattern der Propagandkompanie ausführlich dokumentiert wurde - nur wenige Bilder indes erschienen von dieser Besprechung in der deutschen Öffentlichkeit - sondern auch Ausdruck der Wiederbelebung von militärischen Beziehungen zwischen beiden Armeen zu sein schien.

Von welchem Geist im September 1939 diese erste Begegnung zwischen Wehrmacht und Roter Armee getragen war, läßt sich aus den Fotodokumenten ablesen, die bei dieser Gelegenheit aufgenommen wurden. Dabei kam es nämlich zu einer Art Soldatenbegegnung östlich von Brest-Litowsk, die offenbar von beiden Seiten sorgfältig vorbereitet worden war. Wer die verblichenen Fotos heute, mit dem Abstand von über fünfzig Jahren, betrachtet, dem drängt sich fast eine Parallele auf: Sie erinnern in ihrer «Herzlichkeit» fatal an ein Treffen, das am Ende eben dieses im September 1939 entfesselten Weltkrieges stand, an das Treffen sowjetischer und amerikanischer Soldaten im April 1945 bei Torgau. Ob einer von denen, die auf sowjetischer Seite mit Wehrmachtsangehörigen Zigaretten tauschte, das Jahr 1945 noch erlebte? Ob einem von ihnen bewußt war, mit wem er sich hier auf Kosten des polnischen Volkes gemein machte? Und was dachten die deutschen Soldaten von diesen ihren neuen militärischen Partnern, die ihnen bislang in Presse und Propaganda doch nur als asiatische Untermenschen vorgestellt worden waren?

Der Kontakt Guderians zur Roten Armee beflügelte die 4. Armee der Heeresgruppe Nord, der Guderian unterstand, seit dem 20. September ebenfalls Verbindung zur Sowjetarmee bei Grodek aufzunehmen. Am 21. September 1939 traf der Oberbefehlshaber der 4. Armee, General der Infanterie Adolf Strauß, um 11.00 Uhr in Białystok mit dem sowjetischen Artillerieoberst Semjonow und Regimentskommandeur Rykow zusammen, mit denen er um 13.00 Uhr eine förmliche Vereinbarung zwischen beiden Armeen unterzeichnete, die anhand von Kartenmaterial präzise Festlegungen über die gegenseitigen Marschbewegungen und Übernahmebedingungen enthielt. Im Protokoll wurde festgelegt: «Białystok wird am 22. 9. 14.00 Uhr von den deutschen Truppen geräumt sein. Es wird gebeten, nicht vor 16.00 Uhr Białystok mit russischen Truppen zu besetzen. Zur Aufrechterhaltung der Ordnung in der Stadt wird notwendig gehalten, daß Bevollmächtigte der russischen Wehrmacht von der deutschen Kommandantur ab 22. 9. 8.00 Uhr morgens die Geschäfte der Ortskommandantur übernehmen. Das Gleiche gilt für den Flugplatz Białystok.»[29] Ein deutscher Assistenzarzt, der beim deutschen Feldlazarett in Białystok verblieb, berichtete dem Armeeoberkommando 4 unter dem 27. September 1939 über seine Eindrücke von der russischen Armee: «Kleidung schmutzig, Truppe trug Sommerbluse, blaue Hose, gutes Schuhzeug. Eindruck von Offizieren ungünstig. Haltung und Verhalten der Leute ihnen gegenüber schlecht. Viele Kommissare, vorwiegend Juden, ohne deren Zustimmung hier nichts geschehen durfte.»[30]

Inzwischen waren dem OKH die Ergebnisse des Abkommens zwischen Köstring und Woroschilow übermittelt worden. Am Abend des 21. September 1939 lief bei den Heeresgruppen Nord und Süd ein Fernschreiben des OKH ein, in dem präzise Hinweise über die Modalitäten der Räumung und der Verbindungsaufnahme mit der Roten Armee mitgeteilt wurden. Jede Armee sollte eigene Verbindungsstäbe aufbauen, die in eigener Regie an Ort und Stelle über das Räumungstempo zu entscheiden hatten. «Größere Städte und wichtige Anlagen (Bahnhöfe, Brücken, Depots, Flugplätze, Wirtschaftsanlagen, Elektrizitätswerke usw.), die durch Sabotage gefährdet werden könnten, sind von Truppe zu Truppe zu übergeben. Dazu beläßt die Truppe Nachkommandos.» Für ganz wichtig sah der deutsche Generalstab auch an, der Roten Armee nicht mehr als unbedingt notwendig zu überlassen. Die Heeresgruppen wurden angewiesen, erbeutetes Kriegsmaterial, Landesvorräte sowie «Vieh und Gefangene» «weitmöglichst» abzutransportieren. Als besondere Ungunst empfanden die deutschen Generalstäbler auch die Tatsache, eigenes wertvolles Kriegsmaterial zurücklassen zu müssen. Dazu sollten Regelungen mit der Roten Armee getroffen werden, um das Material später abzuholen und deutsche Bewachungsmannschaften im sowjetischen Gebiet verbleiben. «Liegen gebliebene Kampfwagen IV» - der seinerzeit

21. September 1939, 11.00 Uhr: In Bialystok trifft der Oberbefehlshaber der deutschen 4. Armee, General der Infanterie Adolf Strauß (erster von rechts) mit Oberst Semjonow und Regimentskommandeur Rykow von der Roten Armee zusammen, um die Modalitäten der Übergabe von Bialystok zu vereinbaren

Am 22. September 1939 bespricht der Oberbefehlshaber der deutschen 8. Armee, General der Infanterie Johannes Blaskowitz (zweiter von links), ebenfalls in Bialystok mit sowjetischen Offizieren den Verlauf der Demarkationslinie

21. September 1939: im Raum Lwów wird Oberstleutnant Max Pemsel, erster Generalstabsoffizier der 1. Gebirgsdivision, die delikate Aufgabe zuteil, in Paradeuniform die Stellungen seiner Division an die Rote Armee zu übergeben

modernste deutsche Panzer - «sind so zu zerstören, daß ihre Konstruktion im einzelnen nicht mehr erkennbar ist.» Ausdrücklich wurden die deutsche Offiziere belehrt: «Die Russen haben Waffenhilfe gegen poln.Truppen oder Insurgenten angeboten.»[31]

Wie oft es zu derartigem gemeinsamen Handeln deutscher und sowjetischer Truppen gegen die polnische Armee gekommen ist, läßt sich bis ins Detail kaum noch rekonstruieren. Einer der ersten deutschen Heeresverbände, der ein derartiges Zusammenwirken anstrebte, war das VII. Armeekorps unter General Eugen Ritter von Schobert, das am Südflügel der deutschen Front in Richtung Zamosc vorstieß und bei seinem Rückzug von polnischen Divisionen angegriffen wurde, die nach Westen drängten. Im Bericht des vom VII.Armeekorps zur sowjetischen Seite entsandten Verbindungsoffiziers hieß es: «Der Empfang ist herzlich. Der Kommandierende bringt schon mit den ersten Worten seine Freude zum Ausdruck über den Abschluß des deutsch-russischen Paktes. Für den Wunsch um Waffenhilfe hat er volles Verständnis. Er verspricht jede nur mögliche Unterstützung... Doch bevor man sich nach angeregtem Gespräch in den Speiseraum begibt, verbindet der russische Kommandierende seine beiden Hände zu einem Händedruck und meint: ‹Rußland und Deutschland zusammen, das ist der garantierte Friede Europas!›»[32]

Nachdem es bei der am weitesten nach Osten vorgeprellten 14. Armee am 19. September bei der 2. Gebirgsdivision zu bewaffneten Zusammenstößen mit sowjetischen Truppen gekommen war, nahm die 5. Panzerdivision um 13.30 Uhr des folgenden Tages an der Straße Stry-Lwów direkte Kontakte mit den sowjetischen Truppen auf. Der Nachrichtenoffizier der Division empfang den Kommandeur des russischen Panzerverbandes und verlas ihm ein Begrüßungsschreiben. In der Sache konnten sich die militärischen Führer beider Seiten jedoch nicht einigen: die Sowjetrussen verlangten zum Ölgebiet von Drohobycz durchzurollen, während die 5.Panzerdivision auf die ihr gegebenen Befehle hinwies und auf der Respektierung der erreichten Linie als Demarkationsgrenze bestand. Um 16.30 Uhr veranstaltete der Panzerverband auf Veranlassung der Stadtkommandantur vielmehr noch eine feierliche Flaggenparade in dem von den Sowjets beanspruchten Stry. Am 22. September indes mußte die Division um 14.30 Uhr Stry an die Sowjetarmee übergeben.[33]

Um weiteren Schwierigkeiten mit der Roten Armee aus dem Wege zu gehen, beauftragte das OKH ebenfalls einen alten Rußlandspezialisten der Reichswehr, den Oberstleutnant Rolf von Heygendorff, in Verbindung mit höheren Stäben der Roten Arme zu treten. Heygendorff gab am 23. September von seiner 21-Stunden-Fahrt hinter den sowjetischen Linien folgenden Bericht: «Die Masse der russischen Soldaten scheint nichts von irgendeinem Vertrag mit Deutschland zu wissen. Daher vielfach ablehnende oder gar drohende Haltung... Sehr gute schwere Tanks, allgemein gute Ausrüstung, sehr gute Pferde... Der von der Division beigegebene Kommissar (Jude) benahm sich frech und taktlos.»[34]

Der Bericht Heygendorffs beleuchtet schlaglichtartig die Turbulenzen, in die die sowjetische Armeeführung offensichtlich geraten war, ihren Soldaten das Zusammenwirken mit der deutschen Wehrmacht verständlich zu machen. Das wird auch belegt durch die unterschiedlichen Reaktionen, mit denen sowjetische Kommandeure gegenüber polnischen Einheiten auftraten. Es war wohl nicht nur ein Bluff sowjetischer Kriegführung, wenn einige sowjetische Offiziere zunächst von der Mutmaßung ausgingen, sie eilten Polen zur Hilfe, um es im Kampf gegen die deutschen Truppen zu unterstützen. In den von der Belorussischen und Ukrainischen Front verbreiteten Flugblättern an Rotarmisten und die Bevölkerung der ostpolnischen Gebiete vermied man es strikt, von einem gemeinsamen Vorgehen mit Deutschland zu sprechen. Vielmehr konzentrierte sich die sowjetische Propaganda auf die Zeugung von Haß gegen die Herrschaft der polnischen Pans und Generale und versprach in zweideutigen Formulierungen die Befreiung von der «Vernichtungsgefahr durch den Feind». Belorussen und Ukrainer wurden aufgefordert: «Schlage mit Waffen, Sensen, Gabeln und Äxten Deine ewigen Feinde tot - die polnischen Pans, die aus Deinem Lande eine rechtlose Kolonie gemacht haben, die Dich polonisierten, Deine Kultur zertraten und aus Dir und Deinen Kindern Sklaven und Arbeitsvieh machten.»[35]

In der Roten Armee fand diese Propaganda ein lebhaftes Echo. Es entsprach in hohem Maße einem jahrzehntelang unterdrückten russisch-ukrainischen Nationalgefühl, das indes klare Bekenntnisse zu einem uneingeschränkten Chauvinismus zuließ. Im gesamten Gebiet der Westukraine und Westbelorußlands wurde die Rote Armee von Weißrussen, Ukrainern und Juden freundlich begrüßt, wenngleich nicht zu übersehen war, daß sich die roten Truppen vom ersten Tage ihres Einmarsches in den besetzten Gebieten an in Großaufkäufer aller Waren des täglichen Bedarfes verwandelten, von Weckern bis Damenschuhen, und zwar in einem Umfang, der innerhalb der militärischen Führung Anlaß zu größten Bedenken schuf, schienen sich doch die Rotarmisten in Händler und Krämer zu verwandeln.

Darüber hinaus beseelte die russischen Kommandeure ein tiefes Mißtrauen gegenüber ihren neuen deutschen Bündnispartnern. Generalstabsmajor Hans Nagel, ebenfalls seit Reichswehrzeiten mit der Roten Armee vertraut, deshalb wohl auch beauftragt, am 26. September 1939 seine Beobachtungen über sie schriftlich für die Armeeführung festzuhalten - später war er als führender Wehrwirtschaftsoffizier maßgeblich an der wirtschaftlichen Ausplünderung Sowjetrußlands beteiligt - schrieb über seine Begegnungen: «Truppe: personell jung, in Uniform und Verhalten bei weitem nicht so gepflegt und diszipliniert wie bei uns...Zurückhaltung bis Ablehnung...Mißtrauen und Verbergen der eigenen Absicht und Gliederung.»[36] Unter diesen Umständen gestalteten sich die Übergabeverhandlungen vielfach äußerst kompliziert. Das wurde besonders bei der Räumung des galizischen Erdölgebietes deutlich, das von der Wehrmacht ursprünglich vereinnahmt, erst auf sowjetischen Druck hin aufgegeben werden mußte.

Am Morgen des 23. September traf General v.Kempski bei der 5. Panzerdivision ein und orientierte sie über die geplante Räumung des Ölgebietes, die jedoch erst dann realisiert werden sollte, wenn alle Öl- und Kriegsvorräte aus Drohobycz abtransportiert worden waren. Um 20.00 Uhr traf v. Kempski mit seinem russischen Gegenüber im Divisionshauptquartier zusammen und hielt eine Übergabe des Ölgebietes vor dem 26. September für ausgeschlossen. Der Führer des Kriegstagebuches der 5. Panzerdivision vermerkte: «Die Russen machen hinsichtlich des Zeitpunktes der Übergabe Schwierigkeiten und stellen mißtrauische Fragen nach den brennenden Ölquellen. Man kann sich des Eindrucks nicht erwehren, als wollen sie uns darüber die Schuld in die Schuhe schieben.»[37]

Schon am nächsten Morgen forderten die sowjetischen Kommandeure hartnäckig, das Ölgebiet am 24. September in die Hand zu bekommen, Kempski erwirkte zunächst einen Aufschub bis zum 25. September. Doch auch dieser Entscheid war nur befristet. Der Nachrichtenoffizier der 14. Armee meldete dem OKH schließlich am Abend des 24. September: «General von Kempsky war vom XXII. A.K. beauftragt, Verhandlungen mit den örtlichen russischen Befehlshabern über Übergabe von Drohobycs zu führen. Zunächst war vereinbart, daß die Stadt am 25. 9. früh den Russen übergeben wird. Der russische Befehlshaber erklärte sich für diese Entscheidung nicht zuständig. Anläßlich einer neuen Besprechung forderten die Russen, daß Drohobycs schon heute übergeben wird. General von Kempsky hat sich bereit erklärt, nachdem er das Einverständnis des Korps eingeholt hatte. Drohobycs ist am 24. 9. um 18.00 Uhr den Russen übergeben worden. Weiter wurde vereinbart, daß Sambor am 26. 9. früh übernommen werden kann. XXII. A.K. glaubt, daß die Russen - aufgeputscht durch die größtenteils kommunistische Bevölkerung - annehmen, die brennenden Öltanks wären absichtlich deutscherseits in Brand gesetzt worden. Es ist den Russen noch einmal mitgeteilt worden, daß die Öltanks bereits seit 10 Tagen brennen.»[38]

Anderenorts jedoch wurde die Übergabe der von der Wehrmacht eroberten ostpolnischen Städte an die Rote Armee in feierlicher Form vollzogen. Am bekanntesten sind die Vorgänge vom 22. September 1939 geworden, wo der General der Panzertruppen Heinz Guderian und der sowjetische Brigadegeneral Kriwoschein eine Parade vor dem ehemaligen Woiwodschaftsgebäude in Brest-Litowsk abnahmen. Die am 26. September 1939 im «Völkischen Beobachter» erstmals veröffentlichten Fotos von diesem Ereignis und dem Gruß der nazistischen Reichskriegsflagge avancierten nicht nur zu Symbolen einer braun-roten militärischen Gemeinschaft, sondern gehörten auch zu jenen Bildzeugnissen, die fast 50 Jahre lang keine Chance besaßen, in den Ländern östlich von der Elbe und Weser veröffentlicht zu werden. Eine besondere Note erhielt die Parade von Brest-Litowsk auch dadurch, daß es sich das Deutsche Nachrichtenbüro nicht verkneifen konnte, auf die historischen Wurzeln dieser militärischen Begegnung hinzuweisen, wobei es indes fälschlich eine gemeinsame Parade behauptete. Am 25. September 1939 meldete es: «Bei der Fortsetzung der deutschen Truppenbewegungen auf die Demarkationslinie wurde in Brest-Litowsk...eine besonders feierliche Form der Ablösung gewählt. An diesem militärisch bedeutsamen Punkt, an dem 1795 der russische General Suworow vor der dritten Teilung Polens das polnische Heer vernichtete, wurden nicht nur die Gefechtsabschnitte von den sowjetischen Truppen übernommen; vielmehr formierten sich hier die deutschen Truppenteile und diejenigen der Roten Armee zum Parademarsch und zogen unter Musik an den örtlichen militärischen Führern beider Heere vorüber.»[39] Die Parade von Brest-Litowsk war dabei offenbar nur die Schlagzeilen machende Spitze des Eisberges. Berichte deutscher Offiziere über die Übergabe von Przemysł am 28. September 1939 durch General Alfred Streccius an die Rote Armee oder von Generalmajor Fritz Brand über die Übereignung der Festung Osowiec um 16.00 Uhr des 25. September 1939 an den sowjetischen Oberst Berdnikow lassen die Schlußfolgerung zu, daß es mehr als nur eine Gelegenheit gab, in der beide Seiten ihre militärische Gemeinsamkeit bekundeten.[40]

Indes ist auf der anderen Seite unverkennbar, daß solche demonstrativen Gesten auf beiden Seiten nicht das tiefe gegenseitige Mißtrauen minderten. Bei den deutschen Militärs blieb auf alle Fälle das schale Gefühl zurück, für die Rote Armee «Erntehelferdienste» geleistet und ihr Regionen erobert zu haben, die diese kampflos besetzen durften. Das mannigfache Hin und Her bei der Besetzung der ostpolnischen Gebiete, wo die Wehrmacht zunächst gezwungen war, überstürzt Territorien vor der heranmarschierenden Roten Armee zu räumen, um sie dann wieder - nach dem Abschluß des Grenz- und Freundschaftsvertrages vom 28. September 1939 - bis zum 12. Oktober 1939 zu besetzen, hatte zur Folge, daß einzelne deutsche Divisionen das weite unwegsame Gebiet zwischen San, Weichsel und Bug in knapp drei Wochen dreimal zu durchmessen hatten.

Bis zum 1. Oktober 1939 war das OKH offenbar von der Annahme ausgegangen, daß die zweite Demarkationslinie die vorläufig endgültige Grenze darstellte. Noch am 1. Oktober hatte sie die Absperrung

Nach Abschluß des deutsch-sowjetischen Freundschaftsvertrages am 28. September 1939 wurde die Demarkationslinie neu festgelegt. In Lublin trafen sowjetische Vertreter am 29. September ein, um nunmehr die Modalitäten des sowjetischen Rückmarsches zu erörtern

Als Oberbefehlshaber der 4. Armee hatte der spätere Stalingrad-Verteidiger W. I. Tschuikow im September 1939 Grodno in Polen besetzt. Ein Teil dieses Gebietes, der sogenannte Suwalki-Zipfel, kam im Oktober 1939 an das Dritte Reich. Die militärischen Übergabeverhandlungen führte Tschuikow

der Demarkationslinie und die Anlage von Feldbefestigungen angeordnet. «Die Demarkationslinie darf nach Osten weder überschritten noch überflogen werden. Jeder Flüchtlingsstrom von Ost nach West über die Demarkationslinie ist mit Ausnahme volksdeutscher Elemente und ukrainischer Aktivisten zu unterbinden.»[41]

Am 2. Oktober indessen erhielt der Generalstab Auftrag, große Teile der gerade erst geräumten ostpolnischen Gebiete wiederum zu besetzen. Diese Marschbewegung wurde der Heeresgruppe Süd übertragen, die zum 3. Oktober 1939 in Oberbefehlshaber Ost umbenannt wurde. Die deutschen Armeen wurden dazu angewiesen: «Mit den gegenüber liegenden russischen Befehlshabern ist frühzeitig Verbindung aufzunehmen, um etwaige Mißverständnisse bezügl. der Linienführung aufzuklären.»[42] In einem Sieben-Tage-Marsch rückten vom 6. bis zum 12. Oktober 1939 drei Armeen der Wehrmacht wiederum nach Osten, an die laut dem Grenz- und Freundschaftsvertrag vom 28. September 1939 vereinbarte Demarkationslinie entlang von San - Narew - Pissa - Bug und Niemen.

Im übrigen wirkte langfristig jene Manipulierung der Heeresgeneralität, die sie die Sowjetunion mit tiefem Mißbtrauen betrachten ließ. Ähnliches galt wohl - wenn den Memoiren sowjetischer Offiziere zu glauben ist - auch für die sowjetische Seite. Trotz des Bemühens einzelner hochrangiger Politiker und Militärs beider Staaten kam es nicht zu einem förmlichen militärischen Bündnis. Auf sowjetischer Seite bemühte man sich, den Einmarsch in Polen nicht als Kriegshandlung auszugeben. Die sowjetischen Gruppen hatten Befehl, Waffengebrauch gegen polnische Formationen möglichst zu vermeiden, was sich in der Praxis indes als illusorisch erwies. Auch die polnische Regierung wich der Tatsache aus, sich im Kriegszustand mit der UdSSR zu betrachten. Marschall Rydz-Smigly gab der polnischen Armee am 17. September den Befehl: «Die Sowjets sind einmarschiert. Ich befehle den allgemeinen Rückzug nach Rumänien und Ungarn auf den kürzesten Wegen. Mit den Sowjets ist nicht zu kämpfen, nur im Falle eines Angriffs von ihrer Seite oder bei Versuchen zur Entwaffnung unserer Truppenteile.» Einen ähnlich lautenden Befehl erhielt auch der Kommandeur der polnischen Garnison von Lwow. «Wir kämpfen nur gegen Deutschland, mit den Bolschewiken führen wir keinen Krieg. Die sowjetischen Truppen sind nicht unter Beschuß zu nehmen, wenn sie uns nicht angreifen.»[43]

Dennoch kam es zu mindest vierzig bewaffneten Zusammenstößen zwischen polnischen und sowjetischen Truppen, die verlustreichsten fanden bei Grodno, Wilna und Dobromil statt. Nach Angaben Molotows vom 31. Oktober 1939 kamen dabei 737 Rotarmisten ums Leben und wurden 1 862 verwundet.[44] Die polnischen Menschenverluste gegenüber der Roten Armee beliefen sich auf 1 500 bis 2 000 Tote, über 200 000 polnische Soldaten gerieten in sowjetische Gefangenschaft, darunter über 15 000 Offiziere, von denen nur etwa 1 000 das Jahr 1945 erlebten. Entgegen diesen einschränkenden Richtlinien der Roten Armee vom 17. September betonten Molotow und Stalin im Herbst 1939 in ihren Erklärungen den Gedanken eines gemeinsamen Vorgehens in Polen durch Deutschland und Sowjetrußland so stark, daß sich kaum noch Unterschiede zwischen beiden Mächten ausmachen ließen. Stalin selbst prägte am 27. Dezember 1939 in einem Telegramm an Ribbentrop das fürchterliche Wort von einer durch Blut gefestigten Freundschaft der Völker Deutschlands und der Sowjetunion.[45]

Einen entscheidenden Wendepunkt, der seine Wirkung auch auf einzelne Militärs nicht verfehlte, markierte das Vertragswerk vom 28. September 1939. Beide Seiten verständigten sich dort auch darüber, die Wiedererrichtung eines polnischen Staates nicht zuzulassen und sich gegenseitige Unterstützung bei der Unterdrückung aller darauf gerichteten Bestrebungen zuzusagen. Im Ergebnis dieser Abmachungen schlug der deutsche Militärattaché in Moskau, General Köstring, dem Oberkommando des Heeres am 1. Oktober 1939 vor: «Nach Abschluß der Freundschaftsverträge mit Rußland halte ich mich zu der Annahme berechtigt, daß auf jeden Fall die militärische Zusammenarbeit mit der Sowjetunion erheblich vertieft werden wird.»[46] Er regte die Bildung eines «Verbindungsstabes zur Roten Armee» an. Zwar kam eine derartige Militärmission in Moskau nicht zustande, doch verstärkte er sein Personal und erweiterte die Aufgabenbereiche von Heeres-, Marine- und Luftwaffenattaché, wobei insbesondere die letzteren versuchten, eine militärische Kooperation auf- bzw. auszubauen. An Stelle der Militärmission wurde beim

Oberbefehlshaber Ost Anfang November ein Verbindungsstab Rußland des OKH bei Oberost geschaffen, mit Sitz in Łódź, geleitet vom Rußlandspezialisten Oberstleutnant Dr. Karl Spalcke[47], der später von 1940 bis 1944 Militärattaché in Bukarest war und dort in zehnjährige russische Kriegsgefangenschaft geriet.

Als Hauptaufgaben des Verbindungsstabes schälten sich die Vermessung der neu festgelegten Grenzen, die Herstellung eines festen Grenzregimes und die Fragen des Kriegsgefangenenaustausches heraus, wobei namentlich volksdeutsche Soldaten der polnischen Armee aus russischer Gefangenschaft nach Deutschland überstellt werden sollten. Über die präzise Festlegung des Grenzverlaufes entstanden endlose Diskussionen und Inspektionen vor Ort, denn die grobe Grenzmarkierung, wie sie Stalin am 28./29. September durch Zeichenstift vorgenommen hatte, gab in der Praxis zu vielfachen Mißverständnissen Anlaß. Zwar wurden am 4. und 19. Oktober zwei Ergänzungsprotokolle über die Grenzlinie verabschiedet, doch buchstäblich bis zum 22. Juni 1941 war eine «Gemischte Zentralkommission des Deutschen Reiches und der UdSSR für Grenzfragen» tätig, um den Grenzverlauf zu präzisieren. Obgleich der «Völkische Beobachter» am 6. März 1940 meldete, die «Vermarkung» der 1 500 Kilometer langen Grenze sei am 27. Februar 1940 durch Setzen von 2 820 Pfählen beendet worden, geht aus den deutschen Akten hervor, daß man sich angesichts der vielfältigen Probleme [die häufig militärtaktischer Natur waren] noch im Februar 1940 entschloß, sechs Unterkommissionen für die Abschnitte Augustow, Ostrolenka, Brest-Litowsk, Tomaszow, Przemysl und Sanok einzusetzen, die jeweils unter Leitung eines deutschen Stabsoffiziers tagten.[48] Die deutsche Abwehr, Zweigstelle Prag, beurteilte am 25. Mai 1940 den Ausbau der Grenzanlagen auf sowjetischer Seite mit den Worten: «An der neuen deutsch-sowjetischen Grenze im Bezirk Przemysł wird ein Grenzstreifen von 7 km Tiefe evakuiert. In diesem Streifen ruht jede landwirtschaftliche und andere Arbeit. Die Bewachung der Grenze erfolgt durch Doppelposten, die in der Ebene zu Fuß, in den Bergen zu Pferd den Dienst versehen. Die zu kontrollierende Strecke der Posten beträgt 1 km und zwar ist der Dienst so eingerichtet, daß ein Doppelposten im Pendelverkehr diese Strecke abgeht.»[49]

Noch komplizierter verliefen die Probleme, die sich aus der willkürlichen Teilung Polens zwischen Hitlerdeutschland und Stalinrußland ergaben. Das Gebiet des polnischen Staates wurde so aufgeteilt, daß 51,4 Prozent Polens an die angrenzenden Sowjetrepubliken angegliedert und 48,6 Prozent vom Dritten Reich okkupiert wurden. In den sowjetisch besetzten Gebieten lebten im August 1939 etwa zwölf Millionen Menschen: sieben Millionen Ukrainer, drei Millionen Weißrussen, eine Million Polen und eine Million Juden. Im Ergebnis der barbarischen rassistischen deutschen Okkupationspolitik setzte sehr rasch eine große Fluchtwelle polnischer Juden in die von der Sowjetunion besetzten Gebiete ein, die polnischen Juden indes nur solange Rettung verhieß, wie die Grenzen noch offen waren. Bereits am 29. September 1939 teilten sowjetische Offiziere der Wehrmacht mit, «daß die Grenzen geschlossen seien und keine Juden mehr über sie gelassen würden.»[50] Zehntausende polnische Juden, die sich Lebensrettung im sowjetischen Osten versprachen, wurden damit einer gnadenlosen Naziwillkür ausgesetzt, die in den Gaskammern von Auschwitz und Treblinka enden sollte.

Hob sich in den Herbstmonaten des Jahres 1939 das sowjetische Besatzungsregime in Ostpolen zunächst deutlich sichtbar positiv vom schonungslosen Vernichtungswillen der deutschen Okkupanten an den von ihnen eingegliederten Gebieten ab, so setzte nahezu zeitgleich - was den stillen Verdacht möglicher gemeinsamer geheimer Absprache Vorschub leisten könnte - ein systematischer Terrorfeldzug in beiden Teilen des gespaltenen Polens ein, der sich in erster Linie gegen die polnischen Eliten richtete. Die systematische Vernichtung der polnischen Intelligenz und Geistlichkeit durch deutsche SS-Mörder fand seine Entsprechung in der offenbar im Februar 1940 von der Stalinclique angeordneten Liquidierung der im September 1939 in Ostpolen gefangengenommenen polnischen Offiziere, zumeist Reserveoffiziere, die das geistige Fundament des polnischen Nationalstaatsgedankens verkörperten. Mit der Verlegung von 15 131 polnischen Offizieren Ende April 1940 aus den Lagern Kosielsk, Starobielsk und Ostaschkow an einen dritten unbekannten Ort begann eine der größten und zynischsten Massenmordaktionen des Stalinregimes. Die meisten Gefangenen wurden den NKWD-Verwaltungen

Ein Angehöriger des Infanterie-Regimentes 86, Garnison in Mühlhausen/Thüringen, machte diese Aufnahmen in der dritten Septemberdekade im ostpolnischen Iwannowice, 50 Kilometer ostwärts von Brest-Litowsk. Die verunsicherte polnische Bevölkerung wollte es mit keinem Eroberer verderben und mixte Hakenkreuz und Sowjetstern in einem Triumpfbogen. Als später in der Garnison Mühlhausen ein Fotogeschäft Reproduktion dieser Aufnahmen im Schaufenster ausstellte, beschlagnahmte die Gestapo Negative und Abzüge.

in Smolensk, Woroschilowgrad und Kalinin «zur Verfügung gestellt» und ermordet.

Eine der Mordstätten war Katyn, wo 1943 die Gebeine von 4 500 polnischen Offizieren entdeckt wurden. Die Golgathastätten der anderen polnischen Offiziere sind bis heute unbekannt, es heißt deshalb, ein Teil von ihnen sei vor der Polarküste oder in der Ostsee ertränkt worden.

Über fünf Jahrzehnte galt ein jeder, der die Sowjetunion für diesen heute als «eines der schwersten Verbrechen des Stalinismus»[51] charakterisierten Massenmord verantwortlich machte, als ein finsterer Antikommunist und Verleumder, gegen den alle Mittel staatlicher Repression zur Anwendung kommen konnten. Doch es war nicht nur die Angst vor Repression und Verfolgung, die vielen Historikern hier ängstliche Zurückhaltung diktierte, sondern bis zu einem gewissen Grad auch die einmalige, schier unvorstellbare Dimension des Terrors und des Schreckens durch einen sozialistischen Staat, die diese Greueltaten unglaubhaft erscheinen ließ. Keine sowjetische Regierung auch nach Stalin fand sich deshalb zu einem Eingeständnis dieses Verbrechens bereit. Es erschüttert besonders deshalb, weil sich erahnen läßt, daß sich der rassistische Polenhaß des Naziregimes durchaus mit dem politischen Vernichtungswillen des Stalinregimes paaren konnte. Diese Verbrechen müssen überdies den Eindruck verstärken, daß die am 28. September 1939 getroffenen Vereinbarungen der deutschen und sowjetischen Machthaber, den polnischen Nationalstaat restlos auszulöschen, weitaus mehr waren als nur eine papierne Worthülse.

Diesen Eindruck bestätigt das schonungslose Vorgehen beider Besatzungsmächte im geteilten Polen. Machte das Naziregime von Anfang an kein Hehl aus seiner Absicht, Polen als Kolonie, seine Bevölkerung als Heloten zu behandeln und seine Intelligenz zu ermorden, so setzte seit Herbst 1939 auch in Ostpolen eine vom NKWD gesteuerte Verfolgungskampagne ein, der durch vier Deportationswellen zwischen 1,5 und 1,8 Millionen Menschen zum Opfer fielen, die nach Nordrußland, Mittelasien und Sibirien verschleppt wurden. Der Befreiungsfeldzug der Roten Armee in Ostpolen degenerierte in einen Export der stalinistischen Revolution, in der Entfachung eines primitiven, dogmatisch verstandenen Klassenkampfes, der national und sozial mit schonungsloser Brutalität geführt wurde.

Von deutscher Seite aus verfolgte man zwar die Vorgänge in Ostpolen, sah zum Teil darin eine Legitimation der eigenen rücksichtslosen Brutalität - de facto senkte sich an der Grenze des geteilten Polens eine Art eiserner Vorhang nieder. Im Herbst 1939 war die Heeresgeneralität mit hoher Sensibilität bemüht, Grenzkonflikte auszuschließen. Die deutschen Divisionen wurden angehalten: «Jeder Zwischenfall an der Demarkationslinie ist zu vermeiden. Ebenso zu vermeiden ist jedoch die Anbiederung und Verbrüderung mit Angehörigen der russischen Armee sowie etwaige Austauschgeschäfte. Der Verkehr der deutschen Armee mit den russischen Truppen an der Demarkationslinie hat sich bei Wahrung der Höflichkeit auf das dienstlich Erforderliche zu beschränken. Der dienstlich notwendige Verkehr erfolgt nur durch Offiziere. Ein Überschreiten der Demarkationslinie durch Angehörige des russischen Heeres ist nicht mit der Schußwaffe zu verhindern.»[52]

Dieses merkwürdige Dokument, in dem unverhohlen die Furcht vor den Soldatenverbrüderungen des Jahres 1917 durchschimmert, entsprach dem Denken vieler hoher Heeresgenerale, die nach dem sowjetischen Vorgehen gegen die baltischen Staaten und Finnland zunehmend argwöhnischer den Machtzuwachs Sowjetrußlands verfolgten. Ganz besonders unter den nationalkonservativen Offizieren und Generalen des Heeres, die Hitlers Politik und Kriegführung skeptisch und kritisch und ablehnend gegenüberstanden, mischten sich Russen- und Kommunistenfurcht miteinander, fürchteten sie aus der Annäherung beider Regime, die in ihren Augen fast Bündnisqualität erreichte, auch innenpolitische Auswirkungen, die in Richtung auf mögliche staatssozialistische Experimente der NSDAP hinausliefen. Fregattenkapitän Franz Liedig, ein enger Mitarbeiter von Admiral Canaris, General Hans Oster und Groscurth, schrieb am 7. Dezember 1939 eine an das OKH gerichtete Denkschrift, in der es unter anderem hieß, daß Hitler, der Verderber Deutschlands, sich in einer «dynamischen Lebensgemeinschaft» mit dem bolschewistischen Rußland befindet, dessen Ergebnis in der «deutschen Satrapie der russischen Weltrevolution» münden würde. «Als Helfershelfer des neu erwachten russischen Raum- und Küstenhungers wird Deutschland tatsächlich und endgültig zum Todfeind Englands. Und es wird für diese Todfeindschaft... nichts anderes eintauschen als den Beruf, zum europäischen Glacis des asiatischen Großreiches der UdSSR, zur bolschewisierten Randgruppe Asiens in Europa zu werden... wenn nicht gar zum Helotenvolk Rußlands herabsinken.»[53] Zwar nicht mit derart obskuren Prophezeiungen aufwartend, doch in der Sache nicht minder warnend, richtete der einstige Generalstabschef Ludwig Beck im Herbst 1939 mehrere Denkschriften an Offiziere und Generale des OKH. Er unterstrich in ihnen die Tatsache, daß mit dem 23. August und 28. September 1939 eine «Rückkehr Rußlands nach Europa» heraufbeschworen worden wäre, die «das deutsche Zukunftskonto... auf das schwerste belastet.»[54] Beck legte dar, die Baltenstaaten wären für Deutschland verloren, Finnland mindest moralisch verloren und die nordischen Staaten Deutschland entfremdet. Ende September 1939 schrieb Beck: «Schon jetzt belastet aber Rußland die strategische Bewegungsfreiheit Deutschlands im Osten und es ist nicht ausgeschlossen, daß Deutschland in Rußland im weiteren Verlauf des Krieges eine tödliche Gefahr erwächst.»[55] Und nachdem die Grenzen der Interessensphären in Polen festgeschrieben worden waren, warnte Beck im Herbst 1939: «Daher kann man sehr wohl der Auffassung sein, daß, sollte es künftig eine gemeinsame deutsch-russische Grenze geben, wir statt des Beelzebub den Teufel eingetauscht haben.»[56]

Im Oberkommando des Heeres sah man diese Gefahr zwar ähnlich, doch man nahm sie im Augenblick bei weitem nicht so ernst. General Kurt von Tippelkirch notierte am Rande der Beckschen Denkschrift: «Die Gedankengänge sind folgerichtig. Die Gefahr ist gering, solange Deutschland und Rußland - wie früher Preußen-Rußland - in Einklang bleiben und Rußland im ganzen schwach bleibt - und das kann noch lange dauern.»[57]

So ganz sicher indes war man sich der militärischen Stärke oder Schwäche des sowjetischen Nachbarn nicht. Die Urteile über die Rote Armee in Polen schwankten je nach Urteilsvermögen und politischer Einstellung.

Bereits am 20. Oktober 1939 gab der Oberbefehlshaber des Heeres,

Brauchitsch, «Richtlinien für die Sicherung des Gebietes Oberost» heraus. Durchtränkt von einem tiefen militärischen Argwohn gegenüber dem östlichen Nachbarn, fanden diese Erwägungen Ausdruck in dem Bemühen, entlang der Demarkationslinie und erst recht hinter der Sicherungslinie San-Weichsel-Narew eine Art Frontlinie aufzubauen, dazu bestimmt, «mit den zunächst verfügbaren Kräften ein(en) feindlichen Angriff abzuweisen.. . Gleichzeitig soll sie die Möglichkeit für offensives Vorgehen nach Osten gewährleisten.»[58] Andererseits ordnete der Oberbefehlshaber des Heeres den Ausbau des Bahnnetzes, der Straßen und der Nachrichtenverbindungen an und forderte die Anlage von Stützpunkten, Lagern und Flugplätzen. So recht eigentlich stellte dieser Befehl den Ausgangspunkt für die Umwandlung des besetzten polnischen Gebietes in ein militärisches Aufmarschgebiet dar. Am 11. Januar 1940 ging der Chef des Generalstabes Oberost, Karl Hollidt, noch einen Schritt weiter und ließ eine Denkschrift «Sicherung im Osten gegen Rußland bei Fortdauer des Krieges im Westen» zirkulieren. Sie beruhte auf einer Studie der Abteilung «Fremde Heere Ost» über die Sowjetunion vom Dezember 1939, die von der Annahme einer sowjetischen Operation gegen Deutschland ausging, wenn das «deutsche Heer bereits an deren Fronten zerschlagen sein muß. Der Einmarsch in Polen im September 1939 bietet hierzu das Beispiel.»[59]

Im Unterschied zur Luftwaffe und besonders zur Marine kann man wohl von der Feststellung ausgehen, daß von allen Wehrmachtsteilen das Heer am weitesten davon entfernt war, den 23. August oder den 28. September als einen Wendepunkt in den deutsch-sowjetischen Beziehungen anzusehen. Ganz eindeutig überwogen in der Heeresgeneralität Mißtrauen, gesteigert bis hin zur offenen Feindseligkeit. In diesen Kreisen bestand nicht der geringste Zweifel, daß die Auseinandersetzung mit Sowjetrußland nur aufgeschoben und beileibe nicht aufgehoben war. In der Zwischenzeit fürchtete man vor allem, daß die Verträge des Reiches mit Moskau nicht zu stark in die sowjetische Waagschale fielen. Die Übereinstimmung, die im Heer mit der von Hitler wiederholt betonten Generalstrategie im Osten bestand, ist derart offenkundig, daß der Umschwung vom Juli 1940, als man offen daranging, den Überfall auf Sowjetrußland zu planen, beim Heer alles andere als überraschend anmutet, sich vielmehr folgerichtig ergab.

Im Oberkommando des Heeres vermutete man dabei, die Rote Armee würde sich den alten Expansionsgeist des Zarenreiches zu eigen machen. Als ein Indiz galt dem OKH die drastische Russifizierung der roten Generalität. Am 27. Juni 1940 urteilte die Abteilung Fremde Heere Ost: «Da von den 1 056 russischen Generalen und Admiralen nur 45 nicht russischer Nationalität sind (darunter z. B. 17 Deutsche und 15 Juden), so kann man sagen, daß die russische Armee und Marine seit 200 Jahren keine so einheitlich russische Generalität besessen hat wie heute.»[60] Köstring, auf dessen Angaben diese Einschätzung beruhte, hatte sie bereits am 20. Juni mit den Worten kommentiert: «Es entspricht das der schon oft berichteten Tendenz, das national-russische auf allen Gebieten durchzusetzen – die Russifizierung der Zarenzeit mit geschickteren Methoden.»[61]

IV

«Wohlwollend Neutrale» - Moskau aus Marinesicht

1969 veröffentlichte der einstige Volkskommissar und Oberbefehlshaber der sowjetischen Streitkräfte, N.G. Kusnezow, seine Erinnerungen, die 1974 in deutscher Sprache unter dem Titel «Am Vorabend» erschienen.

Bei der Schilderung eines seiner Besuche der Nordmeerflotte in Murmansk vom September 1939 stößt der Leser beiläufig auf folgende Information: «In jenen Tagen lief unerwartet das deutsche Passagierschiff ‹Bremen›, aus Amerika kommend, die Kolabucht an. Natürlich hatte die militärische Lage die 'Bremen' dorthin geführt. Als ziviles Schiff hatte sie das Recht, unseren Hafen anzulaufen. Als die 'Bremen' jedoch eine Zeitlang im Hafen gelegen hatte, verließ sie ebenso unerwartet Murmansk und schlug sich, das schlechte Wetter nutzend, nach Deutschland durch.»[1]

Der Vorgang - er sorgte 1939 für weltweite Schlagzeilen, der 1940 durch die Veröffentlichung des Kommodore Adolf Ahrens «Die Siegesfahrt der ‹Bremen›» noch einmal Furore machte -, mutet nach den Zeilen Kusnezows wie eine für die Sowjetunion plötzliche, untergründig angedeutet auch mysteriöse Angelegenheit an, der sich die Sowjetunion nolens volens stellen mußte.

Ganz so überraschend war weder die Ankunft, geschweige denn die Abfahrt der «Bremen» in Murmansk. Sie war in einen Komplex von Ereignissen und Absprachen eingebettet, die schlaglichtartig das vielfache problematische neue Verhältnis von Nazideutschland und Sowjetrußland nach Abschluß des Nichtangriffsvertrages vom August

1939 beleuchteten. Zahlreiche Veröffentlichungen in der Sowjetunion und in der DDR haben einseitig betont als hätten ausschließlich gegenseitiges Mißtrauen und Abgrenzung die Beziehungen bestimmt. Daneben kam es jedoch auch zu wechselseitiger Zusammenarbeit und gegenseitiger Unterstützung. Dies kann nur dem unverständlich erscheinen, der im Nichtangriffsvertrag und seinem Zusatzabkommen einzig und allein eine sowjetische Maßnahme erblicken möchte, mit der der deutschen Ostexpansion ein Riegel vorgeschoben werden sollte. Dem widersprechen allerdings die Vorgänge in Murmansk und die Zusammenarbeit von deutscher und sowjetischer Marine 1939/40.

Zum anderen bietet die Haltung der deutschen Marineleitung zur Sowjetunion einen anschaulichen Beleg für die These, daß Machtpolitik letztendlich allemal im Denken von Politikern und Militärs den Vorrang vor jeglicher Ideologie genießt. Denn kaum ein anderer Wehrmachtsteil des Dritten Reiches war bis August 1939 mehr auf einen militanten Antikommunismus und Antisowjetismus eingeschworen als die Reichs- und später Kriegsmarine. Das nimmt wenig Wunder, wenn man die Rangliste der Marineführung im Jahre 1939 durchmustert: kaum einer unter den hochrangigen Admiralen, der nicht im Kapp-Putsch einschlägige Erfahrungen im Kampf gegen die demokratische Republik von Weimar gesammelt hatte. Und seit den frühen dreißiger Jahren bis zum 19. August 1939 galt es in der Marinestrategie als ein unumstößliches Axiom, das allen Flottenmanövern zugrundegelegt war, allen Kriegsspielen als conditio sine qua non galt, allen Kriegsschiffkapitänen im verschlossenen Umschlag als Weisung mitgegeben wurde - daß der Krieg in erster Linie Mehrfrontenkrieg gegen Frankreich und Sowjetrußland bedeuten würde. Kein anderer Wehrmachtsteil war derart gut für einen Ostkrieg präpariert wie die Kriegsmarine.[2]

Doch der Abschluß des deutsch-sowjetischen Nichtangriffsvertrages bedeutete radikalen Marineschwenk. Der Zweite Weltkrieg war drei Tage alt, als der Oberbefehlshaber der Kriegsmarine, Erich Raeder, um 14.00 Uhr der am 30. August 1939 den New Yorker Hafen verlassenden «Bremen» den Funkspruch übermitteln ließ, den Hafen von Murmansk anzulaufen. Allen deutschen Schiffen, die sich in

Übersee von der englisch-französischen Seemacht in Sicherheit zu bringen suchten, wurde die Auffassung Raeders von der «freundl. neutralen Haltung Rußlands» kundgemacht.[3] Am 6. September 1939 wandte sich deshalb der Gesandte I. Klasse im deutschen Außenministerium, Carl August Clodius, mit der Bitte an den deutschen Botschafter in Moskau, Friedrich Werner Graf von der Schulenburg, der Sowjetregierung mitzuteilen, daß weitere deutsche Schiffe Murmansk anlaufen würden und man sowjetische Hilfe bei der Löschung der Ladung und dem Abstransport der Besatzungen via Landweg nach Leningrad erwarte.[4] Schulenburg konnte am 8. September 1939 sowjetische Zustimmung signalisieren, die die Seekriegsleitung am 12. September 1939 mit der Feststellung kommentierte: «Russische Regierung erklärt sich bereit, weitere Schiffe in Murmansk aufzunehmen und bei Abtransport der Ladung nach Leningrad jede Unterstützung zu gewähren. Von dort Abholung mit deutschem Schiffsraum erforderlich.»[5]

Bis zum 11. September 1939 hatten sich sechs deutsche Schiffe nach Murmansk geflüchtet, unter ihnen der Stolz der deutschen Passagierschifflotte, die «Bremen», die am 6.September den sowjetischen Hafen erreichte. Das im August 1928 vom Stapel gelaufene Schiff, das über 1 400 Passagiere beherbergen konnte, hatte auf seiner Jungfernreise 1929 und noch einmal 1933 das Blaue Band, höchste internationale Auszeichnung für die schnellste Atlantiküberquerung, für Deutschland errungen. Das Schiff stellte mit 51 656 BRT das seinerzeit größte Schiff der deutschen Handelsflotte dar. Die Mitteilung vom Einlaufen der «Bremen» in Murmansk veranlaßte die Seekriegsleitung am selben Tag zur Herausgabe eines Funkspruches des Inhalts, daß «für in See befindliche Schiffe Durchbruch nach Murmansk aussichtsreich» sei.[6]

Bis zum 18. September 1939 hatten sich insgesamt achtzehn deutsche Handels- und Passagierdampfer nach Murmansk gerettet, die meisten von ihnen auf der Rückfahrt von Südamerika bzw. Afrika. Darunter war der 4 696 BRT-Frachter «Wadai» der Woermann-Linie, beladen mit 3 204 Tonnen Palmkerne, Kakao und Palmöl, die mit Holz beladenen Frachter «Tübingen», «Phoenicia», «Hans Leonhardt», «August Leonhardt» und «Helge Ferdinand» sowie die mit

Tropenerzeugnissen angefüllten Dampfer «Bahia Castillo», «Palime» und «Iller» sowie einige kleinere Dampfer wie die «Helene» aus Flensburg und die «Boltenhagen» aus Hamburg.[7] Als überaus wichtig für die gegenseitige Versorgung der deutschen Schiffe erwiesen sich die der deutsch-amerikanischen Petroleumgesellschaft gehörenden Tanker «Friedrich Breme» und «W.A. Riedemann», die aus dem venezuelanischen Aruba Murmansk angelaufen hatten. Als Kraftstoffspender wurde auch die «Lippe» des Norddeutschen Lloyd gebraucht, die mit 2200 Tonnen Chemikalien an Bord am 19. August 1939 aus Hamburg, am 22.August aus Antwerpen ausgelaufen war und auf ihrem Weg nach Port Said und in den Fernen Osten vom Kriegsausbruch überrascht, ebenfalls nach Murmansk flüchtete.

Am eindrucksvollsten machte sich auf der Reede von Murmansk wohl die deutsche Passagierdampferflotte, die hier Mitte September versammelt war. Neben der «Bremen» waren es die «Cordillera» der HAPAG, ein 12 055-BRT-Schiff, das sich auf seiner 42. Heimreise von Guatemala befand, die «New York», ebenfalls mit 21455 BRT im HAPAG-Besitz, die sich auf ihrer 155. Reise befand, sowie die «St. Louis», gleichfalls mit 16732 BRT im HAPAG-Eigentum, die im Sommer 1939 traurigen Ruhm als «Schiff der Verdammten» geerntet hatte. Am 13. Mai 1939 war die «St. Louis» mit 900 deutschen Juden aus Hamburg ausgelaufen, die jedoch weder von Kuba noch von den USA aufgenommen wurden und erst durch die Bereitschaft der Regierenden Belgiens, der Niederlande, Großbritanniens und Frankreichs nach mehreren Wochen Kreuzfahrt, am 17. Juni 1939, in Antwerpen an Land gehen konnten. Die «St. Louis» hatte New York am 27. August verlassen und war am 11. September in Murmansk eingetroffen.

Den Zustrom deutscher Dampfer nach Murmansk suchte die Marineleitung zwar am 16.September 1939 abzustoppen, indem sie den Kapitänen befahl, diesen Hafen nicht mehr anzulaufen, sondern innerhalb der norwegischen Gewässer die Heimathäfen anzustreben. Als Grund dafür wurde angegeben, daß die Hafenverhältnisse in Murmansk eine weitere Aufnahme deutscher Schiffe nicht gestatte und es zu Verpflegungsschwierigkeiten komme. Doch diese Haltung wurde offenbar unter dem Eindruck des Einmarsches sowjetischer

Truppen in Ostpolen am 17.September 1939 aufgegeben. Die Seekriegsleitung kommentierte in ihrem Kriegstagebuch das sowjetische Vorgehen mit den Worten: «Die Tatsache des russischen Antritts mit starken Kräften gegen Nord- bis Südpolen in Verbindung mit dem gestern abgeschlossenen russisch-japanischen Abkommen ist als ein Ereignis von weittragender Bedeutung zu bewerten. Die Auswirkungsmöglichkeiten auf politischem, wirtschaftlichem und militärischem Gebiet können im einzelnen noch nicht übersehen werden, sind aber äußerst erhebliche und als ganz besonders günstig für Deutschland einzuschätzen. Ihre Bewertung kann sich nicht nur auf die Auswirkung einer unmittelbaren Unterstützung der deutschen Kriegführung in Polen beschränken, sondern muß darüber hinaus die sehr erheblichen Schwierigkeiten berücksichtigen, die die Ereignisse den Westmächten bringen, sowie die ungeheure starke Wirkung auf die Rußland benachbarten Staaten Türkei und Rumänien.»[8] Am selben Tag schon beschloß die Seekriegsleitung den Aufbau einer Etappe Mumansk durch Entsendung von zwei Versorgungsdampfern.

In den Köpfen der Seeoffiziere reifte in diesen Tagen die Idee, Murmansk nicht nur als Zufluchtsort deutscher Handelsschiffe anzusehen, sondern unter Ausnutzung der deutschen Schiffsansammlung dort einen getarnten Marinestützpunkt zu errichten, der die Operationsmöglichkeiten der in der Deutschen Bucht von der englischen Seemacht gefesselten deutschen Flotte ungemein verbessern würde. Murmansk bot sich dazu an, weil er der einzig eisfreie, gut ausgebaute sowjetische Flottenstützpunkt im Nordmeer war, der außerhalb der englischen Blockade lag. Schon am 14. September hatte Raeder Überlegungen über die Operationsmöglichkeiten «eigener Streitkräfte im Nordatlantik auf Eisverhältnisse und Benutzung russischer Nordhäfen Murmansk, Poljarnoje und Archangels» angestellt.[9]

Am 20. September beschloß die Seekriegsleitung, anstelle der zunächst vorgesehenen Rückführung aller deutschen Schiffe aus Murmansk - die erste Welle mit den kleineren Dampfern «Helge Ferdinand», «Boltenhagen», «August Leonhardt», «Tübingen», «Bahio Castillo» und «Helene» wurde seit 23. September in Fahrbereitschaft versetzt - sechs Schiffe in Murmansk zu belassen und drei davon für die Kriegsmarine in Dienst zu stellen: die «Cordillera», die «Phoenica» und die «Iller». Die «Iller» sollte zum Hilfskriegsschiff umgerüstet werden, wozu mitzuhelfen die sowjetische Regierung sich am 23. September 1939 über Schulenburg bereiterklärte.[10] Dieses Entgegenkommen der sowjetischen Seite, mit dem sie weit über das Normalmaß neutralen Verhaltens hinausging, honorierte die Seekriegsleitung am 25. September mit der Feststellung, «Rußland: An der durchaus ehrlichen Haltung Deutschland gegenüber ist nicht zu zweifeln.»[11] Zwei Tage zuvor hatte Raeder in einer Unterredung mit Hitler gegenüber der UdSSR drei Vorschläge ins Gespräch gebracht. Erstens die Mitwirkung Rußlands und Italiens bei der Überlassung von U-Booten, die Ausrüstung deutscher Schiffe zu Hilfskreuzern in Murmansk und drittens das Anlaufen russischer Häfen durch deutsche Kriegsschiffe. Hitler gab für diese Absichten grünes Licht. Sie sollten durch Ribbentrop bei seinem nächsten Moskau-Aufenthalt geklärt werden.[12] Der Chef der Seekriegsleitung, Admiral Kurt Fricke, kam mit dem Auswärtigen Amt dementsprechend überein, die Sowjetunion auf der gleichen Stufe - wie Japan, Italien und Spanien - in die Kategorie der «wohlwollend Neutralen» einzustufen, was praktisch bedeutete, in der Handelskriegführung - namentlich der U-Boot-Waffe - der sowjetischen Handelsschiffahrt mit größter Schonung zu begegnen. Wollte man zunächst deren Schiffe nur anhalten und ihre Ladung kontrollieren, so untersagte der sonst gar nicht zimperliche Befehlshaber der U-Boote, Karl Dönitz, am 29. September auch nur jegliches Anhalten der Schiffe von «wohlwollend Neutralen».[13]

Um näheren Aufschluß über die Haltung der Sowjetunion zu gewinnen, fand am 27. September in der Seekriegsleitung eine eingehende Aussprache mit dem deutschen Marineattaché in Moskau, Fregattenkapitän Norbert von Baumbach, statt. Jener erklärte bei dieser Gelegenheit, daß er einen Ankauf von sowjetischen U-Booten für die deutsche Kriegsmarine für «sehr aussichtsreich» hielte. «Von seiten der Russen würden voraussichtlich keinerlei Bedenken bestehen, da Rußland sich schon mit der Ausrüstung von deutschen Hilfskreuzern bereit erklärt hätte...die russische Regierung [sei] von der Notwendigkeit des Zusammengehens mit Deutschland überzeugt und zur aufrichtigen Einhaltung getroffener Abmachungen entschlossen

...Rußland glaube fest an langsamen Abstieg und Verfall des britischen Imperiums.»[14]

Bei den Verhandlungen zum Abschluß des Grenz- und Freundschaftsvertrages am 28. September in Moskau kamen die Marinewünsche offenbar nicht zur Sprache, denn erst am 3. Oktober nahm Raeder Gelegenheit, mit Joachim v. Ribbentrop über den U-Boot-Ankauf und die Nutzung sowjetischer Stützpunkte zu sprechen. Ribbentrop hielt beides für möglich, auch die Einräumung von Wladiwostok als deutschen Seestützpunkt. Er forderte Raeder auf, ihm eine entsprechende Vorlage zuzuarbeiten.[15]

Ehe das Auswärtige Amt in Moskau aktiv werden sollte, teilte Schulenburg am 5. Oktober 1939 mit, daß Molotow hinsichtlich der Reparaturmöglichkeiten für deutsche Schiffe und U-Boote statt Murmansk - das nicht isoliert genug sei - die Bucht von Teriberka angeboten habe, die abgelegen sei und von keinen ausländischen Schiffen benutzt werde. Nähere Informationen stellte Schulenburg nach einem Gespräch mit Volkskommissar A.I. Mikojan am 10. Oktober in Aussicht.[16] Die Marineleitung hielt Teriberka zwar für ungeeignet, ließ aber auf Empfehlung von Baumbachs durch einen vor Ort liegenden deutschen Schiffskapitän die näheren Umstände erkunden.

Im Ergebnis dieser Überprüfung intervenierte von Baumbach nochmals bei Molotow, der dem deutschen Fregattenkapitän nunmehr die im gesperrten Grenzgebiet liegende Sapadnaja-Liza-Bucht anbot. Sie verfügte über bessere Ankerplätze, es mangelte indes an jeglichen Werft- und Reparaturmöglichkeiten. Von der Sowjetunion wurde die Seekriegsleitung ermuntert, über den Weißmeer-Kanal Werkstattschiffe in das Nordmeer zu verlegen. Mikojan entschuldigte sich bei v. Baumbach dafür, daß die Nutzung von Murmansk für die deutsche Kriegsmarine nicht möglich sei, weil dort eine Geheimhaltung vor England nicht gegeben sei.

Baumbach empfahl der Seekriegsleitung, die geplante Basis in der Spadnaja-Liza-Bucht aufzubauen. Wir können, meldete er «Kriegsschiffe jeder Art und Größe an dem genannten Platz reparieren ... Abhängig bleiben wir in dieser Sache nur noch von der Leistungsfähigkeit der von uns entsandten schwimmenden Reparaturmittel.» Im November beurteilte Baumbach - nach einem Besuch im Hohen Norden - die Basis mit folgenden Worten: «Die Basis Nord ähnelt der Bucht von Cattaro. Sie ist 7 sm lang und sehr stark gewunden. Steilküsten und Felseninseln von 80 bis 100 m Höhe verbieten jeden Einblick in den inneren Teil der Bucht von See aus und von der etwa 25 sm entfernten finnischen Grenze und bieten erheblichen Schutz gegen Stürme. Liegemöglichkeiten sind für Kriegsschiffe bis zur Größe der Panzerschiffe in begrenzter Zahl vorhanden. Die Bucht ist wesentlich günstiger als die Teriberkabucht und ist überhaupt die weitaus günstigste bis in die Gegend des Kap Swatow Noss am Eingang des Weißen Meeres.»[17] Raeder hatte daraufhin schon am 16. Oktober die Meldung verbreitet, «daß Russen gutgelegenen Stützpunkt westlich Murmansk zur Verfügung gestellt haben, in dem Werkstattschiff stationiert werden soll.»[18] Noch bevor die Kriegsmarine die neu angebotene Bucht von Sapadnaja Liza in Anspruch nahm, übersandte der Staatssekretär im Auswärtigen Amt, Ernst von Weizsäcker, Schulenburg am 14. Oktober einen umfassenden Wunschkatalog der Kriegsmarine. Er war ihm am 12. Oktober von Raeder übergeben worden.[19] Dieser ging von einer am 13. Oktober 1939 in der Seekriegsleitung in Umlauf gebrachten Lagebeurteilung aus, die Italien und Spanien eine «ängstliche Zurückhaltung» bei der Unterstützung deutscher Marineforderungen bescheinigte, gegenüber der UdSSR aber betonte: «Rußland zeigte im Prinzip größeres Entgegenkommen in der Frage Ausrüstung Dampfer ‹Iller› zum Hilfskreuzer sowie hinsichtlich eines etwaigen nördlichen Stützpunktes.»[20] Weizsäcker hatte die Marineforderungen indessen bereits gedrosselt und einige Forderungen Raeders - wie die nach sowjetischem Geleit für die deutschen Zufuhrschiffe und Schutz der betreffenden Häfen vorgelagerten Seegebiete gegen die Tätigkeit feindlicher Seestreitkräfte und U-Boote - eliminiert. Selbst der seinerzeit einer engen Zusammenarbeit mit Sowjetrußland durchaus aufgeschlossene Marineattaché v. Baumbach hatte Raeder vor zu weitgehenden Unterstützungserwartungen seitens Moskaus gewarnt. «Dieses Programm schien mir für das zwischen der Sowjetunion und Deutschland bestehende Vertragsverhältnis - Nichtangriffspakt - zu weit zu gehen und setzte eigentlich gemeinschaftliche Kriegführung zweier verbündeter Staaten voraus.»[21] Die Annahme von Raeders Vorschlägen hätte in der Tat zur Folge gehabt, daß die UdSSR ihren Status der «wohlwollenden Neutralität» restlos auf Kosten einer derartigen Begünstigung der deutschen Kriegführung aufgegeben hätte, der sie an den Rand einer militärischen Auseinandersetzung mit den Westmächten, namentlich mit Großbritannien, bringen konnte, das ja schon bekanntlich 1918 einen Hauptstoß seiner Intervention über Archangels-Murmansk geführt hatte. Die Marineleitung wünschte nunmehr auf drei Gebieten eine Unterstützung der deutschen Seekriegführung durch die UdSSR: erstens bei der Ausrüstung von Kreuzern, U-Booten unter Mithilfe sowjetischer Werften sowie die Ausrüstung und Entsendung von russischen Zufuhrschiffen für deutsche Kreuzer und U-Boote, um ihre Seeausdauer zu verlängern. Und schließlich sollte Schulenburg auch die Frage des fernöstlichen Stützpunkte Wladiwostok anschneiden.[22]

Doch Ende Oktober mußte die Seekriegsleitung ihre hochgeschraubten Erwartungen aus inneren wie aus äußeren Gründen drastisch zurückschrauben. Zunächst vergatterte Hitler am 10. Oktober den Chef der Seekriegsleitung. Er lehnte es «aus politischen Gründen» ab, «U-Boote bei Rußland zu bauen oder zu kaufen.»[23] Großdeutsche Waffenmythologie ließ es in der Tat nicht zu, sich mit U-Booten kommunistischer Untermenschen auszurüsten.

Doch auch in der UdSSR müssen Bedenklichkeiten darüber gewachsen sein, wie eng man sich mit der deutschen Marine einließ und Konflikte mit der englischen Flotte heraufbeschwor, die gerade das bewirken konnten, was man 1939 unter allen Umständen vermeiden wollte - einen sowjetischen Kriegseintritt.

Am 17. Oktober stellte die Seekriegsleitung fest, ihr Wunsch «in Murmansk und Wladiwostok die Möglichkeit zu erhalten, auf russischen Werften deutsche Kriegsschiffe (Panzerschiffe und U-Boote) vollwertig zu überholen, Reparaturen durchzuführen und Troßschiffe zu versorgen, ist nicht erfüllbar.»[24]

Dafür gab es drei Gründe: Einerseits war eine Geheimhaltung nicht zu gewährleisten, zum anderen hielt man die russischen Werften zu derartigen Leistungen nicht für fähig - ein Sachverhalt, der durchaus den Realitäten nahe kam, da nach den Erinnerungen des Oberbfehlshabers der sowjetischen Nordflotte, Admiral A. G. Golowko, selbst die sowjetischen Flotteneinheiten im Sommer 1940 noch über keine eigenen Repaturmöglichkeiten verfügten,[25] schließlich seien nach Auffassung der Seekriegsleitung «Russen zwar zu großem Entgegenkommen bereit, wollen aber vorerst ihr Neutralität nach außen hin wahren.»[26]

Die Marineführung mußte somit vor allem mit eigenen Mitteln den Ausbau eines Stützpunktes im sowjetischen Hohen Norden tragen, was die operativen Möglichkeiten einschränkte. Ähnliche Erfahrungen hatten indessen auch die vor Murmansk liegenden deutschen Handels- und Passagierdampfer machen müssen. Die Marineleitung nahm zwar das sowjetische Angebot mit besonderem Dank an, zog aber selbst überaus enge Grenzen für die künftige operative Nutzung des nunmehr als «Basis Nord» bezeichneten Stützpunktes. Seine Errichtung sollte in der Hauptsache durch die Umwandlung der «Phoenica» zu einem Versorgungsschiff für U-Boote vor Ort und in See gesichert werden sowie durch die Entsendung eines Tankschiffes, das mit 6 000 cbm Gasöl die Versorgung eines Panzerschiffes für ein Vierteljahr sicherstellen sollte.

Indessen hielten Raeder und die Seekriegsleitung auch das eingeschränkte sowjetische Entgegenkommen für groß genug, um Erwägungen darüber anzustellen, ob nicht die «Basis Nord» Ausgangsbasis für eine aktive Bekämpfung des englischen Handelsverkehrs mit Nordrußland sein könnte. Fricke forderte die Überprüfung der Möglichkeit von U-Boot- oder Panzerschiffsentsendung in dieses Seegebiet, um der englischen Schiffahrt schweren Abbruch zu tun. Die Marineleitung hatte nämlich ermittelt, daß die hohe englische Importabhängigkeit von Grubenholz zu 63 Prozent aus den nordischen und baltischen Ländern gedeckt würde. Im November wurde U 38 in das Nordmeer geschickt, wo es vor der Kolabucht operieren und günstige Gelegenheiten zum Abfangen der Schiffahrt vor der Teriberka-Bucht erhalten sollte. Die Sowjetunion wurde von der Entsendung von U 38 informiert. Dönitz riet dem Kommandanten, in sowjetischen Hoheitsgewässern ungesehen zu bleiben und dort keine Torpedierungen vorzunehmen.[27] Aufgrund des gedrosselten englischen Schiffsverkehrs im Nordmeer versenkte U 38 nur einen einzigen britischen Frachter, die «Thomas Walton».

Dieser Vorgang enthüllt etwas von der Infamie des deutschen Vorgehens, das zumindest von seiten der Marine den Eindruck erweckte, als triebe man einen Kurs gegenüber Sowjetrußland, der hart an der Grenze des Zumutbaren lag, das verdeutlicht auch das folgende Ereignis: Am 9. Oktober hatte das Panzerschiff «Deutschland» den amerikanischen Frachter «City of Flint» aufgebracht und ihn am 23. Oktober nach Murmansk verbracht, wo sich das Schiff fünf Tage lang unter deutscher Kontrolle befand, ohne daß sowjetische Behörden - wozu sie nach dem Seerecht verpflichtet waren - eingriffen. Erst als die «City of Flint» am 3. November in einen norwegischen Hafen einlief, internierte die norwegische Regierung das deutsche Prisenkommando und stellte das Schiff wieder unter amerikanische Flagge.[28] Der Vorgang mußte in der Weltöffentlichkeit den Eindruck äußerst enger Zusammenarbeit zwischen Nazideutschland und Sowjetrußland erwecken, die sich dabei über alle internationalen Gepflogenheiten hinwegsetzten. Der sowjetische Einspruch über die ihr von der Marine zugefügte Kompromittierung war lahm. Am 30. Oktober vermerkte das Kriegstagebuch der Seekriegsleitung: «Durch Einlaufen Deutschlandsprise ‹City of Flint› in Murmansk wegen amerikanischen Einspruchs politische Schwierigkeiten für Rußland entstanden. Rußland bittet Wiederholung zu vermeiden». Derart sanfte Töne aus Moskau hatten Marineattaché von Baumbach schon Mitte Oktober veranlaßt, der Seekriegsleitung dringend nahe zu legen, daß aufgrund der geänderten Verhältnisse «Rußland ... nicht mehr als unser Gegner anzusehen» ist.[29] Derartige Auffassungen rügte das OKW am 30. Oktober gegenüber der Seekriegsleitung mit der Feststellung, daß «man auf russische Unterstützung angewiesen sei, das bedeute aber nicht, daß man alle Rücksichten fallen lassen müßte» - und das Auswärtige Amt mahnte Mitrauen gegenüber Rußland an, da das «deutsch-russische Verhältnis, ... eine reine Zweckverbindung ohne jegliche Gefühlsmomente»[30] sei.

Am 25. Oktober 1939 beurteilte die Seekriegsleitung «die russische Einstellung» zu den deutschen Hilfeleistungswünschen «durchaus positiv» und am 1.November stellte sie fest: «Die Zusammenarbeit mit Rußland hat sich weiter vertieft (günstig angelaufene Wirtschaftsverhandlungen, Fall ‹City of Flint›, Äußerung umfangreicher russischer Wünsche auf militärische Lieferungen, russische Kommissionen besuchen Marine, um daraufhin Bestellungen zu tätigen, russ. Note gegen engl. Konterbandeliste, unsere Mithilfe bei Durchfahrt russ. Schwingkrans). Das freundschaftliche Verhältnis hat sich auch Belastungen gewachsen gezeigt.»[31] In der Tat: von keinem anderen «wohlwollend Neutralen» erfuhr die Kriegsmarine mehr - wenngleich begrenzte - Beihilfe als von der Sowjetunion. Diese ihre Haltung hob sich in den Augen Raeders wohltuend von der Italiens, Spaniens und auch Japans ab, die sich jeglichem deutschen Ansinnen versagten.

Die Sowjetunion dagegen gab deutschen Schiffen in ihren Häfen Zuflucht, gestattete die Anlage eines Versorgungsstützpunktes, wenngleich ohne jegliche eigene Mittel dafür aufzuwenden, hatte den Abtransport deutscher Güter und Besatzungen vor Murmansk nach Leningrad organisiert und stimmte sich in der Ostsee bei ihrem Vorgehen gegen die baltischen Länder und im Krieg gegen Finnland mit der deutschen Kriegsmarine ab, wofür diese sich mit strengster Zurückhaltung beim finnisch-sowjetischen Krieg revanchierte, weil «im Interesse der deutschen Kriegführung alles vermieden werden muß, was in Rußland den Anschein erwecken würde, als mache Deutschland dem russischen Vorgehen Schwierigkeiten. Aus politischen Gründen hält Skl. irgendwelche Unterstützung Finnlands aus Sympathiegründen für das finnische Volk für falsch... Skl. hält die Innehaltung einer klaren Linie Sowjetrußlands gegenüber für dringend erforderlich.»[32]

In ihren Augen hatte die UdSSR mehrere Zeichen guten Willens gesetzt. So bot die Sowjetunion schon am 22. September den beiden KdF-Schiffen, die die Murmanskbesatzungen aus Leningrad abholten, sowjetisches Geleit in der Ostsee an, stimmte am 27. Oktober mit der Seekriegsleitung ihre Operationsgebiete im Finnischen Meerbusen ab, und ersuchte am 10. Dezember um Unterstützung sowjetischer U-Boot-Kriegführung gegen Finnland in der Bottensee durch deutsche Versorgungsschiffe, wovon sie jedoch nach sofortiger deutscher Bereitschaftserklärung einige Tage später Abstand nahm.[33]

Beihilfe kam von sowjetischer Seite auch für den Durchbruch der «Bremen». Am 16. Oktober hatte sich die Seekriegsleitung nach Besprechung mit dem Reichsverkehrsministerium und dem Marineattaché von Baumbach an das Auswärtige Amt gewendet und ihm Mitteilung von dem sowjetischen Wunsch gemacht, daß die «Bremen» die Kolabucht verlassen solle. Dazu war jedoch die Entsendung zusätzlicher Besatzungsmitglieder nach Murmansk notwendig, um das Schiff seeklar zu machen. Raeder hielt «jedoch wegen der Prestige-Frage bei Mißlingen vorherige Unterrichtung des Führers ... für erforderlich.»[34] Nachdem Hitler am 17. November die Genehmigung für die Rückkehr der «Bremen» erteilt hatte - sie wurde im Funkverkehr unter dem Decknamen «Helene» geführt - wurden 64 Matrosen ab 29.November durch den Dampfer «Utlandshörn» via Swinemünde-Leningrad nach Murmansk überführt, wo sie am 6. Dezember eintrafen. Ab 8.Dezember war die «Bremen» auslaufbereit. Geführt von einem sowjetischen Lotsenboot, stach sie am 10. Dezember um 02.00 Uhr mogens in See. Nach einer militärischen Großoperation am 11./12. Dezember - im Zusammenwirken leichter Seestreitkräfte mit Fliegerverbänden - lief die «Bremen» am 13. Dezember 1939 um 11.48 Uhr in Bremerhafen ein.[35] Der «Bremen» folgten bis Februar 1940 auch die anderen großen Passagierdampfer «St. Louis», «New York» und «Cordillera».

Am 12. Januar 1940 ersuchte der Dampfer «Stalin» bei Borkum um Aufnahme durch deutsche Vorpostenschiffe, weil er den Angriff eines von England operierenden polnischen Zerstörers befürchtete.[36]

Am 5. Oktober 1939 schreckte das Auswärtige Amt die Seekriegsleitung mit der Kunde, durch das sowjetische Vorgehen in Lettland und in Estland sei das Schicksal mehrerer zehntausend Deutscher dort gefährdet, es hielt eine sofortige Repatriierung aller Deutschen für notwendig. Zu diesem Zweck sollten 38 Dampfer bereitgestellt werden. Die Seekriegsleitung ordnete daraufhin die Zusammenziehung eines starken Flottenverbandes in der Danziger Bucht an und den Einsatz der «Schleswig Holstein», «Emden», «Schlesien», «Bremse» und «Admiral Scheer» gegen die Häfen Riga, Libau, Window, Pernau und Reval. Nur das direkte Eingreifen Hitlers unterband das Auslaufen des Flottenverbandes. Hitler kam das sowjetische Vorgehen im Baltikum - im Gegensatz zur Kriegsmarine - ja alles andere als überraschend. Die Seekriegsleitung schließlich zog ihren Einsatzbefehl schon am Abend des 5.Oktober mit den Worten zurück: «Keinesfalls aber darf im gegenwärtigen Augenblick vor dem Ausland der Eindruck erweckt werden, als bestünden zwischen Deutschland und Rußland irgendwelche Mißverständnisse.»[37]

Zurückhaltend reagierte die Seekriegsleitung auch, als im Zuge des sowjetischen Angriffs gegen Finnland mehrere deutsche Schiffe von der sowjetischen Flotte beschossen oder versenkt wurden. In der Nacht vom 5. zum 6. Dezember 1939 wurde der Dampfer «Oliva» getroffen, am 12. Dezember der Dampfer «Bolheim» vor Björneburg versenkt, die «Helga Böge» am selben Tag mit Torpedos beschossen, die «Ginnheim», die «Alwine L.M.Russ» und die «Reinbek» zwischen dem 16. und 19. Dezember beschossen, mit Bomben beworfen oder versenkt.[38]

Allerdings hielt die Seekriegsleitung nach den Mißerfolgen in Finnland den russischen Partner für derart schwach, daß sie am 27. Dezember 1939 empfahl, den «bei deutschen Maßnahmen und Entschließungen trotz des bestehenden Freundschaftspaktes immer noch spürbaren Druck der ‹Masse Sowjetrußland› nicht zu hoch einzuschätzen, sondern im Gegenteil Rußland gegenüber bei allen Verhandlungen die militärische und politische Stärke Deutschlands mehr als vielleicht bisher geschehen in die Waagschale zu werfen.»[39]

Für die Marineleitung blieb die «Basis Nord» 1940 indes bei zwei Anlässen noch äußerst nützlich: Zunächst als Liegepunkt für Nachschubschiffe, die im Zusammenhang mit dem Überfall auf Norwegen am 9. April für die Versorgung der deutschen Zerstörer bei Narvik von wesentlicher Bedeutung sein sollten.[40] Am 2. April hatte Raeder von Baumbach beauftragt, den in der «Basis Nord» stationierten Tanker «Jan Wellem» nach Narvik in Marsch zu setzen. Er lief am 4. April aus, erreichte am Abend des 8. Narvik und versorgte die deutsche Zerstörerflottille im Ofotenfjord vor Narvik mit Treibstoff, ehe es am 13. April schwer beschädigt auf Grund gesetzt wurde.

Noch wichtiger war die Station Nord indessen bei einem anderen Vorhaben der Seekriegsleitung: Über die sogenannte Nordostpassage - entlang der sibirischen Küste und durch die Behringstraße - sollten einerseits die im Pazifik liegenden deutschen Handelsschiffe im Sommer 1940 nach Europa durchbrechen und andererseits deutsche Hilfskreuzer in den Pazifik zur Handelskriegführung durchsickern.

Beide Vorhaben waren ohne sowjetische Eisbrecher- und Navigationshilfe nicht möglich. Baumbach hatte bereits am 8. Oktober 1939 auf die Chance hingewiesen, über die Nordostpassage 35 deutsche Ostasienschiffe im Juli/August 1940 heimzubringen.[41] Obgleich alle diese Pläne - teils durch die organisatorische Unfähigkeit der deutschen Behörden, Ladungen für die betroffenen Schiffe zu erhalten, bzw. durch den Gang der Kriegsereignisse - hinfällig wurden [vor allem durch die Beschlagnahme der deutschen Handelsschiffe in Niederländisch-Ostindien nach dem deutschen Überfall auf die Niederlande am 10. Mai 1940], tauchte dennoch am 6. Februar 1940 die Idee auf, den deutschen Hilfskreuzer 7 über diese Route nach Fernost zu entsenden.[42] Der Hilfskreuzer 7 bzw. Schiff 45 war mit 3300 BRT der kleinste Kreuzer der Kriegsmarine, der aus dem Dampfer «Ems» des Norddeutschen Lloyd entstanden war. Er trug als Kriegsschiff den Namen «Komet» und war mit 6 15-cm-Geschützen und 10 Torpedorohren hochgerüstet. Kapitän zur See Eyssen erhielt am 26. Juni 1940 den Auftrag, Kreuzerkrieg in den Gewässern vor Australien, Neuseeland und der Südsee zu führen.[43] Im August 1940 lotsten die sowjetischen Eisbrecher «Lenin» und «Kagonowitsch» die «Komet» durch die Eisbarrieren der Nordostpassage.[44] Auf das Konto der «Komet» gingen 1940/41 - ehe sie am 30. November 1941 wieder in Frankreich einlief - die Versenkung von sieben Schiffen mit 42956 BRT der englischen Flotte, die seit dem 22. Juni 1941 mit der Sowjetunion verbündet war.[45]

Die sowjetische Beihilfe zur Unterstützung der Nordostpassage der «Komet» war die letzte große Aktion, die von der «Basis Nord» ausging.

Seit den militärischen Erfolgen der Wehrmacht in Westeuropa verschlechterte sich auch das Klima der deutsch-sowjetischen Marinebeziehungen zusehends. Baumbach registrierte am 10. Juni 1940 «eine deutlich merkbare Abkühlung auf russischer Seite», deren Ursachen er darin sah, «daß die Russen im Hinblick auf die starken deutschen Erfolge im Westen befürchten, daß Deutschland aus diesem Krieg zu stark herauskommt und sich später möglicherweise gegen Rußland richten könnte.»[46]

Am 22. August 1940 kündigte die Seekriegsleitung die Auflösung der Station Nord an, «da sie ihren Zweck erfüllt hat und nach Inbesitznahme der gesamten norwegischen Küste nicht mehr benötigt wird.»[47] Raeder selbst sprach Flottenadmiral Kusnezow am 16. September 1940 seinen herzlich gehaltenen Dank für die erwiesene Unterstützung aus.[48]

Die Danksagung zu diesem Zeitpunkt war zutiefst hintergründig und verlogen. Denn im Zeichen eines hybriden Machtwahnes hatte auch die Seekriegsleitung nach der Kapitulation Frankreichs im Sommer 1940 ihren alten Standpunkt neu bezogen, daß zum Griff nach der Weltherrschaft die Zerschlagung des «Elends-Staats»[49] Sowjetrußland unabdingbare Voraussetzung sei. Ihr bislang zurückgestautes Mißtrauen, gepaart mit einem traditionellen Antikommunismus, der durch die sowjetischen Interventionen im Baltikum im Juni 1940 angeheizt worden war, prägte nunmehr wiederum die Marinepolitik. Pragmatisches Machtdenken verband sich nunmehr wiederum mit ideologischen Klischees, die damit zu einem Amalgan von ungeheurer Sprengwirkung wurden.

Aus der Sowjetunion liegen kaum Nachrichten vor, die Aufschluß über ihre Haltung zur Station Nord und zu ihrer Auflösung liefern. Feststehen dürfte jedoch eines: im militärischen Sektor gab es keinen anderen Bereich, wo sich partielle Zusammenarbeit zwischen Nazideutschland und der Sowjetunion derart manifestierte. Die Sowjetunion räumte der Kriegsmarine mehr Möglichkeiten ein, als sie durch ihren Status als neutrale Macht verpflichtet war. Sie zeigte sich - trotz aller Vorbehalte und Einschränkungen - entgegenkommender als selbst die in der Achse verbündeten Mächte Italien und Japan. Mit dem Begriff der «wohlwollenden Neutralität», die die Sowjetunion zwischen September 1939 und August 1940 der deutschen Seekriegsführung gegenüber an den Tag legte, wurde eigentlich recht treffend die Schlagseite umrissen, in deren Fahrwasser sowjetische Politik zu diesem Zeitpunkt steuerte.

V

Wem gehört der Himmel?

Der Freundschafts- und Grenzvertrag war gerade geschlossen, da erreichte ein auf den 6. Oktober 1939 datiertes Schreiben den nächst Botschafter von der Schulenburg wichtigsten Mann an der Deutschen Botschaft in Moskau, Gustav Hilger, wirtschaftlicher Hauptberater Schulenburgs. Es stammte vom Beauftragten des Aufsichtsrats der Lufthansa, namens Martin Wronsky. Er hatte sich in den dreißiger Jahren zu einer Art Außenminister der Lufthansa aufgeschwungen. An Hilger schrieb Wronsky: «Wir hoffen natürlich, daß durch die sich aus den jetzigen deutsch-sowjetischen Vereinbarungen ergebende Lage wir recht bald wieder die Möglichkeit haben, unser altes Projekt der Luftverkehrsverbindung nach dem Fernen Osten (China und Japan) über die Sowjetunion erneut aufzugreifen.»[1]

Wenige Tage zuvor, am 4. Oktober 1939, hatte der Botschafter selbst ein Schreiben des Direktors der Deutschen Bank, Kurt Weigelt, empfangen, in dem dieser Schulenburg sanft, aber eindringlich an die Tatsache erinnerte, daß er bis zur Jahreswende 1935/36 der deutsche Vorsitzende der Deruluft gewesen sei «und gerne zur Verfügung stehe, wenn es zu Verhandlungen kommt.»[2]

Beide - Wronsky und Weigelt - betrachteten die neue Entwicklung des politischen Verhältnisses zwischen Nazideutschland und Sowjetrußland als eine Möglichkeit, an bewährte Traditionen deutsch-sowjetischer Zusammenarbeit anzuknüpfen, die sich in den Jahren der

Weimarer Republik durch eine hohe Intensität ausgezeichnet hatten. Da schlug nicht nur die Geschichte der Junkers-Werke in Fili zu Buche, sondern vor allem der seit dem 1. Mai 1922 regelmäßig aufgenommene Flugverkehr zwischen Berlin und Moskau, der erst Ende April 1937 endgültig eingestellt worden war.[3] Für die deutsche Luftfahrt bedeutete die 1921 gegründete Deutsch-Russische Luftverkehrsgesellschaft auch das Öffnen des Lufttores nach Fernost, verhieß die Möglichkeit, abseits der von Großbritannien beherrschten Luftwege, sich einen eigenen Zugang in den Fernen Osten zu schaffen, regte im geopolitischen Denken vieler, die in Deutschland das Sagen hatten, die Hoffnung an, auf diese Weise eigenständige Macht und selbständigen Einfluß im Transeurasischen Großraum ausüben zu können.

Mit Transeurasien verband sich eine Interessenlinie der deutschen Großindustrie (AEG, Krupp, Deutsche Bank) und von Großreedereien (HAPAG, Norddeutscher Lloyd), wie sie namentlich in der deutschen Chinapolitik, durch Reichswehr und Seeckt aktiv gefördert, zum Ausdruck kam. Diese Politik war in den Führungsetagen der deutschen Politik und Wirtschaft stets umstritten, aber sie stellte immerhin eine Alternative deutscher Politikentwicklung in Aussicht, die mehr auf die Kooperation mit Sowjetrußland und China setzte als auf Konfrontation mit ihnen.

Von Anfang an hatte die Lufthansa auf die Idee gesetzt, mittels enger Zusammenarbeit mit der Sowjetunion den Fernen Osten - und dabei in erster Linie auch China - luft- und verkehrspolitisch für sich zu erschließen. Am 6. Dezember 1929 hatte der Vorstand der Lufthansa in einem Memorandum an die Reichsregierung gefordert: «Luftverbindung von Deutschland nach dem fernen Osten ist von größter weltpolitischer, verkehrspolitischer und wirtschaftspolitischer Bedeutung.»[4] Zur Realisierung dieser Flugtrasse waren 1926 und 1928 drei Flugexpeditionen unternommen worden. Die erste fand vom 24. Juli bis zum 6. September 1926 statt. Zwei Junkers-Großflugzeuge G 24 flogen etappenweise unter einem Kostenaufwand von über 700 000 Reichsmark die Strecke Berlin-Beijing ab. Vom 27. August bis zum 2. September sowie vom 8. September bis zum 24. September 1928 fanden zwei Uralflüge statt, die bis nach Irkutsk und zum Baikalsee führten. Der Expeditionsleiter von 1928, Robert Knauss, berichtete: «Die Herzlichkeit des Empfangs (in Irkutsk - O.G.) läßt sich nicht beschreiben und übertraf alles bisher dagewesene. Bei den zahlreichen Begrüßungsreden wurde immer wieder auf die Schicksalgemeinschaft des russischen und deutschen Volkes hingewiesen. Wir haben den Eindruck, daß hierdurch eine nicht hoch genug zu bewertende, über den engen Rahmen des Luftverkehrs hinausgehende Verbindung geschaffen wurde, die für die Zukunft ausgebaut werden muß und die positive Früchte tragen wird.»[5] Zu den maßgeblichen Befürwortern einer derartigen Streckenverbindung, für die die Lufthansa allein von 1930 bis 1934 nicht weniger als 14 Millionen Reichsmark aufgewendet hatte, gehörte der Technische Direktor der Lufthansa, Erhard Milch. Als vorbereitenden Schritt, die große Eurasia-Planung realisieren zu können, wurde im September 1930 eine China Eurasia Aviation Corporation gebildet, die den Linienverkehr im Reich der Mitte durch deutsche Junkers-Flugzeuge in Gang bringen sollte.

Alle jene Personen, die 1930 die Fäden für die Eurasia gezogen hatten, befanden sich 1939 in höchsten Ämtern der Luftwaffe: Erhard Milch war der zweite Mann im Reichsluftfahrtministerium, von der technischen und sachlichen Kompetenz überdies der erste Mann der Luftwaffe, Robert Knauss dirigierte das militärische und zivile Transportkorps der Luftwaffe und Wronsky agierte als Außenvertreter der Lufthansa. Noch wichtiger war wohl, daß sich in den Köpfen der wirtschaftlichen wie auch nunmehr militärischen Sachwalter eine Art Wiederholungssituation ergab: Galt es 1930 mit der Eurasia - gestützt auf Sowjetrußland - in offene Auseinandersetzung mit den übermächtigen Fluggesellschaften Großbritanniens, Frankreichs und der Vereinigten Staaten zu treten, so dünkten die neuen politischen Beziehungen zwischen Deutschland und der UdSSR nunmehr eine Garantie dafür zu sein, um den großen eurasischen Block gegen die westlichen Flügelmächte mobilisieren zu können.

Dieser Logik entsprach es, daß nach den Sondierungen Weigelts und Wronskys das Auswärtige Amt am 11. Oktober 1939 Schulenburg ganz offiziell die Mitteilung übersandte: «Auf Anregung Reichsluftfahrtministerium bitte bei Sowjetregierung zu sondieren, ob dort Interesse an Wiederherstellung Luftverkehrsverbindung Berlin-Moskau besteht.»[6] Schon drei Tage später sondierte Schulenburg auftragsgemäß bei Außenkommissar Molotow. Die Reaktion war vielversprechend, denn schon am 28. Oktober 1939 konnte der erste Luftwaffenattaché Deutschlands in Moskau, Oberst Heinrich Aschenbrenner, bei seiner Vorstellung beim stellvertretenden sowjetischen Außenkommissar, Potemkin, die Erörterungen darüber vertiefen. Um sich auch bei den sowjetischen Militärs entsprechend einzuführen, übergab Aschenbrenner im Auftrag Görings Marschall Woroschilow einen Fieseler Storch.

Das Tempo, in dem sich die Wiederaufnahme des Flugverkehrs anbahnte, überraschte alle deutschen Beteiligten, weil sie im sonstigen Geschäftsverkehr mit der Sowjetunion an geduldig lange Wartezeiten und endlose Vorabsprachen gewohnt waren.

Dazu trug offenbar auch ein anderer Vorgang wesentlich bei, der im Zusammenhang mit der Intensivierung der Wirtschaftsverhandlungen stand. Am Abend des 26. Oktober 1939, um 21.15 Uhr, war eine hochrangige sowjetische Delegation unter Leitung des Außenwirtschaftskommissars, I. F. Tewossian, und des Generals der Artillerie Sawschenko, auf dem Bahnhof Friedrichstraße eingetroffen, wo sie von führenden Wirtschaftsbeamten des Auswärtigen Amtes und den Spitzen der Berliner Garnison empfangen wurde. Was die deutsche Seite am meisten verblüffte, war der Umstand, daß von den acht Unterkommissionen sich fünf ausschließlich für die deutsche Rüstungsindustrie und ihre Erzeugnisse interessierten. Der Delegation, die sich der deutschen Luftfahrtindustrie annehmen sollte, gehörten unter anderen die Konstrukteure Alexander Jakowlew, Nikolai Polikarpow, Pjotr Dementjew, Nikolai Kusnetzow, W. P. Balandin, I. Petrow und A. Gussew an. Ihr Auftrag bestand darin, sich mit der deutschen Luftfahrtindustrie vertraut zu machen und Flugzeuge für den Ankauf auszuwählen.

Wie wichtig der politischen Führung Deutschlands der Wirtschaftsaustausch mit der Sowjetunion war, deren Vertreter nach deutscher Ansicht viel länger als angenommen im Lande blieben, es bereisten und ziemlich «hartnäckig», mit «Rücksichtslosigkeit», darauf bestanden, «daß ihnen Dinge gezeigt werden, die entweder überhaupt nicht vorhanden sind oder die aus bestimmten Gründen nicht gezeigt werden können»,[7] ging daraus hervor, daß Hitler am 30. Oktober 1939 selbst die Waffenämter anwies, «daß die Wünsche der Russen weitgehend erfüllt werden sollen, daß aber selbstverständlich eine Grenze bei wirklich wichtigen und geheimen Dingen bestehen bleiben muß.»[8]

Nach allem, was die schriftlichen Unterlagen und Erinnerungen hergeben, spielten sich die Besuche in einer leicht schizophrenen Atmosphäre ab, bei der auf der einen Seite Aufgeschlossenheit und Vertraulichkeit hervorgekehrt wurde, auf der anderen Seite tiefes gegenseitiges Mißtrauen den Umgang beherrschte. Der sowjetischen Delegation bot man zunächst in Berlin-Johannisthal eine Paradeschau der Frontflugzeugmuster der Luftwaffe, bei der die Ju 88, die Do 215, die He 100, die Me 109 sowie die Focke-Wulf 189, die Me 110 und die Ju 87 vorgestellt wurden. Dieser Demonstration schlossen sich Werksbesuche in Dessau, Rostock-Marienehe, Augsburg und Bremen an. Ein Teil der sowjetischen Delegation zweifelte danach offenbar daran, daß ihr das modernste Fluggerät gezeigt worden war, während Vertreter der sowjetischen Flugzeugindustrie zu der Auffasung neigten, man habe ihnen den tatsächlich letzten Stand der deutschen Flugzeugtechnik gezeigt.

Tatsächlich wird die sowjetische Delegation wohl mit der Standardausrüstung der Luftwaffe vom Herbst 1939 vertraut gemacht worden sein, während ihr wohl Einblick in neue Entwicklungen verwehrt bzw. den Teilnehmern diesbezüglich falsche Vorstellungen vermittelt wurden. Bei den Heinkel-Werken zum Beispiel, für dessen Inhaber Ernst Heinkel die Nachricht vom Besuch einer sowjetischen Delegation zunächst kaum glaubhaft erschien, gelang es den deutschen Vertretern, die sowjetische Abordnung davon zu überzeugen, als sei das längst aus der Serienproduktion gestrichene Jagdflugzeug He 100 *der* künftige Nachfolgejäger der Luftwaffe. Die Taktik, mit der derartige Täuschung gelang, klingt in den Worten des berichterstattenden Reichsluftfahrtbeamten noch nach: «Bevor die Halle, in der die He 100 fabriziert wurde, betreten wurde, hielt Direktor Hayn eine kurze Rede an die Delegation... worin er mitteilte, daß sie nunmehr in der Halle etwas ganz besonderes sehen würden, was bisher noch keinem

Ausländer zugängig gemacht worden sei, nämlich die He 100, eines der schnellsten Jagdflugzeuge der Welt. Herr Hayn fügte dann (selbstverständlich verabredet) hinzu, er sei eigentlich erstaunt, daß dies von seiten des Ministeriums genehmigt worden sei, aber man habe es von dort aus gewünscht.»[9]

Der sowjetischen Delegation gegenüber ließ man nichts darüber verlauten, daß gleichzeitig einer japanischen Interssentengruppe in Marienehe die He 100 verkauft werden sollte, auch die Produktion des künftigen Fernbombers He 177 blieb verborgen, geschweige denn, daß auch nur vage Andeutungen über die Strahltriebversuchsflüge in Marienehe gemacht wurden. Ähnliches trifft für den Besuch bei den Focke-Wulf-Werken in Bremen zu, wo man den Bau des stärksten deutschen Jagdflugzeuges, der FW 190, geheim hielt.

Gezeigt wurde den sowjetischen Vertretern in der Tat nur das, was die Luftwaffe im Frontbetrieb nutzte und was so oder so nicht verheimlicht werden konnte. Insofern sind die Erinnerungen Alexander Jakowlews über seine Besuche in Deutschland ein wenig irreführend. Mit keinem Wort geht er etwa auf den Umstand ein, daß mit dem Millionenverkauf von zehn He 100 die deutsche Verkaufsstrategie auf Kosten der UdSSR glänzend aufging - nicht genutztes Kriegsmaterial ließ man sich teuer bezahlen. Dessen ungeachtet: mit dem Verkauf von fünf Me 109, fünf Me 110, zehn He 100, zwei Ju 88, zwei Do 215, einer Me 209 sowie mehrerer Bücker 131 und 133 und Focke-Wulf 58 gab die Luftwaffe der Sowjetunion einen Einblick in das aktuelle Niveau ihrer Flugzeugtechnik, wie sie sie keinem anderem Lande zu diesem Zeitpunkt gewährte. Denn die Lieferung aller Kriegsflugzeuge erfolgte mit kompletter militärischer Ausrüstung, einschließlich Bordbewaffnung, Abwurfmunition und Funkausrüstung.

Von welchem Nutzen dieser Techniktransfer für die Rote Luftflotte war, geht daraus hervor, daß von Mai bis Oktober 1940 am wissenschaftlichen Forschungsinstitut der sowjetischen Luftstreitkräfte ein intensives Studium der flugtechnischen und gefechtstaktischen Eigenheiten der Luftwaffenlieferungen erfolgte. Nicht weniger als 3 500 Personen, darunter Techniker und Konstrukteure aus 21 Werken und 3 Konstruktionsbüros waren daran beteiligt. Im Ergebnis der Recherchen wurde ein konkreter Empfehlungskatalog ausgearbeitet, der bis 1942 im sowjetischen Flugzeugbau realisiert werden sollte.[10]

Die deutsche Bereitschaft, Sowjetrußland recht umfassend in die militärtechnische Karte der Luftwaffe schauen zu lassen, ergab sich wohl aus mehreren Gründen. Zum einen wollte man wohl - unbedingt jedenfalls bis zur militärischen Zerschlagung Frankreichs - ein konstruktives politisches Klima gegenüber der Sowjetunion aufrechterhalten bzw. schaffen. Zum anderen unterlag die deutsche Kriegswirtschaft dem Zwang, Äquivalente in den deutsch-sowjetischen Wirtschaftsaustausch zu bringen, die die eigene Rüstungsindustrie nicht zu stark tangierten und andererseits in hohem Maße Gewinne brachten. Und hinzu kam, daß offenbar die Luftfahrtindustriellen wie die Luftwaffengeneralität von der technischen Rückständigkeit der sowjetischen Flugzeugindustrie überzeugt waren. Nach deren Ansicht wäre sie außerstande gewesen, selbst geliefertes know-how in absehbarer Zeit nutzbar machen zu können.

Welche Motive auch immer ausschlaggebend waren, die militärischen Aspekte der Wirtschaftsverhandlungen trugen aus Berliner Sicht erheblich dazu bei, daß bereits am 7. November ein sowjetischer Vorschlag zur Aufnahme von Fluglinienverhandlungen in Berlin einlief. Wronsky, der mit der deutschen Verhandlungsführung in Moskau beauftragt wurde und am 14. November dort eintraf, erklärte Hilger, er wolle diese sowjetische Bereitschaftserklärung mit dem Aufbau der geplanten Eurasia-Linie nach China verbinden. Bei seinen Gesprächen mit einem Leiter von Aeroflot, Kartuschew, führte Wronsky im November aus, «daß nach dem großen Freundschaftsvertrag zwischen der UdSSR und Deutschland und dem nunmehr fertiggestellten kleinen zwischen Aeroflot und Lufthansa der Zeitpunkt gekommen schiene, um eine weiterreichende und großzügigere Zusammenarbeit zwischen den beiden Luftverkehrsorganisationen zu beraten, wie sie vor nunmehr fast 10 Jahren schon einmal beinahe Wirklichkeit geworden wäre, d.h. die Aufnahme eines gemeinsamen Betriebes nach dem Fernen Osten.»[11]

Die zügig geführten Verkehrsverhandlungen von Lufthansa und auch von der Reichsbahn hatten zum Ergebnis, daß schon am 1. Dezember 1939 alle Vertragsentwürfe vorlagen. Sie sahen vor, ab 1. Januar 1940 den Linienflugverkehr aufzunehmen und zu diesem Zweck ab 15. Dezember 1939 Versuchsflüge in beiden Richtungen zu starten.

Auf sowjetischer Seite war in den Verhandlungen das Bestreben unverkennbar, durch einen weiteren Regierungsvertrag mit Deutschland das Netz der politischen Vereinbarungen noch enger zu knüpfen. Auch die Lufthansa ging zunächst von derartigen Vorstellungen aus. Kurz vor Unterzeichnung des Verkehrsabkommens indessen intervenierte das Auswärtige Amt. Es zwang die Vertreter der Lufthansa, nicht auf einen Regierungsvertrag auszugehen, sondern auf einen Gesellschaftsvertrag zwischen Aeroflot und Lufthansa. Schulenburg und Wronsky wurde die heikle Aufgabe zuteil, dem sowjetischen Partner deutlich zu machen, daß die deutsche Seite unterhalb einer regierungsoffiziellen Abmachung bleiben wollte. Die Motive für die sichtlich deutliche deutsche Zurücknahme lassen sich aus den Akten kaum rekonstruieren. Sie stehen wahrscheinlich im Zusammenhang mit dem Ausbruch des von sowjetischer Seite provozierten Krieges gegen Finnland und den in Äußerungen maßgeblicher Nazipolitiker nachweisbaren antisowjetischen Aufwallungen und Mißtrauensbekundungen. Auf sowjetischer Seite war jedoch das Interesse an einem derartigen Abkommen so groß, daß man selbst bereit war, die bittere Pille politischer Brüskierung bedauernd, aber protestlos hinzunehmen.

Der stellvertretende Außenkommissar, Potemkin, erklärte am 8. Dezember 1939 dem deutschen Diplomaten Tippelskirch, «daß er es lieber gesehen hätte, wenn das Abkommen von Regierung zu Regierung geschlossen worden wäre, anstatt, wie nunmehr vorgesehen, zwischen der Luft-Hansa und der Aeroflot.»[12]

Molotow gab endgültig am 22. Dezember 1939 grünes Licht für die Vertragsunterzeichnung, die für die UdSSR indes politisch weniger einbrachte, als man ursprünglich erwartet hatte. Am 23. Dezember 1939 unterzeichneten Martin Wronsky für die Lufthansa und M. F. Kartuschew für Aeroflot das Vertragswerk. Gleichzeitig folgte ein Eisenbahnverkehrsabkommen, das den unmittelbaren Eisenbahngüterverkehr zwischen beiden Ländern über die Grenzübergänge Augustowo, Prosthen, Malkin, Siemiatycze, Brest-Litowsk,

Rawa-Rußka, Przemysł und Neu-Zagerr regelte[13] und den Transit nach Rumänien über sowjetisches Gebiet einschloß. Außerdem wurde ein Seeliniendienst Hamburg-Leningrad und Leningrad-Stettin aufgenommen.

Am 8. Januar startete von Moskau aus eine sowjetische DC-3 zum Flug nach Berlin. Die Hauptstadt des Dritten Reiches erreichte sie nach Zwischenlandung in Minsk, Belostok, Königsberg und Danzig am 9. Januar 1940 um 10.45 Uhr. Offiziell wurde der Flugverkehr Berlin-Moskau am Sonntag, dem 21. Januar 1940, eröffnet. In einer Pressemeldung hieß es: «Im Flughafen Rangsdorf traf am Sonntagnachmittag das erste planmäßige Verkehrsflugzeug der Linie Moskau-Berlin ein, nachdem diese Strecke nahezu drei Jahre lang nicht mehr regelmäßig beflogen worden war. Nach den geglückten Probeflügen, die vor einigen Tagen von deutschen und russischen Maschinen auf der Strecke Berlin-Moskau mit Zwischenlandungen in Danzig, Königsberg, Białystok und Minsk durchgeführt worden waren, verkehrt von nun ab täglich in beide Richtungen eine Maschine. Zum Empfang des russischen Flugzeuges hatten sich in Rangsdorf zahlreiche führende Persönlichkeiten aus der deutschen Luftfahrt eingefunden... Gegen halb zwei Uhr Nachmittags erschien am klaren Winterhimmel die weißglänzende, zweimotorige russische Maschine. Nach einer halben Schleife über dem Flugplatz setzte sie draußen auf dem verschneiten Rollfeld glatt und sicher auf und rollte dann bis vor die Halle, wo die kurze aber herzliche Begrüßung stattfand. Die aus vier Mann bestehende Besatzung, darunter der Flugkapitän Kiritschenko, wurde von Ministerialdirektor Fisch im Namen des Reichsministers der Luftfahrt, Generalfeldmarschall Göring, willkommen geheißen.»[14]

Zur selben Zeit landete in Moskau die erste Lufthansamaschine, empfangen durch die Leitung von Aeroflot und deutschen Diplomaten. Am Abend feierten beide Seiten das Ereignis neu gewonnener Fliegerfreundschaft mit einem festlichen Essen.[15]

Die Direktion der Lufthansa betrachtete die Aufnahme des Linienflugverkehrs Moskau-Berlin nur als einen ersten Schritt, im Visier blieb stets die Idee der großen transeurasischen Flugtrasse. Aus dem Hintergrund vom Reichsluftfahrtministerium gesteuert, unternahm die Lufthansa im März 1940 - offenbar in der Annahme, die sowjetische Verstimmung sei bis dahin abgeklungen - einen zweiten massierten Anlauf, sich dabei sowjetischer Beihilfe zu versichern. Am 4. März 1940 telegrafierten aus Japan Botschafter Eugen Ott und sein Luftfahrtattaché Wolfgang von Gronau, Tokio stünde einer Luftlinie Deutschland-Japan sehr aufgeschlossen gegenüber. Schulenburg wurde am 9. März vom Auswärtigen Amt informiert, daß auch Göring sich nachdrücklich für eine solche Flugtrasse einsetze. Beharrlich suchten Lufthansa und die Deutsche Botschaft in Moskau, die sowjetische Seite für diese Idee zu gewinnen. Schulenburg sprach darüber am 26. März mit Molotow, der indes den Deutschen eine herbe Enttäuschung bereitete. Schulenburg berichtete nach Berlin: «Herr Molotow erklärte, daß er zu seinem Bedauern feststellen müsse, daß die Verhandlungen mit Japan nicht vom Fleck kämen, da sich Japan den sowjetischen Gegenwünschen gegenüber sehr unzugänglich zeige. Hierin liege auch der Grund, daß die Sowjetregierung wenig Neigung habe, der Frage der Errichtung einer Luftverbindung mit Japan näher zu treten. Ohne eine Verbesserung der Beziehungen zu Japan würde die Frage der Luftverbindung kaum eine günstige Lösung finden.» Auch die deutschen Wünsche, seit Januar 1940 vom Reichsluftfahrtministerium fixiert, durch eine Linie Berlin-Posen-Kiew-Charkow-Rostow-Baku-Teheran Persien an den deutsch-sowjetischen Luftverkehr anzubinden, beschied Molotow abschlägig mit dem listigen Bescheid, daß er Zweifel am «tatsächlichen wirtschaftlichen Bedürfnis» einer solchen Linie hege. Ebenso unzugänglich zeigten sich die sowjetischen Behörden gegenüber dem deutschen Ersuchen, drei Ju 86 Überflugrechte nach Mandschukuo einzuräumen, um die dortige unter deutsche Kontrolle stehende Fluggesellschaft wieder einsatzfähig zu machen.

Die Vertreter der Lufthansa ließen sich indessen von derartigen Mißerfolgen nicht schrecken. Ihr Moskauer Beauftragter, Hans Schiller, entwickelte Ende März dem Chef der Hauptverwaltung der Zivilen Luftflotte, Wassili Molokow, ein Langzeitprogramm gegenseitiger Zusammenarbeit. Molokow, einem der ersten sieben Sowjetbürger, denen 1934 im Zusammenhang mit der Rettung der im Eis blockierten Tscheljuskin-Expedition der Titel «Held der Sowjetunion» verliehen worden war, legte Schiller dar: «Die erste große Langstreckenverbindung unserer befreundeten Länder wird nicht nur wirtschaftlich, sondern auch politisch den stärksten Eindruck auf die übrige Welt machen.»[16]

Den spröden Molokow suchte Schiller erst einmal durch eine Einladung nach Deutschland zu ködern und auf Zwischenschritte zu orientieren: von einer gemeinsamen Absichtserklärung bis hin zu einer gemeinsamen Flugexpedition von Aeroflot und Lufthansa an die fernöstlichen Grenzen des Sowjetimperiums. Möglichst noch im Juli 1940 sollte diese Expedition starten und dann zu zwei Linienflügen je Monat ausgebaut werden.

Molokow verhielt sich zwar reserviert, nahm indessen die Einladung der Lufthansa zu einem Deutschlandbesuch an. Vom 15. bis 20. Mai besuchte Molokow unter anderem die Luftkriegsakademie in Gatow und die Dessauer Junkers-Werke, wobei ihm die deutschen Organisatoren auch nicht die Peinlichkeit ersparten, am 17. Mai 1940 ein Lager des nazistischen Reichsarbeitsdienstes auf der Elisabethhöhe bei Ruhlsdorf zu besuchen. Wie es in einem Bericht des Reichsarbeitsdienstes hieß: «Herr Molokoff war von Herrn Stalin die Weisung gegeben worden, daß sich Herr Molokoff sorgfältig enthalte, Gliederungen, Dienststellen usw. der NSDAP zu besichtigen. Daher war in Moskau der Wunsch geäußert worden, daß auch eine Besichtigung des Reichsarbeitsdienstes unterbleibe.»[17] Auf deutscher Seite pfiff man offenbar auf den sowjetischen Wunsch und Molokow wagte keinen Einspruch, sondern ließ sich durch die ihn umgebenden NS-Funktionäre überzeugen, daß der Reichsarbeitsdienst keine nationalsozialistische Organisation wäre. Die Schmerzschwelle der Zumutbarkeit für sowjetische Gäste war ganz offensichtlich in dem Maße hochgesetzt worden, wie die Waffenerfolge in Frankreich den deutschen Nimbus von Unbesiegbarkeit nährten.

In der Sache jedoch kamen die Luftverkehrsverhandlungen keinen Schritt voran. Zwar drängte das Auswärtige Amt Schulenburg nach Molotows Absage darauf, wenigstens deutsche Flüge bis nach Wladiwostok zu ermöglichen, doch die sowjetische Seite entzog sich aus wohlverstandenem Eigennutz allen deutschen Offerten. Seit Herbst 1940 - auf dem Hintergrund der anlaufenden Barbarossa-Planungen -

mehrten sich sowjetische Proteste über Routenverletzungen der Lufthansa-Maschinen, die über lang oder kurz in die Luftaufklärungstätigkeit der Luftwaffe einbezogen wurden.

Die Deutsche Botschaft in Moskau und auch einige Vertreter der Lufthansa schöpften jedoch neue Hoffnung im Zusammenhang mit dem November-Besuch Molotows in Berlin und dem am 13. April 1941 abgeschlossenen sowjetisch-japanischen Nichtangriffsvertrag. Wronsky suchte sich am 13. November 1940 noch einmal bei Hilger in Erinnerung zu bringen und ihm dringend nahezulegen, daß bei den politischen Gesprächen in Berlin auch die Eurasia-Trasse ins Spiel gebracht werden sollte. Und Botschafter Schulenburg berichtete, in merkwürdig naiver Verkennung der realen politischen und militärischen Abläufe des nahe bevorstehenden Überfalls vom 22. Juni, am 2. Mai 1941 dem Auswärtigen Amt, nach Abschluß des sowjetisch-japanischen Paktes «erscheint es nicht mehr aussichtslos, von der Sowjetregierung die Zustimmung zur Errichtung einer Fluglinie über Sibirien zu erhalten.»[18]

Die Zeit war seit Spätsommer 1940 längst über alle derartigen Projekte und Pläne hinweggegangen. An die Stelle von Kooperation im eurasischen Block - wie sie vorübergehend im politischen Denken einiger Luftfahrtpolitiker geirrlichtert hatte - war man zunehmend der Faszination von Macht und Gewalt erlegen. Nunmehr wollte man sich mit Zwang das nehmen, worüber man bisher verhandelt hatte. Bei dieser Grundeinstellung blieben auch alle Menetekel und alle Warnungen außer Acht, die in Deutschland nüchternes Denken hätten befördern können.

Dies trat namentlich bei einem Ereignis zutage, daß der deutschen Luftwaffenführung den bisher tiefsten Einblick in die sowjetische Luftfahrt verschaffen sollte. Auf Drängen des deutschen Luftwaffenattachés in Moskau, Oberst Aschenbrenner, lud die Sowjetregierung im März 1941 zehn führende Vertreter der deutschen Luftfahrt zu einer Inspektionsreise sowjetischer Flugzeugwerke ein. Am 28. März 1941 erreichte die Delegation Moskau. Ihr gehörten sieben Vertreter der Großindustrie - von der ATG, Daimler-Benz, Askania, den Mauserwerken, von Henschel und Elektron Cannstadt sowie drei hohe Offiziere aus dem Generalluftzeugmeisterbereich Ernst Udets an, sein enger Vertrauter Günther Tschersich, Oberstingenieur Dietrich Schwenke und Stabsingenieur Eugen Güttler vom Reichsluftfahrtministerium. Die Besichtigungen begannen am 7. April im Moskauer Flugzeugzellenwerk Nr. 1, führten zur Inspektion dreier weiterer Flugzeugzellenwerke rund um Moskau sowie nach Molotow und Rybinsk. Auf dem Programm stand ferner die Besichtigung eines Aluminium- und Kugellagerkombinates sowie als krönender Abschluß ein Empfang im zentralen Forschungsinstitut ZAGI. Die deutschen Gäste zeigten sich von dem Gesehenen beeindruckt. Der Tenor ihrer Urteile lautete: «Die Fabrikationsmethoden und das Arbeitstempo sind deutschen Verhältnissen gleichwertig.» «Das Werk ist sehr modern und großzügig gebaut.» «Das Werk stellt einen gut durchdachten und praktisch aufgestellten Betrieb dar.» Zur MiG-1 urteilte einer der Besucher: «Der aerodynamisch sorgfältige Zellenaufbau zusammen mit der hohen Motorenleistung, insbesondere in der Höhe, und die für russische Flugzeuge neuartige starke Bewaffnung lassen das Flugzeug insgesamt hochwertig erscheinen.»

Stabsingenieur Güttler begriff auch sehr wohl die hintergründige Absicht der sowjetischen Einladung, wenn er in seinem Abschlußbericht schrieb: «Die Einladung des Volkskommissariats für Flugzeugbau... stand unter dem Eindruck eines die militärische und wirtschaftliche Unabhängigkeit anstrebenden Staates, der eine mögliche präventive Bedrohung durch das Vorzeigen seiner besten Rüstung zu beschwichtigen sucht.»[19] Sehr deutlich artikulierte dies der sowjetische Konstrukteur Artjom Mikojan in einem Gespräch mit Aschenbrenner: «Wir haben Ihnen alles gezeigt, was wir haben und was wir tun können, um jeden, der uns angreift, vernichten zu können.»[20]

Bei den deutschen Besuchern blieb dessen ungeachtet ein erhebliches Maß an Skepsis über das, was Sowjetrußland in einem militärischen Konflikt tatsächlich leisten könnte. Güttler zum Beispiel schlußfolgerte, von der UdSSR könnten im Kriegsfall monatlich höchstens 800 Flugzeuge gebaut werden, eine Schätzung, die die sowjetische Flugrüstungsindustrie bereits in den ersten sechs Kriegsmonaten um das Doppelte übertraf.

Bei den politisch und militärisch Verantwortlichen in Deutschland stießen selbst die zarten Warnungen auf Skepsis, Unglaube und Ablehnung, ja beförderten zum Teil sogar eine gegenteilige Wirkung. Der Vergleich, daß ein sowjetisches Flugmotorenwerk größer gewesen sei als sechs der bedeutendsten deutschen Flugmotorenproduzenten veranlaßte Göring zu der Drohung, derartige Gerüchtemacher in ein Konzentrationslager zu verbringen. Der Chef des Aufklärungsdienstes der Luftwaffe, Oberst Josef Schmidt, vermeinte, die Besucher wären einem grandiosen russischen Bluff zum Opfer gefallen.[21] Sie hätten die Potemkinschen Dörfer nicht durchschaut. Hitler bezog aus diesen Berichten wiederum eine Selbstbestätigung seiner Angriffsabsichten. Gegenüber Aschenbrenner erklärte er: «Da sieht man's ja, wie weit die Leute schon sind. Wir müssen gleich anfangen.»

Wohl in keinem anderen Bereich der Beziehungsgeschichte zwischen Nazideutschland und Sowjetrußland schlugen Traditionen und Erblast mehr zu Buche als in der Zeit von Herbst 1939 bis zum Frühjahr 1941. Auf der einen Seite stand der auf deutscher Seite lange gehegte und gepflegte Kooperationsgedanke, mit der Absicht, die russische Landmasse als Transitgebiet zu nutzen. Auf der anderen Seite verhielt man sich gegenüber den russischen Partnern wie ein Entwicklungshelfer und behandelte ihn als einen Analphabeten halbasiatischen Typs. Dieses herablassende Gefühl kultureller und technischer Überlegenheit gegenüber den Slawen im weitesten Sinne stieß auf einen stalinistisch eingefärbten Sowjetpatriotismus, wurzelnd in der Fortschrittsgläubigkeit einer jungen Generation, die auf ihre technische Eigenständigkeit vertraute. Von ihrer Warte aus war der technische Entwicklungsvorsprung Deutschlands weitaus geringer zu veranschlagen als man bisher angenommen hatte. Die eigenen Neuentwicklungen hielt man denen Deutschlands für überlegen, ja traute selbst der veralteten Flugausrüstung zu, vorübergehend im Kampf mit der Luftwaffe bestehen zu können. Die fatalen Konsequenzen derartiger Selbstüberhebung wurden spätestens in der letzten Juni-Woche des Jahres 1941 deutlich.

Die Luftwaffenführung stand solchen Fehlurteilen kaum nach. Bewertete sie die geringe Schlagkraft der sowjetischen Fliegerkräfte im Sommer 1941 recht realistisch - Voraussetzung für die zermalmenden Schläge des Juni 1941 -, so war das Langzeitbeurteilungsvermögen völlig unzureichend ausgebildet. Das betraf sowohl die Moral auch auch die wirtschaftlichen Kapazitäten und technischen Potenzen Sowjetrußlands. Der Chef der Führungsabteilung im Generalstab der Luftwaffe, Hoffmann von Waldau, hatte Stalins Rußland als einen «Staat zentralster Vollzugsgewalt und unterdurchschnittlicher Intelligenz»[22] charakterisiert. So recht er in dem einen hatte, so unrecht erwies sich seine zweite Prognose.

VI

«Barbarossa» - der verhängnisvolle Irrtum

Der Transsibirienexpreß sollte den Moskauer Bahnhof Jarowslaskaja auch an diesem 13. April 1941 pünktlich um 16.55 Uhr verlassen. Die auf dem Bahnhof versammelte Menge wartete indessen vergebens auf das Abfahrtssignal. Erst kurz vor siebzehn Uhr kam Bewegung auf den Bahnhof. Eine Diplomatenlimousine nach der anderen rollte vor das Bahnhofsportal. Um 17.50 Uhr erschienen der deutsche Botschafter in Moskau, Friedrich Werner Graf von der Schulenburg, gefolgt vom italienischen Botschafter Augusto Rosso. Fünf Minuten vor sechs traf auch der japanische Außenminister Matsuoka auf dem Bahnsteig ein. Die Diplomaten der Achse verabschiedeten sich von ihm, beglückwünschten den Japaner zum wenige Stunden zuvor geschlossenen Neutralitätspakt seines Landes mit Sowjetrußland, der nun endgültig die fernöstlichen Spannungen zwischen beiden Ländern beseitigen sollte. Als sich Matsuoka in seinen Salonwagen begeben wollte, tauchten zur Überraschung aller Diplomaten und Journalisten der Weltpresse, die in Moskau akkreditiert waren, Stalin und Molotow unversehens auf dem Bahnsteig auf. Es war ein bisher einmaliger Vorgang, daß Stalin einen ausländischen Gast in derartiger Weise verabschiedete. Stalin dünkte den gespannt ihn Beobachtenden gealtert: sein Haar war völlig ergraut, seine Gesichtsfarbe schien ungesund. Überaus herzlich widmete er einige Minuten der Verabschiedung den Japanern, wobei er dem kleingewachsenen japanischen Militärattaché so heftig auf die Schultern klopfte, daß dieser ins Stolpern geriet und seinem Außenminister fast in die Arme fiel.

Zielgerichtet schritt Stalin dann durch die Reihen der versammelten Achsendiplomaten auf Graf Schulenburg zu und flüsterte diesem einige Worte ins Ohr. Nachdem er Matsuoka und seine Begleiter in den Salonwagen begleitet hatte und wieder auf den Bahnsteig trat, formierten sich um ihn wie in einem Halbkreis Diplomaten und Journalisten. Langsam bewegte sich Stalin auf die Gruppe zu und wendete sich, halb fragend, halb Bestätigung suchend, einem an der äußersten rechten Seite stehenden hochgewachsenen Uniformierten zu: «Deutscher?» Dieser, es war Oberst Hans Krebs, der den in Deutschland befindlichen Köstring als Militärattaché vertrat, nahm Haltung an und bestätigte Stalin in schlechtem Russisch seine Annahme. «Ah, ja» sagte Stalin, legte Krebs eine Hand auf die Schulter, während er mit der anderen dessen Hand schüttelte. «Wir werden mit Euch Freunde sein, was auch kommen mag!» Krebs erstarrte, schaute Stalin groß an, während dieser breit lachend mit beiden Händen Krebs' Hand schüttelte. Mit voller Lautstärke, damit die Umstehenden es ja nur verstanden, antwortete der Militärattaché: «Ich bin überzeugt davon».[1]

Ein englischer Korrespondent des «News Chronicle», der die fast bühnenreife Szene beobachtete, berichtete seinen britischen Lesern: «Dieser Zwischenfall hat mich tief beeindruckt. Stalin machte seine Erklärung der Freundschaft an einen ihm unbekannten deutschen Offizier mit Überzeugung und Aufrichtigkeit. Stalin würde es sehr schätzen, weiterhin ein Freund Deutschlands zu sein.»[2]

Mochte Stalin in jenen Apriltagen auch um jeden Preis daran interessiert sein, seine mit Blut besiegelte Freundschaft mit dem Dritten Reich zu prolongieren, ja tat er seinem deutschen Partner Adolf Hitler den Gefallen, die Aufführung des Charlie-Chaplin-Films «Der große Diktator» auf ausdrücklichen deutschen Wunsch hin für die Sowjetunion zu unterbinden,[3] in Deutschland selbst war zu dieser Zeit längst die Entscheidung gefallen, zum nächsten günstigen Zeitpunkt die UdSSR zu überfallen, sie in einem Blitzkrieg kurzer Dauer niederzuwerfen und in Osteuropa ein auf rassistischen Prinzipien begründetes großdeutsches Kolonialreich zu errichten, das Großbritanniens Indienimperium weit in den Schatten stellen sollte.

Ob Oberst Krebs in alle Details des am 5. Dezember 1940 verabschiedeten Planes «Barbarossa» eingeweiht war oder ob er nur Bruchstücke dieses gigantischen Kriegsplanes ahnte, sei dahingestellt. Seine Lagebeurteilung jedenfalls, die er am 5. Mai 1941 seinem Generalstabschef Franz Halder vortrug, bestärkte diesen und die deutsche Generalität in ihrem Entschluß, der Operation «Barbarossa» grünes Licht zu geben. Halder notierte aus Krebs' Stellungnahme: «Russisches Führerkorps ausgesprochen schlecht (niederziehender Eindruck). Unterschied gegenüber Eindruck von 1933 ist auffällig negativ. Rußland wird 20 Jahre brauchen, bis es wieder alte Höhe erreicht.»[4]

Das war so ziemlich genau das, was der Chef des deutschen Generalstabes hören wollte. Dieses Urteil wurde zudem von einem als kompetent angesehenen Offizier gefällt, der die Rote Armee noch aus Zeiten enger Zusammenarbeit mit der Reichswehr kannte, der sie im September 1939 in Augenschein genommen hatte und sie ab Januar 1941 wieder unmittelbar von Moskau aus beobachten konnte.

Denn so bestürzend skrupellos und leichtfertig sich die obersten Behörden der Wehrmacht seit Sommer 1940 mit den Plänen für einen Überfall auf die Sowjetunion beschäftigten, wer die Planungsdokumente der verschiedenen beteiligten Militärressorts durchmustert, dem drängt sich allemal der Eindruck auf, in eine schizophrene Welt sich einerseits maßlos überschätzender Militärpotentaten geraten zu sein, die gleichzeitig ihre stille Furcht vor der unbekannten Macht im Osten nicht verbergen konnten und sich gleichsam damit selbst beruhigten - wie laut singende Kinder im dunklen Wald -, dieser Macht alle Attribute der Schwäche und des inneren Verfalls anzudichten.

Wohl bei keiner anderen gesellschaftlich hervorgehobenen Gruppe des Dritten Reiches wie den Militärs stehen zwei so unvermutet diametrale Gegensätze so scharf zueinander: einerseits die Überzeugung von dem tönernen Koloß, den Sowjetrußland in ihren Augen bildete, und zugleich die innere Unsicherheit über die Dynamik und davon ausgehende Gefahren dieses Ostimperiums, die die militärische Führungsschicht nicht nur aus Apologetik allzuleicht zu einer Bedrohungslegende Zuflucht nehmen ließ. Es legitimierte nicht nur, sondern klang auch glaubhaft, daß es bei diesem Krieg im Osten auch um einen Präventivkrieg ginge, für den zwar an und für sich im Sommer 1941 angesichts der aktuellen Politik Sowjetrußlands keine Voraussetzungen gegeben waren, der aber für die Zukunft absehbar und unvermeidlich wäre.

Diesem merkwürdig ambivalenten Verhältnis der militärischen Eliten im Dritten Reich zu Rußland, bei dem man immer zwischen Scylla und Charybdis schwankte, lag eine historische Komponente zugrunde, die ziemlich präzis auf den Tag zurückdatiert werden kann, da Preußen und Rußland erstmals unter Peter I., dem «schöpferischen Barbaren»[5], in direkten politischen und militärischen Kontakt traten.

Seit Friedrich Wilhelm I. von Preußen russische Bündnishilfe im Kampf gegen den Schwedenkönig Karl XII. in Anspruch nahm, war die preußische Politik von dem Gegensatz geprägt, sich der starken Ostmacht bei der Verfolgung eigensüchtiger Ziele zu bedienen, gleichzeitig geschreckt von der Unangreifbarkeit dieser Ostmacht, die ohne Politesse und Rücksicht, ihre Politik und Kriegführung betrieb. Friedrich Wilhelm I. sehnte einerseits russischen Beistand herbei, um Preußen zu arrondieren, gleichzeitig grauste ihm, wenn die russischen Heerscharen in Uniform wie Heuschrecken sein Land leerfraßen. Noch tiefer ins Bewußtsein drangen russische Politik und Kriegführung im Siebenjährigen Krieg Preußens. Nicht nur, daß sich Friedrichs II. Heer bei Zorndorf (1758) und Kunersdorf (1759) an den russischen Infanteriemassen die Zähne ausbiß und die russische Armee die preußische Monarchie an den Rand des Abgrundes drängte, tiefsten Eindruck hinterließ auch die Rohheit russischer Kriegführung, besonders in der Mark Brandenburg, die so etwas wie ein Topos gnadenloser asiatischer Kriegführung schufen, an das beliebig bis in das 20. Jahrhundert angeknüpft werden konnte. Friedrich II. urteilte 1768 über das russische Heer: «Seine Stärke liegt in einer guten Artillerie. Seine Kavallerie ist schlecht. Seine Infanterie weiß nicht zu laden. Aber seine Kosaken sind die gefährlichsten Feinde, weil sie Brandstifter und Räuber sind und Greueltaten begehen, die einen schaudern lassen.»[6]

Diese schreckliche Macht im Osten, als die Friedrich II. Rußland immer stärker empfand, rettete ihn zwar 1762 vor der militärischen

Niederlage und war sein Hauptverbündeter bei der ersten Teilung Polens (1772), die so etwas wie einen Dauerkitt preußisch-russischer Bündnisbeziehungen bildete. Zugleich jedoch fühlte sich der Preußenkönig ein wenig als mitteleuropäischer Satrap russischer Politik, der er sich indes wehrlos ausgesetzt sah. Schon Friedrich II. formulierte in seinem politischen Testament von 1768 die Janusköpfigkeit preußischen Rußlandbildes: einerseits seine selbsterfahrene Überzeugung von der politischen Instabilität der Zarenmonarchie und ihren inneren Schwächen, zugleich aber auch die preußische Ohnmacht gegenüber diesem Nachbarn im Osten: «Dieses Reich ist das größte, das augenblicklich in der Welt besteht...Seine unangreifbaren Grenzen flößen ihm einen Stolz und eine Verwegenheit ein, die wenige Nationen auf ebenso fester Grundlage haben können.»[7]

Als der Preußenkönig theoretisch die Möglichkeit durchspielte, welche militärischen Chancen Preußen gegenüber dieser Macht überhaupt habe, kam er zu dem deprimierenden Ergebnis: «Seine vorteilhaften Grenzen schützen es vor allen unseren Unternehmungen.» Der einzig überhaupt erfolgversprechende Plan schien Friedrich darin zu bestehen, unter dem Schutz einer starken Flotte, die Preußen nicht besaß, entlang der Ostseeküste nach Petersburg zu marschieren. «Aber welch eine unendliche Schwierigkeit, so starke Festungen zu nehmen und die Armee in diesem rauhen barbarischen Klima schlagfertig zu halten. Und wenn man diese Eroberungen gemacht hätte, wäre nichts gewonnen, außer daß man dieses wilde Volk in seine Schlupfwinkel zurückgetrieben hätte.»[8]

Genau diese Ansichten bestätigte der größte deutsche Militärtheoretiker Carl von Clausewitz, der 1812 Napoleons Einfall in Rußland aus eigenem Erleben erfahren hatte. Er schrieb in seinem Werk «Vom Kriege»: «Seitdem Rußland durch seinen Feldzug von 1812 gelehrt hat, erstens, daß ein Reich von großen Dimensionen nicht zu erobern ist (welches man füglich vorher hätte wissen können), zweitens, daß die Wahrscheinlichkeit des Erfolges nicht in allen Fällen in dem Maße abnimmt, als man Schlachten, Hauptstädte, Provinzen verliert (welches früher allen Diplomaten ein unumstößlicher Grundsatz war, daher sie auch gleich mit einem interimistischen schlechten Frieden bei der Hand waren), sondern daß man oft mitten in seinem

Lande am stärksten ist, wenn die Offensivkraft des Gegners sich schon erschöpft hat, und mit welch ungeheurer Gewalt dann die Defensive zur Offensive überspringt.»[9]

Es wird niemals exakt zu messen sein, wieviele deutsche Generalstabsoffiziere vor 1941 ihren Clausewitz oder Friedrich II. genau gelesen haben. Eines allerdings springt einem bei der Durchsicht der deutschen Angriffsplanungen gegen Sowjetrußland immer wieder entgegen: der Bezug auf das Jahr 1812, als dem einzig geschichtlich vergleichbaren Beispiel eines auf die Eroberung Rußlands abgestellten Feldzugplanes.

Die erste am 5. August 1940 vom deutschen Generalstab angefertigte Angriffsstudie von Generalmajor Erich Marcks bedauerte zwar, daß die Russen «uns nicht den Liebesdienst eines Angriffs erweisen» werden. «Andererseits», so Marcks, «kann sich der Russe nicht wie 1812 jeder Entscheidung entziehen. Eine moderne Wehrmacht von 100 Divisionen kann ihre Kraftquellen nicht preisgeben.»[10]

Auch der zweite Verfasser einer deutschen Angriffsvariante, Oberstleutnant Bernhard von Loßberg, erwog am 15. September 1940 drei Reaktionsmöglichkeiten der Roten Armee: einen sowjetischen Präventivschlag, den er für völlig unwahrscheinlich hielt, eine russische Verteidigung im grenznahen Raum, die er als am wahrscheinlichsten annahm und schließlich die Variante: «Die Russen wenden das schon 1812 bewährte Verfahren an, in die Weite ihres Raumes auszuweichen, dem Angreifer die Schwierigkeiten der langen Verbindungen und der Versorgung zuzuschieben und erst im späteren Verlauf des Feldzuges zum Gegenschlag auszuholen.»[11]

Ein Marcks und ein Loßberg hatten ihren Clausewitz wohl schon studiert, was einem Marcks ja als Sohn eines bekannten Historikers geradezu in der Wiege gelegen haben mußte. Doch die deutschen Militärs setzten Clausewitz und Friedrich für ihren geplanten Krieg außer Kraft. Oberst Günther Blumentritt, nach 1945 auch als historisierender General tätig, führte am 29. Dezember 1940 in einer Denkschrift aus:«Unsere beiden Hauptfeinde sind dieselben wie 1914/1917 oder 1812 und in jedem anderen ‹Russenkrieg›:
1.) der endlose Raum, der ebensolches Ausweichen zuläßt.
2.) die schwer zu erschütternde, halbasiatisch fühlende Masse ...

Heute haben wir aber auch das einzige und neue Mittel, dem Russen das Zurückweichen ins Uferlose zu verleiden, durch den Einsatz aller Panzer und mot. Kräfte. Der Motor allein kann den Raum bezwingen.»[12]

Damit waren für den deutschen Generalstab zwei entscheidende Prämissen gegeben, mittels derer er alle Zweifel an sich selbst in einem hybriden Überlegenheitswahn hintanstellen konnte: zum einen mußte seiner Ansicht nach die Rote Armee den Kampf im grenznahen Raum aufnehmen, um ihre Kraftquellen zu schützen, zum anderen konnte die Rote Armee im grenznahen Raum gestellt werden, weil diesmal die schnellen motorisierten und gepanzerten Kräfte des Heeres im Zusammenwirken mit der Luftwaffe ihr Entweichen in den endlosen Raum durch gewaltige Einschließungsoperationen verhindern würden.

Technischer Waffenfetischismus und der Glaube an die eigene operative Überlegenheit spülte alle Bedenklichkeiten hinweg, wie die Ergebnisse beschaffen sein würden, falls dieser erste gigantische Angriffsschlag nicht in vollem Umfang gelingen würde.

Wie bei Blumentritt bereits angedeutet, trat bei den Militärs noch eine zweite Komponente ihres traditionellen Rußlandbildes hinzu, das offenbar zählebig Jahrhunderte überdauert hatte: die Überzeugung von der intellektuellen Inferiorität der Russen, dem zivilisatorischen und technischen Kulturgefälle von West nach Ost, der mehr asiatischen und als stumpf und dumpf bewerteten Mentalität des russischen Massenmenschen gegenüber der Individualität der Mitteleuropäer - eine Einstellung, die dem Deutschbalten Victor Hehn schon 1892 die Überzeugung einimpfte, neben mangelnder Gemütstiefe sei der Russe auch nicht fähig, zwei und zwei zu addieren und nicht in der Lage, Lokomotivführer zu werden.[13]

Auch diese Einstellung war nicht kurzfristig unter den Militärs gewachsen, etwa unter dem Eindruck des Ersten Weltkrieges oder der nationalsozialistischen Wahnlehren vom Herren- und vom Untermenschen. Schon Friedrich II. hatte in der unerschütterlichen Standfestigkeit russischer Bataillone bei Zorndorf und Kunersdorf asiatischen Fatalismus zu spüren geglaubt, der sich in seinen Augen jedoch mit der operativen Unfähigkeit russischer Generale paarte.

Dieses Bild, eigentlich nur durch einige freundliche Züge aufgehellt, als man seit 1812 Napoleons Fremdherrschaft gemeinsam mit Rußland ein Ende setzte, war für Preußens Militärs prägend. Denn selbst in den Befreiungskriegen war das Verhältnis zwischen preußischem und russischem Militär alles andere als spannungsfrei und nur von Waffenbrüderschaft geprägt. Ein russischer Offizier deutscher Abstammung urteilte damals: «Es war eine sonderbare Erscheinung- ...nämlich der offensichtliche Mangel an Sympathie zwischen den russischen und preußischen Truppen, obwohl beide sich gegenseitig achteten...Ein Krieg der Russen alliiert mit Franzosen gegen die Preußen wäre in der russischen Armee mit Jubel begrüßt worden; die Franzosen waren uns viel sympathischer als die Preußen, und ich glaube, dieses Gefühl lebt noch fort.»[14] Gneisenau wie Yorck haßten die Russen geradezu. Auf russischer Seite revanchierte sich Marschall Alexander Suworow mit den Worten: «Die Russen haben die Preußen immer geschlagen, was ist da für uns zu übernehmen?»[15]

So abwegig mutet der von Sebastian Haffner 1989 angestellte Vergleich vielleicht nicht an: «Seit den polnischen Teilungen, erst recht seit den antinapoleonischen Befreiungskriegen hatte Preußen ein ähnliches Verhältnis zu Rußland gehabt wie heute die DDR zur Sowjetunion. Es war ein mit Rußland eng verbundener, auf die russische Freundschaft (die ihm auch in reichem Maße zuteil geworden war) mehr oder minder angewiesener Staat, viel kleiner, als Macht viel unbedeutender als Rußland, aber zugleich sehr nützlich für Rußland.»[16] In dem Maße jedoch, wie sich die gegenseitige Nützlichkeit aufhob, Deutschland seit 1871 sich als europäische Großmacht etablierte, um so lästiger dünkte russische Vormundschaft, um so stärker schlug deutsche Überheblichkeit gegenüber russischer Uneffizienz durch.

Im Ersten Weltkrieg jedenfalls fühlte sich der deutsche Generalstab in seinem Urteil über die russische Armee bis aufs letzte bestätigt. 1924 schrieb Generalleutnant Ernst Kabisch: «Der russische Soldat hat sich genauso gezeigt, wie wir es erwartet hatten: tapfer, unempfindlich gegen Verluste und Rückschläge, aber schwerfällig. Wie mancher gelungene Einbruch russischer Infanterie in unseren Linien blieb erfolglos, weil niemand wußte, was nun weiter zu tun sei; es wurde gewartet, bis bei uns Reserven zur Stelle waren, den Schaden gutzumachen. Nach der Schlacht von Tannenberg begann der russische Soldat den deutschen zu fürchten...Über die russische Führung hatte der deutsche Generalstab im Frieden das Urteil gewonnen: 'Schnelle Ausnützung einer günstigen operativen Lage ist von russischen Führern ebensowenig zu erwarten wie schnelle und genaue Ausführung einer befohlenen Bewegung durch die Truppe.' Der Krieg hat es bestätigt.»[17]

Es waren immer dieselben stereotypen Redewendungen, mit denen deutsche Militärs russische Heerespotenz abqualifizierten: Tapfer, aber schwerfällig, ohne Intelligenz der Führung, dafür aber große Massen, unselbständig, dafür dogmatisch an Vorschriften klebend.

Wer die Lageeinschätzungen deutscher Militärs über den inneren Wert der Roten Armee in Vorbereitung der Operation «Barbarossa» liest, dem dünken sie mehr Reflexion historischer Vorurteile zu sein als eine Analyse des tatsächlich im Jahre 1940/41 Bestehenden. Und einig darin waren sich alle Wehrmachtsteile von Heer über Luftwaffe und Marine. Die Abteilung Fremde Heere Ost faßte am 1. Januar 1941 ihr Urteil über Stärke und Schwäche der Roten Armee ganz in diesem Sinne in die Worte: «Die Stärke der Roten Armee beruht auf der Masse und der Zahl der Waffen, der Anspruchslosigkeit, Härte und Tapferkeit des Soldaten. Sie findet ihren zusätzlichen Bundesgenossen in der Weite und Unwegsamkeit des Landes. Die Schwäche liegt in der Schwerfälligkeit der Führer aller Grade, dem Kleben am Schema, der modernen Ansprüchen nicht genügenden Ausbildung, der Scheu vor Verantwortung und dem auf allen Gebieten fühlbaren Mangel an Organisation.»[18]

Derartige Urteile waren beliebig austauschbar: sie konnten 1914 ebenso gefällt werden wie 1941. Und wesentlich dieses im Ersten Weltkrieg bestätigte traditionelle Überlegenheitsgefühl der deutschen Militärspitze, deren Vertreter dieser Schlachten als junge Frontoffiziere erlebt hatten und nunmehr die Stabsoffiziere und Generale des Zweiten waren, bestimmte 1941 weitaus stärker als die NS-Indoktrination das Rußlandbild der militärischen Führung.[19] Der in Deutschland gehegte und gepflegte «Tannenberg»-Mythos - verstanden sowohl als Abwehr barbarischer Russengreuel wie Inkarnation überlegener deutscher Feldherrenkunst - bildet gleichsam den Hintergrund für die Unbedenklichkeit, mit der die höchsten militärischen Führer des Dritten Reiches die strategischen und operativen Möglichkeiten der Operation «Barbarossa» überprüften und für gegeben hielten. Was ihnen im Höchstfall Sorgen bereitete, war die schon im Ersten Weltkrieg in den Stäben erörterte Frage, ob eine militärische Entscheidung in den Weiten Osteuropas auch politisch zum Tragen kommen könnte, ob überhaupt mit einem Kriegsende in Osteuropa zu rechnen sei. Im Prinzip wurde diese Frage bei der Vorbereitung der Operation «Barbarossa» nie beantwortet, die als Ziele nur territoriale Besitznahme nannte, zugleich jedoch einen immerwährenden Krieg an der Uralgrenze in Aussicht stellte.

Nicht eindeutig fielen die Befunde in der militärischen Hierarchie darüber aus, ob die kommunistische Herrschaft in Rußland zum Vor- oder Nachteil der Kampfkraft der Roten Armee ausgeschlagen war. Seeckt, aber wohl auch noch ein Blomberg, hatten bis Mitte der dreißiger Jahre der Annahme zugeneigt, unter bolschewistischer Herrschaft wäre die Kampfkraft und Organisation der russischen Armee besser geworden als unter dem Zarenbanner.

Die Säuberungen innerhalb der Roten Armee verführten die deutschen Militärs jedoch je länger desto ausschließlicher zu der Überzeugung, daß die Führung der Roten Armee in einem künftigen Kriege noch schlechter sein werde als zwischen 1914 und 1917. Blumentritt vertrat die Auffassung: «In allen Kriegen zeigte sich die Schwerfälligkeit und das langsame Denken der höheren Führung, heute wird diese Eigentümlichkeit durch das Fehlen geschulter Führer noch schärfer in Erscheinung treten als früher im alten kaiserlichen Heer mit immerhin doch guter Ausbildung. Hinzu kommen ferner die Furcht und Angst, bei Fehlschlägen zu büßen. Dies wird den Rest von ‹Verantwortungsfreudigkeit›, die dem Wesen des östlichen Menschen nicht entspricht, noch vollends töten.»[20]

Derartige Überlegungen waren angesichts der Massenliquidierung roter militärischer Talente nicht unbegründet, übersahen jedoch den Umstand, daß seit 1938 unter dem brutalen Zwang Stalins eine Führerschicht herangewachsen war, die bedingungslos zu jeglicher Befehlsausführung bereit war, selbst wenn sie die Rote Armee Millionen unnötige Opfer kostete. Ein zwar schwerfälliges, aber immerhin straff zentralisiertes Befehlssystem war in Sowjetrußland geschaffen worden, das sich auch unter der Bewährungsprobe des Krieges behaupten sollte.

Blumentritt meinte jedoch, die Schwächen der russischen Soldatenmasse seien durch den Bolschewismus noch offenkundiger geworden. «Im ersten Weltkrieg hatte selbst diese dumpfe Masse noch 2 Arten von 'Idee', nämlich den 'Zar' und 'Gott'. Heute ist weder der eine noch der andere vorhanden. An ihre Stelle trat die Idee des 'Bolschewismus'. Ich halte das für eine Schwächung, denn ich glaube niemals, daß die Masse des russischen Volkes damit etwas anzufangen weiß. Ich glaube daher nicht, daß dieses Volk durch diese Idee mitgerissen wird. Es wird sehr bald gleichgültig und fatalistisch werden.»[21]

Die einzige Gefahr, daß sich diese als stumpf und dumpf denunzierte slawische Masse langfristig widersetzen könnte, ging nach Einschätzung einiger Militärs wohl allein von den kommunistischen Kadern innerhalb der Roten Armee aus, die in einem Atemzug als jüdisch-bolschewistisch angesehen wurden. Das mehrheitliche Einschwenken der militärischen Elite auf die Prinzipien des rassenideologischen Eroberungs- und Vernichtungskrieges in Osteuropa, der in Polen von Teilen der Generalität immerhin noch umstritten war, erklärt sich wohl nicht allein aus der rückgratlosen mangelnden Zivilcourage der Generalität oder einem pervertierten militärischen Gehorsamkeitsprinzip, sondern läßt sich wohl nur auf dem Hintergrund einer weitgehenden, wenn auch nicht nahtlosen Identität der Ziele und Anschauungen erklären. Arroganter Überlegenheitsdünkel des Deutschen gegenüber dem Russen, seit Jahrzehnten in Preußen-Deutschland kultiviert und vom letzten deutschen Kaiser zum Rassenkampf zwischen Germanen und Slawen erklärt,[22] ein latent im deutschen Offizierskorps schwelender Antisemitismus, dem es zuzuschreiben war, daß Friedrich II. der einzige Monarch war, der je in der preußischen Armee einen Juden zum General beförderte, den Generalleutnant Konstantin Nathanael von Salémon, sowie ein militanter Antikommunismus, der einer jüdisch-kommunistischen Verschwörung die Hauptschuld an Deutschlands Niederlage im Ersten

Weltkrieg gab, machte die Bahn frei, daß sich die militärische Hierarchie der Wehrmacht in keiner Weise widersetzte, als seit März 1941 der Charakter des Überfalls auf die Sowjetunion als ein Eroberungsfeldzug, als ein Raubkrieg und als ein rassenbiologischer und ideologischer Vernichtungskrieg immer eindeutiger hervortrat. Hitlers programmatische Ausführungen vor 250 Generalen am 30. März 1941 über den geplanten Krieg, der ein Kampf zweier Weltanschauungen sei und in dem die Generalität aufgefordert wurde, von dem «Standpunkt des soldatischen Kameradentums ab(zu)rücken. Der Kommunist ist vorher kein Kamerad und nachher kein Kamerad. Es handelt sich um Vernichtungskampf. Wenn wir es nicht so auffassen, dann werden wir zwar den Feind schlagen, aber in 30 Jahren wird uns wieder der kommunistische Feind gegenüberstehen. Wir führen nicht Krieg, um den Feind zu konservieren»[23], fand wenig Kritik, meist nur im engsten Kreis geäußert, sondern überwiegend bereitwilliges Echo bei den mit einer verbrecherischen Kriegsvorbereitung beauftragten Heeresbehörden, die ohne erkennbare Skrupel den Kommissarbefehl erließen. Noch schlimmer indes war die ungeforderte Zustimmung und der Beifall höchster Kommandeure der Wehrmacht. Generaloberst Georg von Küchler, Oberbefehlshaber der 18. Armee, führte am 25. April 1941 aus: «Die politischen Kommissare und GPU-Leute sind Verbrecher. Das sind die Leute, die die Bevölkerung knechten... Sie sind kurzerhand vor ein Feldgericht zu stellen u(nd) auf Grund der Zeugenurteile der Einwohner abzuurteilen. Es handelt sich bei diesen Maßnahmen auch darum, einen Keil zu treiben zwischen die politische Führung u(nd) den an u(nd) für sich wahrscheinlich anständigen russischen Soldaten. Wenn bekannt wird, daß wir die politischen Kommissare und GPU-Leute sofort vor ein Feldgericht stellen u(nd) aburteilen, so ist zu hoffen, daß sich die russ(ische) Truppe u(nd) die Bevölkerung selbst von dieser Knechtschaft befreien. Wir wollen dieses Mittel auf jeden Fall anwenden. Es spart uns deutsches Blut u(nd) wir kommen schneller vorwärts.»[24] Bei der Erläuterung des Ziels des Krieges offenbarte Küchler jenes eigentümliche Gemisch zwischen Angst-, Überlegenheits- und Herrschaftsgefühlen alter deutscher Eliten, wenn er ausführte: «Von Rußland trennt uns weltanschaulich und rassisch ein tiefer Abgrund. R(ußland) ist schon nach der Masse seines Landbesitzes ein asiatischer Staat... Wenn Deutschland für Generationen Ruhe haben will vor der drohenden Gefahr aus dem Osten, so kann es sich nicht darum handeln, R(ußland) etwa - sei es auch hundert(e) von Kilometern - zurückzudrängen, sondern das Ziel muß sein, das europäische Rußland zu vernichten, den russ(ischen) europäischen Staat aufzulösen.»[25]

Disponiert auf eine Zerschlagung dieser «asiatischen Macht», sich als «Schildhalter der weißen Rasse» empfindend, nahmen viele Offiziere nicht den geringsten Anstand am offenen, geplanten Bruch jeglichen Völkerrechts, sondern applaudierten auch offen dem geplanten Massenmord am osteuropäischen Judentum.

Der später in Berlin im Zusammenhang mit dem 20. Juli 1944 gehenkte Generaloberst Erich Hoepner scheute am 2. Mai 1941 in einem Tagesbefehl an die Angehörigen der Panzergruppe 4 nicht zurück zu erklären «Der Krieg gegen Rußland ist ein wesentlicher Abschnitt im Daseinskampf des deutschen Volkes. Es ist der alte Kampf der Germanen gegen das Slawentum, die Verteidigung europäischer Kultur gegen moskowitisch-asiatische Überschwemmung, die Abwehr des jüdischen Bolschewismus. Dieser Kampf muß die Zertrümmerung des heutigen Rußland zum Ziel haben und deshalb mit unerhörter Härte geführt werden. Jede Kampfhandlung muß in Anlage und Durchführung von dem eisernen Willen zur erbarmungslosen, völligen Vernichtung des Feindes geleitet sein. Insbesondere gibt es keine Schonung für die Träger des heutigen russisch-bolschewistischen Systems.»[26]

Derartige Verlautbarungen höchster Kommandeure an ihre Soldaten, bei denen sich traditioneller Dünkel und nationale Selbstüberhebung mit der NS-Doktrin vermischten, mußten die Wehrmachtspropagandisten anstacheln, in der Definition des kommunistischen Untermenschen kein Stück hinter den Haßtiraden des Schwarzen Korps der SS zurückzustehen. «Was Bolschewiken sind», so die 1941 an die Soldaten ausgegebenen «Mitteilungen für die Truppe», «das weiß jeder, der einmal einen Blick in das Gesicht eines der Roten Kommissare geworfen hat. Hier sind keine theoretischen Erklärungen mehr nötig. Es hieße die Tiere zu beleidigen, wollte man die

Züge dieser zu einem hohen Prozentsatz jüdischen Menschenschinder tierisch nennen. Sie sind die Verkörperung des Infernalischen, Person gewordener wahnsinniger Haß gegen alles edle Menschentum. In der Gestalt dieser Kommissare erleben wir den Aufstand des Untermenschen gegen edles Blut.»[27]

Mit dem 22. Juni 1941 fiel scheinbar endgültig der Vorhang über zwei Jahrzehnte deutsch-russischer Beziehungen. «Das Verhältnis zwischen Deutschen und Russen, nicht selten von Spannungen belastet, später von Ideologien verzerrt und schließlich durch die Propaganda vergiftet, wurde spätestens seit diesem Tage auf Jahrzehnte hinaus bis in unsere Gegenwart hinein in seinen Grundlagen vollends zerstört», schrieben 1970 Friedrich A. Krummacher und Helmut Lange.[28]

Doch waren seine Grundlagen wirklich vollends zerstört worden?

Aus dem Blickwinkel des Jahres 1970 mochte es so scheinen, obgleich es seinerzeit schon gute Indizien für das Gegenteil dessen gab. Wer genau hinschaute, mußte noch während des Zweiten Weltkrieges wahrnehmen, daß es in der Politik beider Staaten trotz aller ungeheuren Belastungen eine Konstante gab, die zwar zeitweilig bei weitem nicht die Bestimmende war, die indes über alle historischen Schockerlebnisse, ideologischen Vergiftungen und Gegensätze hinweg von konstitutiver Bedeutung blieben.

In dem Maße, wie sich der hybride Machtwahn von NS-Politikern und welterobernden Militärs am Widerstand der Roten Armee brach, wie auch nichts von den Trugträumen des Dritten Reiches gegenüber Sowjetrußland sich bewahrheitete, um so stärker kamen wieder die alten nationalkonservativen Rußlandvorstellungen zur Geltung, die an frühere Erfahrungen, besonders die des Ersten Weltkrieges, anknüpften. Da war wieder die Rede, daß Rußland nur durch Russen zu besiegen wäre, da spielte man erneut mit der Idee, Rußland durch einen Bürgerkrieg zu destabilisieren, da belebte man die in Brest-Litowsk erstmals gehegte Hoffnung, das Großrussentum durch einen Kranz unabhängiger Staaten, von den baltischen Staaten über eine unabhängige Ukraine bis hin zu selbstständigen kaukasischen Republiken unter Kontrolle halten zu können[29]. Federführend bei dieser Ideengebung, die im Widerspruch zur rassenideologischen Vernichtungspolitik der Nazis stand, waren die alten Ostpolitiker des Reiches, von Friedrich Werner Graf von der Schulenburg bis zu Gustav Hilger und Hans Herwath von Bittenfeld, von Otto Schiller, der unter Abschaffung des Kolchossystems eine russische Agrarreform vorschlug, bis hin zu den Militärs um Ernst Köstring, der der Wehrmacht als Befehlshaber der Turkvölkischen Verbände diente, dem einstigen Luftwaffenattaché in Moskau, Heinrich Aschenbrenner, der 1944 als Leiter der Wehrmachtsverbindungsstelle zum Wlassow-Komitee fungierte, oder bis zu Oskar Niedermayer und Rolf von Heygendorff, die als Kommandeure der 162. (turk.) Infanteriedivision kaukasische Soldaten gegen die Rote Armee ins Feld führten. Von hier knüpften sich Fäden und Kontakte bis hin zu Oberst Klaus Graf von Stauffenberg und anderen Männern der Bewegung des 20. Juli 1944. Sie alle verabscheuten allemal sowohl das System Stalins als auch das rassenideologische Vernichtungskonzept Hitlers und seiner Konsorten, das die Überlebensrechte der slawischen Bevölkerung in Frage stellte. Der Kern ihrer Bemühungen lag in dem Ziel, aus den verschiedensten Völkern Sowjetrußlands Partner, ja Verbündete des Dritten Reiches zu machen, ein Ziel indessen, das mit den imperialen Kriegszielen der NS-Regierung zwangsläufig kollidieren mußte. Unklar blieb auch bei den Gegnern der rassenideologischen Ostpolitik des Dritten Reiches die Frage, welche Stellung den Großrussen in einer solchen Ostpolitik zukommen sollte: War beabsichtigt, die Minderheiten der UdSSR gegen die Großrussen zu vereinigen oder erhielten alle Völkerschaften gleiche Chancen und Möglichkeiten eingeräumt? Innerhalb der Bewegung des 20. Juli 1944 scheint Stauffenberg am weitesten gegangen zu sein, der sich zeitweise der Hoffnung hingab, daß mit dem Sturz der nationalsozialistischen Diktatur Gedankenfreiheit und Bürgerrechte auch in Rußland wieder hergestellt werden könnten. Dies setzte indessen eine militärische Entscheidung des Krieges im Osten zugunsten Deutschlands voraus, was den englischen Historiker John Wheeler-Bennet 1954 zu der Äußerung veranlaßte, «vor ihm leuchtete in all ihrem verführerischen Glanz die Vision eines von der Despotie erlösten und in Freiheit vereinigten Deutschlands und Rußlands»[30], das in der Lage war, den Kontinent zu beherrschen.

Und auch das sowjetische Echo blieb nicht völlig aus. Das berühmte Stalin-Wort von den Hitlers, die kommen und gehen, und von dem deutschen Staat und dem deutschen Volk, die da blieben, wurde wirksames Vehikel für den Glauben einer Reihe in sowjetische Gefangenschaft geratene deutsche Militärs, daß für die Wehrmacht als Institution und als Klammer eines deutschen Nationalstaates noch Überlebenschancen bestünden, wenn man sich wieder auf die große Macht des Ostens als Verbündeten besinnen würde. Vor allem in dem im September 1943 gegründeten Bund Deutscher Offiziere keimte angesichts der Unversöhnlichkeit der Kriegsziele Großbritanniens und der Vereinigten Staaten (unconditional surrender) sowie sowjetischer Zusicherungen noch einmal eine Hoffnung auf, daß eine primär auf die Ostmacht fixierte deutsche Politik noch die Ostgrenzen des Reiches gegen Polen retten könnte. Der Geist von Tauroggen, von General Walther von Seydlitz so oft beschworen, gab allemal Stoff für einen veritablen Mythos ab, der sich eben auch auf die Sonderrolle gründete, die deutsche Militärs in ihren Beziehungen zu Sowjetrußland gespielt hatten. Offenbar hatte auch aus sowjetischer Optik bis Mitte 1944 das deutsche Militär in dieser seiner Funktion noch nicht gänzlich ausgedient, blieb trotz aller maßlosen Erbitterung über den 22. Juni 1941 für sie noch ein Rest politischer Respektabilität zurück, der sich auch in der Nachkriegsgeschichte des zweiten deutschen Teilstaates immer wieder artikulierte, gelegentlich politisch auch direkt greifbar wurde.

War es ein Treppenwitz der Weltgeschichte oder die Nemesis deutscher Militärgeschichte, daß Hans Krebs als letzter deutscher Generalstabschef am 1. Mai 1945 beauftragt wurde, bei der Roten Armee eine Gnadenfrist für die Konstituierung einer von Joseph Goebbels geleiteten Reichsregierung zu erwirken? War es nur ein tragikomischer Abgang von der historischen Bühne? Oder verbarg sich hinter ihm das Phantom, das allerdings der Meinung eines geringen Teils des deutschen Offizierkorps jener Wochen entsprach, sich künftig auf die im Krieg als die überlegen erweisende Ostmacht zu orientieren?

Mit der Entwicklung deutscher Nachkriegsgeschichte in zwei getrennten Staaten hat sich diese Frage von selbst erübrigt. Den beiden im Jahre 1949 mit auswärtiger Hilfe gegründeten deutschen Staaten wurde von ihrer Geburtsstunde an die Frage abgenommen, wohin sie optieren dürften: für den deutschen Staat in Bonn war eine ausschließliche Westoption ebenso vorgeschrieben wie die bedingungslose Osteinbindung für den zweiten deutschen Teilstaat.

Erst mit fast fünfundvierzigjähriger Verspätung stellte sich für den neuvereinigten deutschen Nationalstaat wiederum die Frage, wie er sich selbst in das politische Beziehungsgeflecht zwischen West- und Osteuropa einordnet.

Die Mehrheit der politischen Entscheidungsträger im neuen Deutschland schien diese Frage angesichts ihrer Einbindung in das atlantische Bündnis und in die (west)europäische Gemeinschaft nur eine akademische Frage zu sein. Sie wird es indessen angesichts Deutschlands geographischer Lage und der Dynamik eines prosperierenden Wirtschaftsraumes von 80 Millionen Menschen im Zentrum Europas nicht bleiben können. Früher oder später wird Deutschland nicht umhin können, eine eigenständige Position einzunehmen, die der traditionellen deutschen Vermittlerrolle im Handel, in der Wissenschaft und in der Kultur zwischen Ost- und Westeuropa entspricht.

Deutsche Politik wird dabei um so stärker gefordert werden Stellung zu nehmen angesichts des beispiellosen Zusammenbruches des alten Sowjetstaates, der alle bisherigen politischen Utopien, Kalküle und Berechnungen binnen weniger Tage über den Haufen warf und somit nicht einmal dem Untergang des römischen Imperiums vergleichbar erscheint. Mit dem Auseinanderbrechen des zentralisierten russischen Weltreiches und der Entstehung eines föderativen Staatenbundes im Osten, der bislang kein Vorbild in der Welt findet, entstehen in Osteuropa völlig ungewohnte politische Strukturen und Mächtekonstellationen, die in unserem Jahrhundert beispiellos sind und mit denen umzugehen erst gelernt werden muß.

Wie wird Deutschland mit diesem neuen Staatensystem, seinen politischen und sozialen Trägern, seinen unvermeidbaren Konflikten und Problemen, umgehen? Überraschend genug mutet für den fernen Beobachter an, daß wohl einzig die Führung der einstigen Sowjetarmee, zwar nicht unbeschadet, aber aus ihrer Schlüsselposition keineswegs verdrängt, den russischen Elitenaustausch überstehen wird.

Wird sie zum Hort russischen Selbstbehauptungswillens der Zukunft und welchen historischen Leitbildern wird sie sich verpflichtet fühlen?

Mit eigener politischer Fantasie und Sensibilität im Verbund westeuropäischer Staaten oder gar in der Revitalisierung früherer Integrationsvorstellungen? Einst wurde behauptet: «Die ersehnte Vereinigung Rußlands mit Deutschland konnte auf friedlichem Wege erfolgten oder eine Eroberung notwendig machen.»[31] Revolverhochzeiten sind im 20. Jahrhundert anachronistisch geworden. Es wird sich also sowohl um einen Neuanfang als auch um ein Anknüpfen an historisch Gewachsenes und Gewordenes handeln. Für die deutsche Politik wird angesichts des osteuropäischen Wandels künftig weder eine einseitige Ost- noch Westoption möglich sein. Sie wird sich beiden Herausforderungen stellen müssen, um so mehr, als sich die Achse europäischer Politik mit hoher Wahrscheinlichkeit nach Osten verlagern wird. Das traditionelle Konzept alter deutscher Ostpolitik, sich der russischen Macht gegen eine feindliche westliche Welt als ein nutzbringender Freund zu bedienen, wie es seit Friedrich II. über Bismarck, Seeckt und selbst vorübergehend für einen Hitler gültig war, gehört angesichts östlichen Kräfteschwundes und eines entstehenden Machtvacuums wohl endgültig der politischen Rumpelkammer an. Schwieriger indessen wird wohl die Gratwanderung des deutschen Interessenausgleichs zwischen den Interessen der neuen osteuropäischen Staaten sein: Jede Bevorzugung des einen oder anderen muß zwangsläufig bei den Nichtbeteiligten den Verdacht von Benachteiligung erwecken, als drohe hier Verständigung auf ihre eigenen Kosten. In der Vergangenheit war stets Polen das Opfer von derartigen Bündnissen aus Staatsraison zwischen Deutschland und Rußland. In Zukunft können sich derartige Befürchtungen aufgrund historischer Erfahrungen mit deutscher Ostpolitik bei den neuen osteuropäischen Ländern multiplizieren. Der ärgste Fehler, den künftige deutsche Ostpolitik um jeden Preis meiden muß, würde wohl darin bestehen, eine undeutliche Politik gegen den künftigen russischen Staat zu betreiben.

Vielleicht mag es für die Außenpolitik der nächsten Jahre hilfreich sein, die gegenseitigen Beziehungen stärker auch unter ihrem historischen Aspekt zu analysieren und zu bestimmen. Sie darf nicht von der Absicht diktiert sein, durch gegenseitige Aufrechnung eine selbstgerechte deutsche Selbstentlastung herbeizuführen. Antikommunistische Optik und Selbstbestätigung ist keine Gewähr für historische Objektivität. Und selbst wenn davon ausgegangen wird, daß antikommunistische Zielsetzungen in hohem Maße die deutsche Politik von den zwanzigern bis zu den vierziger Jahren bestimmt haben, diese Ideologie bildete für Reichswehr und Rote Armee keineswegs ein Hindernis, ihr antipolnisches Komplott zu vollstrecken und blokkierte in keiner Weise die mit Blut befestigte militärische Zusammenarbeit beider Armeen bei der vierten Teilung Polens. Über alle Ideologie triumphierte hier die kühle, unerbittliche Staatsraison, ein verderbter Egoismus, der die eigene Interessenwahrnahme über alle Gesetze und Normen erhob.

Wer nach dem Zusammenbruch des Sowjetimperiums retrospektiv doch noch eine Logik und Rechtfertigung für den Überfall vom 22. Juni 1941 finden will, muß sich daran erinnern lassen, daß der biologisch begründete Antisemitismus, der germanische Rassismus und der ideologische Antikommunismus den Boden abgaben für die planmäßigste Massenabschlachtung von Millionen Menschen in Osteuropa durch einen systematisch herbeigeführten Krieg. Die historisch einmalige Dimension dieses Slawenmordes, vielfach durch den Massenmord an sechs Millionen Juden in die unterbelichteten Ränder historischen Gedächtnisses verdrängt, ist aufgrund antisowjetischer und antirussischer Voreingenommenheit im größten Teil der Welt bis heute nicht mit dieser Eindeutigkeit reflektiert worden. Der rassenbiologische Vernichtungsfeldzug in Osteuropa, Ausdruck der spezifischen Doktrin und Praxis des Nationalsozialismus, war undenkbar ohne die jahrhundertelang gezüchtete, gewachsene und ins politische Allgemeinbewußtsein eingedrungene Herrenmentalität deutscher Machtträger, aber auch von Millionen Deutscher, gegenüber den Völkern Osteuropas. Selbst wenn man sich nach den umstürzenden August- und Dezemberereignissen des Jahres 1991 der flüchtigen Illusion hingeben könnte, daß sich im Zuge demokratischer Entwicklungen in Osteuropa und in Rußland der bedrohliche Stellenwert von Antikommunismus und Antisowjetismus im politischen Denken von selbst auflösen wird, er kann kompensiert und überstrapaziert werden durch ein Überlegenheits- und Überwertigkeitsgefühl des Mitteleuropäers gegenüber dem Osteuropäer, das diesen a priori zu einem Europäer zweiter Klasse macht. Erst wenn diese bornierte Arroganz überwunden ist, alte Denkklischees über Bord geworfen werden, gegenseitiges Verständnis mehr als die Wahrnahme des anderen ist, Hungeralmosen für Osteuropa nicht als Ablaß historischer Schuld verstanden werden, deutet sich die Möglichkeit einer dauerhaften Normalisierung in den Beziehungen der Deutschen zu den Völkern Osteuropas an.

Fußnotenanhang

I

1 Bundesarchiv/Militärarchiv Freiburg, RH 21-2/v. 3, Kriegstagebuch XIX. Armeekorps, 1. 9. 39–25. 9. 39, Bl. 92
2 Ebenda, Bl. 97
3 Ebenda, Bl. 100
4 Ebenda, Bl. 101
5 Ebenda
6 Rundschau über Politik, Wirtschaft und Arbeiterbewegung, 8. Jg., Nr. 49 vom 21. September 1939, S. 1395
7 «Neues Deutschland» vom 27. März 1962. Zu der bis dahin erschienenen umfangreichen englisch-amerikanischen Literatur vgl. u. a. Julius Epstein, Der Seeckt-Plan. Aus unveröffentlichten Dokumenten. Neues Tatsachenmaterial über die geheime Zusammenarbeit zwischen Reichswehr und Sowjet-Armee, in: Der Monat, Jg. 1/1948, S. 48 ff, George F. W. Hallgarten, General Hans von Seeckt and Russia, 1919–1926, in: Soviet Studies, Vol. VIII, October 1956, Nr. 2, S. 125 ff; Hans W. Gatzke, Russo-German Military Collaboration during the Weimar Republic, in:The American Historical Review, Vol. LXIII, April 1958, Nr. 3, S. 565 ff; F. L. Carstens, The Reichswehr and the Red Army, 1920–1933, in: Survey. A journal of Soviet and East European Studies, Nr. 44/45, October 1962, S. 114 ff, John Erickson, The Soviet High Command. A Military-Political History 1918–1941, London 1962, S. 144 ff und S. 247 ff; George H. Stein, Russo-German Military Collaboration; The last phase, 1933, in: Political Science Quarterly, Bd. LXXVII, 1962, Nr. 1, S. 54 ff
8 Gerhard Wagner, Deutschland und der polnisch-sowjetische Krieg 1920, Wiesbaden 1979, S. 45
9 Ebenda, S. 46
10 Bundesarchiv, Abt. Potsdam, Nachlaß Seeckt, 06. 01/199, Bl. 6 und Bl. 7
11 Akten zur deutschen auswärtigen Politik, Serie A, Bd. III, Nr. 238 und Nr. 246

12 Bundesarchiv, Abt. Potsdam, Auswärtiges Amt, Nr. 16594, Bl. 9ff, und Bundesarchiv, Abt. Potsdam, Nachlaß Seeckt, Nr. 19 540, Stück 90
13 Akten zur deutschen auswärtigen Politik, Serie A, Bd. IV, Nr. 179
14 Francis L. Carsten, Reichswehr und Politik 1918–1933, Köln-Berlin 1964, S. 141
15 BA/MA Freiburg, RH 2/v. 2289, Bl. 9
16 Carsten, Reichswehr, S. 144
17 Rolf-Dieter Müller, Das Tor zur Weltmacht. Die Bedeutung der Sowjetunion für die deutsche Wirtschafts- und Rüstungspolitik zwischen den Weltkriegen, Boppard am Rhein 1984, S. 98
18 Carsten, Reichswehr, S. 145
19 Akten zur deutschen auswärtigen Politik, Serie A, Bd. VI, Nr. 171 und Nr. 159
20 Herbert Helbig, Die Träger der Rapallo-Politik, Göttingen 1958, S. 119
21 Otto-Ernst Schüddekopf, Das Heer und die Republik. Quellen zur Politik der Reichswehrführung 19128 bis 1933, Hannover/Frankfurt/M. 1955, S. 160ff
22 Akten zur deutschen auswärtigen Politik, Serie A, Bd. VII, Nr. 91
23 Carsten, Reichswehr, S. 145
24 Akten zur deutschen auswärtigen Politik, Bd. VII, Nr. 102
25 Akten zur deutschen auswärtigen Politik, Bd. VII, Nr. 157
26 Siehe den Schriftwechsel zwischen Tschunke, Niedermayer und Fischer, in: BA/MA Freiburg, RH 2/v. 2305
27 Deutsches Museum München, Sondersammlungen, Nachlaß Hugo Junkers, Schriftwechsel Stoltzenberg – Junkers
28 Akten zur deutschen auswärtigen Politik, Serie A, Bd. VIII, Nr. 84 u. Nr. 85
29 A. A. Achtamsjan, Woennoje Sotrudnitschestwo SSSR i Germanii 1920–1933, in: Nowaja i Noweschaja Istorija, Nr. 5/1990, S. 11
30 Siehe Helm Speidel, Reichswehr und Rote Armee, in: Vierteljahreshefte für Zeitgeschichte, Heft 1/1953, S. 17ff und Karl-Heinz Völker, Die Entwicklung der militärischen Luftfahrt in Deutschland 1920–1933, Stuttgart 1962, S. 140ff, Karl-Heinz Völker, Dokumente und Dokumentarfotos zur Geschichte der deutschen Luftwaffe, Stuttgart 1968, S. 58ff
31 Völker, Dokumente, S. 62/63
32 BA/MA Freiburg, RH 2/v. 2296, Bl. 93
33 BA/MA Freiburg, RH 2/v. 2294, Bl. 126ff
34 Siehe dazu: BA/MA Freiburg, RH 12–4/54, RH 12–4/55 sowie II H 342
35 Hans Günter Brauch/Rolf-Dieter Müller, Chemische Kriegführung – Chemische Abrüstung. Dokumente und Kommentare, Berlin 1985, S. 124
36 Dieter Dreetz, Aus der Zusammenarbeit von Reichswehr und Roter Armee 1930, in: Militärgeschichte, Heft 5/1990, S. 478ff
37 Akten zur deutschen auswärtigen Politik, Serie A, Bd. VII, Nr. 237
38 Manfred Zeidler, Luftkriegsdenken und Offiziersausbildung an der Moskauer Zukowskij-Akademie im Jahre 1926. Die Gruppe Fiebig und die sowjetischen Luftstreitkräfte, in: Militärgeschichtliche Mitteilungen, Heft 1/1987, S. 127ff
39 BA/MA Freiburg, RH 2/2417, Bl. 218

40 BA/MA Freiburg, RH 2/2418, Bl. 138f. Zu deutschen Eindrücken über Kontakte und Begegnungen zwischen Reichswehr und Roter Armee. Ein Rückblick, in: Außenpolitik, 9. Jg., 1958, Heft 8, August, S. 506ff, Erich von Manstein, Aus einem Soldatenleben 1887–1939, Bonn 1958, S. 138ff. Francis L. Carsten, Reports by Two German Officers on the Red Army, in: The Slavonic and East European Review, XLI Jg./1962, Nr. 4, Dezember, S. 217ff sowie Rudolf Ströbinger, Stalin enthauptet die Rote Armee, Stuttgart 1990, S. 108ff

41 BA/MA Freiburg, RH 2/2419, Bl. 15

42 Akten zur deutschen auswärtigen Politik, Serie B, Bd. VIII, Nr. 102

43 Akten zur deutschen auswärtigen Politik, Serie B, Bd. IX, Nr. 11

44 Akten zur deutschen auswärtigen Politik, Serie B, Bd. IX, Nr. 80

45 Achtamsjan, SSSR i Germanii, S. 18/19

46 F. A. Krummacher/H. Lange, Krieg und Frieden. Von Brest-Litowsk zum Unternehmen Barbarossa, München 1970, S. 187

47 Akten zur deutschen auswärtigen Politik, Serie B, Bd. IV, Nr. 174

48 Edward Hallet H Carr, Berlin – Moskau. Deutschland und Rußland zwischen den Weltkriegen. Stuttgart 1954, S. 123

49 Wilhelm Pieck, Gesammelte Reden und Schriften, Bd. III, Berlin 1954, S. 514

50 Protokoll des VI. Weltkongresses der Kommunistischen Internationale Moskau 1928, Bd. 1: Die internationale Lage und die Aufgaben der Komintern. Der Kampf gegen die imperialistische Kriegsgefahr, Hamburg – Berlin 1928, S. 16f

51 Akten zur deutschen auswärtigen Politik, Serie B, Bd. IV, Nr. 62

52 Public Record Office London, AIR 5/608, part I

53 Akten zur deutschen auswärtigen Politik, Serie B, Bd. VI, Nr. 60

54 Ebenda, Nr. 66

55 Carsten, Reichswehr, S. 259

56 Gerhard Schreiber, Revisionismus und Weltmachtstreben. Marineführung und deutsch-italienische Beziehungen 1919–1944, Stuttgart 1978, S. 42f

57 Carsten, Reichswehr, S. 262

58 Robert M. Citino, The Evolution of Blitzkrieg Tactics. Germany it self against Poland 1918–1933. New York – London 1987, S. 147ff

59 Michael Geyer, Aufrüstung und Sicherheit. Die Reichswehr in der Krise der Machtpolitik 1924–1936, Wiesbaden 1980, S. 191f

60 Akten zur deutschen auswärtigen Politik, Serie B, Bd. IX, Nr. 138

61 Politisches Archiv, Auswärtiges Amt, Bonn, Nr. 31 681, Bd. 5, Bl. 671685

62 Gaines Post, The Civil-Military Fabric of Weimar Foreign Policy, Princeton 1973, S. 127

63 Müller, Tor zur Weltmacht, S. 214

64 Politisches Archiv, Auswärtiges Amt, Bonn, Nr. 31 690, Bl. 143

65 Akten zur deutschen auswärtigen Politik, Serie B, Bd. XIV, Nr. 99

66 Akten zur deutschen auswärtigen Politik, Serie B, Bd. XIX, Nr. 65. Siehe auch: Harvey Leonard Dyck, Weimarer Germany and Soviet Russia 1926–1933, London 1966, S. 246/247

67 J.W. Stalin, Werke, Bd. XIII, Berlin 1955, S. 104
68 Citino, S. 178ff
69 Karl-Volker Neugebauer, Operatives Denken zwischen dem Ersten und Zweiten Weltkrieg, in: Vorträge zur Militärgeschichte, Bd. 9: Operatives Denken und Handeln in deutschen Streitkräften im 19. und 20. Jahrhundert, Herford – Bonn 1988, S. 117
70 Siehe hierzu: Akten zur deutschen auswärtigen Politik, Serie B, Bd. XIV, Nr. 2
71 Thilo Vogelsang, Neue Dokumente zur Geschichte der Reichswehr 1930–1933, in: Viertel-Jahreshefte für Zeitgeschichte, Heft 2/1954, S. 409
72 Akten zur deutschen auswärtigen Politik, Serie B, Bd. XV, Nr. 77

II

1 Thilo Vogelsang, Neue Dokumente zur Geschichte der Reichswehr 1930–1933 in: Vierteljahreshefte für Zeitgeschichte, 1954/2, S. 434f
2 Politisches Archiv, Auswärtiges Amt, Bonn, Nr. 31610, Bl. 194–195
3 Akten zur deutschen auswärtigen Politik, Serie C, Bd. I/2, Nr. 232
4 F.A. Krummacher/H. Lange, Krieg und Frieden. Von Brest-Litowsk zum Unternehmen Barbarossa, München-Eßlingen 1970, S. 516
5 Akten zur deutschen auswärtigen Politik, Serie C, Bd. I/1, Nr. 201
6 Hermann Rauschning, Gespräche mit Hitler, Zürich – New York 1940, S. 83
7 Akten zur deutschen auswärtigen Politik, Serie C, Bd. I/2, Nr. 252
8 Karlheinz Niclaus, Die Sowjetunion und Hitlers Machtergreifung. Eine Studie über die deutsch-russischen Beziehungen der Jahre 1929 bis 1935, Bonn 1966, S. 128
9 John Erickson, The Soviet High Command. A Military-Political History 1918–1941, London 1962, S. 347
10 Bundesarchiv/Militärarchiv Freiburg, RH 12-4/v 54
11 Akten zur deutschen auswärtigen Politik, Serie C, Bd. I/2, Nr. 439
12 Ebenda, Nr. 252
13 Rolf-Dieter Müller, Das Tor zur Weltmacht. Die Bedeutung der Sowjetunion für die deutsche Wirtschafts- und Rüstungspolitik zwischen den Weltkriegen, Boppard am Rhein 1984, S. 256
14 Akten zur deutschen auswärtigen Politik, Serie C, Bd. I/2, Nr. 252, FN 10
15 Akten zur deutschen auswärtigen Politik, Serie C, Bd. I/2, Nr. 439
16 Ebenda, Nr. 409 und FN 6
17 Ebenda, Nr. 470
18 Ebenda, Nr. 439
19 Herbert von Dirksen, Moskau, Tokio, London. Erinnerungen und Betrachtungen zu 20 Jahren deutscher Außenpolitik 1919–1939, Stuttgart 1949, S. 125
20 Akten zur deutschen auswärtigen Politik, Serie C, Bd. II/1, Nr. 47
21 Sebastian Haffner, Der Teufelspakt. Die deutsch-russischen Beziehungen vom Ersten zum Zweiten Weltkrieg, Zürich 1988, S. 132

22 Rudolf Nadolny, Mein Beitrag. Erinnerungen eines Botschafters des Deutschen Reiches, Köln 1985, S. 261
23 Akten zur deutschen auswärtigen Politik, Serie C, Bd. II/1, Nr. 176
24 Ebenda, Nr. 191
25 BA/MA, RH 2/2417, Bl. 188, Bl. 30, Bl. 202, Bl. 201 und Bl. 204
26 Wolfgang Sauer, Die Mobilmachung der Gewalt, Frankfurt/M – Berlin – Wien 1974, S. 92f
27 Müller, S. 258
28 Akten zur deutschen auswärtigen Politik, Serie C, Bd. IV/1, Nr. 2, Nr. 3, Nr. 7, Nr. 15
29 General Ernst Köstring, Der militärische Mittler zwischen dem Deutschen Reich und der Sowjetunion 1921–1941, bearb. von Hermann Teske, Frankfurt/M. 1966, S. 122
30 BA/MA Freiburg, RH 1/v 79
31 Köstring, S. 122
32 Politisches Archiv, Auswärtiges Amt, Bonn, Nr. 31683, Bl. 47f und Bl. 77f
33 Köstring, S. 160
34 Akten zur deutschen auswärtigen Politik, Serie C, Bd. IV/2, Nr. 383
35 BA/MA Freiburg, RH 2/981, Bl. 132
36 Hans von Herwarth, Zwischen Stalin und Hitler. Erlebte Zeitgeschichte 1931–1945, Frankfurt/M – Berlin 1989, S. 60 und Jan Szembek, Journal 1933–1939, Paris 1952, S. 262
37 BA/MA Freiburg, RH 2/2417, Bl. 190 und Bl. 132
38 Müller, S. 256 und Karl Spalcke, Gespräche in Moskau. Die Reichswehr und die Rote Armee 1936 in: Die Gegenwart. Jg. XIII/Nr. 13, S. 398f.
39 Die Tagebücher von Joseph Goebbels, Sämtliche Fragmente. Hrsg. Elke Fröhlich, Bd. 2, München – New York – London – Paris 1987, S. 653
40 Ebenda, S. 726
41 Ivan Pfaff, Prag und der Fall Tuchatschewski in: Vierteljahreshefte für Zeitgeschichte, 35. Jg., 1987, Heft 1, S. 120
42 Tagebücher von Joseph Goebbels, a. a. O., Bd. III, S. 22f
43 Ebenda, S. 26
44 Niclaus, S. 192f
45 Pfaff, S. 97
46 Ebenda, S. 97/98
47 Rudolf Ströbinger, Stalin enthauptet die Rote Armee. Der Fall Tuchatschewski, Stuttgart 1990, S. 174
48 Pfaff, S. 104
49 Schauprozesse unter Stalin. 1932–1952. Zustandekommen, Hintergründe, Opfer. Mit einem Vorwort von Horst Schützler, Berlin 1990, S. 259
50 Pfaff, S. 122ff
51 Schauprozesse unter Stalin. S. 275/276
52 Köstring, S. 192
53 Ebenda, S. 181

54 Public Record Office London, Foreign Office, Nr. 18 829, Bericht von Eric E. Phipps vom 12. März 1935
55 PRO London, Foreign Office, Nr. 21 095, Bericht des britischen Militärattachés vom 13. Januar 1937
56 BA/MA Freiburg, RH 1/v 79
57 BA/MA Freiburg, RH 2/2418, Bl. 79. Vgl. auch RH 2/2452
58 Erickson, S. 449 ff, Robert Conquest, The great terror. Stalins purge of the Thirties, London 1968, S. 226 ff und S. 484 ff. Joel Carmichael, Stalins Masterpiece, London 1976, S. 184 ff, Dimitri Wolkogonow, Stalin, Triumph und Tragödie, Düsseldorf 1989, S. 413 ff, Bernd Bonwetsch, Die Repression des Militärs und die Einsatzfähigkeit der Roten Armee im «Großen Vaterländischen Krieg» in: Zwei Wege nach Moskau. Hrsg. von Bernd Wagner, München – Zürich 1991, S. 404–424
59 BA/MA Freiburg, RH 2/2418, Bl. 79
60 Köstring, S. 190 und S. 202
61 Karl Spalcke, Der Fall Tuchatschewski. Die Wehrmacht, die Rote Armee und die «große Säuberung» in: Die Gegenwart, Jg. XIII/Nr. 2 1958, S. 47
62 BA/MA Freiburg, Nachlaß Beck, N 28/1
63 BA/MA Freiburg, RM 7/v 2740, Bl. 1, Bl. 61, Bl. 113 und Bl. 121
64 BA/MA Freiburg, RM 7/v 2709, Bl. 26
65 BA/MA Freiburg, RM 7/v 2740, Bl. 96
66 BA/MA, Abt. Potsdam, WF–10/31 231
67 BA/MA Freiburg, RH 2/18, Bl. 3
68 Ebenda, Bl. 7
69 Helmut Krausnick/Hans-Heinrich Wilhelm, Die Truppe des Weltanschauungskrieges. Die Einsatzgruppen der Sicherheitspolizei und des SD 1938–1942, Stuttgart 1981, S. 125
70 Olaf Groehler, Die Wehrmachtsstudie 1936/37 in: Revue Internationale d'Histoire Militaire, Nr. 71/1989, S. 213
71 Tagebücher von Joseph Goebbels, Bd. III, S. 25
72 Krummacher/Lange, S. 536
73 Der Prozeß gegen die Hauptkriegsverbrecher vor dem Internationalen Militärgerichtshof, Nürnberg, 14. November 1945 – 1. Oktober 1946, Bd. XXIX, Dok. 1992(A)-PS, 206 ff
74 Tagebücher von Joseph Goebbels, Bd. 2, S. 675
75 Klaus-Jürgen Müller, General Ludwig Beck. Studien und Dokumente zur politisch-militärischen Vorstellungswelt und Tätigkeit des Generalstabschefs des deutschen Heeres 1933–1938, Boppard am Rhein 1980, S. 517
76 Ebenda, S. 572
77 Ulrich von Hassell, Vom anderen Deutschland. Aus den nachgelassenen Tagebüchern 1938–1944, Frankfurt/M – hamburg 1964, S. 32
78 Bundesarchiv, Abt. Potsdam,, Auswärtiges Amt, Nr. 58 440
79 Heinz Höhne, Canaris. Patriot im Zwielicht, München 1973, S. 305 ff
80 PRO London, Foreign Office, Nr. 22 961, C-528 und C-601

81 Müller, Tor zur Weltmacht, S. 313

82 Helmuth Großcurth, Tagebücher eines Abwehroffiziers 1938–1940, Stuttgart 1970, S. 173

83 Siehe Ingeborg Fleischhauer. Der Pakt. Hitler, Stalin und die Initiative der deutschen Diplomatie 1938–1939, Berlin–Frankfurt/M. 1990, S. 91

84 Angelo Rossi, Zwei Jahre deutsch-sowjetisches Bündnis, Köln–Berlin 1954, S. 20

85 Der Prozeß gegen die Hauptkriegsverbrecher vor dem Internationalen Militärgerichtshof in Nürnberg, 14. November 1945–1. Oktober 1946, Bd. XXXVII, Nürnberg 1949, S. 546f

86 Erhard Moritz, Einschätzung der «Luftlage Europas» im Frühjahr 1939 durch die deutsche Luftwaffenführung, in: Militärgeschichte, 29 (1989), H. 4, S. 379

87 Centralne Archivum Wojskow, Warschau, 7/506, Großes Orientierungsheft Polen vom 1. 5. 1939

88 BA/MA Freiburg, RM 35 I/18, Bl. 90

89 PRO London, Foreign Office 371/22 969, Bl. 140

90 BA/MA Freiburg, RM 7/892, Bl. 116

91 PRO London, Foreign Office 371/22 975, C-10 981

92 PRO London, Foreign Office 371/22 972, Bl. 85

93 Ebenda, Bl. 46ff

94 Robert Coulondre. De Staline à Hitler, Souvenirs de deux Ambassades 1936–1939, Paris 1950, S. 271

95 Bundesarchiv, Abt. Potsdam, Deutsche Botschaft in China, Nr. 2247, Bl. 89 und Bl. 126

III

1 Geschichte des Zweiten Weltkrieges 1939–1945 in zwölf Bänden, Dritter Band: Der Beginn des Krieges und die Vorbereitung der Aggression gegen die UdSSR, Berlin 1977, S. 41

2 Akten zur deutschen auswärtigen Politik, Serie D, Bd. VII, Nr. 480, Nr. 534

3 Ebenda, Nr. 567

4 Akten zur deutschen auswärtigen Politik, Serie D, Bd. VIII, Nr. 5

5 Die Wehrmachtsberichte 1939–1945, Band 1: 1. September 1939 bis 31. Dezember 1941, Köln 1989, S. 15

6 General Ernst Köstring, Der militärische Mittler zwischen dem Deutschen Reich und der Sowjetunion 1921–1941. Bearb. von Hermann Teske, Frankfurt/M. 1966, S. 143

7 Die Beziehungen zwischen Deutschland und der Sowjetunion 1939–1941, Dokumente des Auswärtigen Amtes. Hrsg. von Alfred Seidl, Tübingen 1949, S. 101

8 Helmuth Großcurth, Tagebücher eines Abwehroffiziers 1938–1940, Stuttgart 1970, S. 266

9 Johann Wolfgang Brügel, Stalin und Hitler – Pakt gegen Europa. Wien 1979, S. 114

10 Beziehungen Deutschland Sowjetunion, S. 107
11 Ebenda
12 Ebenda, S. 112
13 Wneschnjaja Politika SSSR, Sbornik Dokumentow, Bd. IV, Moskau 1946, S. 448
14 Großcurth, S. 202
15 Ebenda, S. 207/208
16 Franz Halder, Kriegstagebuch, Band I: Vom Polenfeldzug bis zum Ende der Westoffensive (14. 8. 1939–30. 6. 1940), Stuttgart 1962, S. 80
17 Wolfgang Bleyer/Roswitha Czollek, Die Vereitelung der Aggressionspläne des faschistischen deutschen Imperialismus gegenüber den baltischen Staaten im Sommer/Herbst 1939, in: Militärgeschichte, Heft 4/1980, S. 431
18 Großcurth, S. 202/203
19 Heinz Höhne, Canaris. Patriot im Zwielicht, München 1978, S. 342
20 Ebenda, S. 343
21 BA/MA Freiburg, RH 20-4/75, Bl. 128
22 Walter Warlimont, Im Hauptquartier der Wehrmacht 1939–1945, Frankfurt/M.–Bonn 1964, S. 49, und Akten zur deutschen auswärtigen Politik, Serie D, Bd. VIII, Nr. 103
23 BA/MA, Abt. Potsdam, WF-03/15 505
24 Nikolaus von Vormann, Der Feldzug in Polen. Die Operationen des Heeres, Weisenburg 1959, S. 165
25 BA/MA, Abt. Potsdam, WF-03/11 998
26 «Völkischer Beobachter» vom 19. September 1939
27 Köstring, S. 176 ff
28 Vormann, S. 165
29 BA/MA, Abt. Potsdam, WF-03/15 505 und BA/MA Freiburg, RH 20-4/14, Bl. 217
30 BA/MA Freiburg, RH 20-4/14, Bl. 215
31 BA/MA, Abt. Potsdam, WF-03/15 505
32 Janusz Piekalkiewicz, Polenfeldzug. Hitler und Stalin zerschlagen die Polnische Republik. Herrsching 1989, S. 200/201
33 BA/MA Freiburg, RH 27-5/175, Bl. 21
34 BA/MA Freiburg, RH 20-14/75, Bl. 149/150
35 BA/MA, Abt. Potsdam, SF-01/25 878
36 BA/MA Freiburg, RH 20-4/14, Bl. 218
37 BA/MA Freiburg, RH 27-5/175, Bl. 23
38 BA/MA, Abt. Potsdam, WF-03/22 992
39 Piekalkiewicz, S. 211
40 BA/MA Freiburg, RH 20-4/14, Bl. 185
41 BA/MA, Abt. Potsdam, WF-03/11 980
42 Ebenda, WF-03/11 981
43 Międzynarodowe tło agresji Rzeszy Niemieckiej na Polskę w 1939 g. Warschau 1987, S. 193
44 Kommunistische Internationale, Dezember 1939, S. 1131

45 «Völkischer Beobachter» vom 27. Dezember 1939
46 Köstring, S. 237
47 BA/MA, Abt. Potsdam, WF-10/22 790
48 Bundesarchiv, Abt. Potsdam, Deutsche Botschaft Moskau, Nr. 75, Bl. 373ff
49 BA/MA Freiburg, RH 2/2731, Bl. 59
50 BA/MA, Abt. Potsdam, WF-03/11 993
51 «Prawda» vom 14. April 1990
52 Walter Hubatsch, 61. Infanterie-Division. Kampf und Opfer ostpreußischer Soldaten, Kiel 1952, S. 14/15; Jan T. Gross, Die Sowjetisierung Ostpolens, 1939–1941, in: Zwei Wege nach Moskau, Hrsg. von Bernd Wegner, München – Zürich 1991, S. 56–74
53 BA/MA Freiburg, N 104/2
54 Ebenda
55 Ebenda
56 Ebenda
57 Ebenda
58 BA/MA Freiburg, RH 2/390, Bl. 7
59 Ebenda, Bl. 94
60 BAIMA Freiburg, RH 2/2419, Bl. 30
61 Ebenda, Bl. 37

IV

1 N. G. Kusnezow, Am Vorabend, Berlin 1973, S. 255
2 Siehe z. B. «Operative Weisung für die Kriegsführung gegen Rußland», die noch am 19. August 1939 von der Marineleitung herausgegeben wurde. (Bundesarchiv/Militärarchiv Freiburg, RM 35 I/19, Bl. 90ff)
3 Kriegstagebuch der Seekriegsleitung, August–September 1939, Teil A, Bd. I, Herford – Bonn 1988, S. 41
4 Akten zur deutschen auswärtigen Politik, Serie D, Bd. VIII, Nr. 15
5 BA/MA Freiburg, RM 7/229, Bl. 14
6 Ebenda, Bl. 11
7 Verzeichnis der Schiffe sowie ihrer jeweiligen Ladungen nach: Bundesarchiv, Abt. Potsdam, Deutsche Botschaft Moskau, Nr. 344
8 KTB, Skl, Bd. I, S. 95
9 Ebenda, S. 72
10 Akten zur deutschen auswärtigen Politik, Serie D, Bd. VIII, Nr. 257, S. 226
11 KTB, Skl, Bd. I, S. 163
12 Lagevorträge des Oberbefehlshabers der Kriegsmarine vor Hitler 1939–1945. Hrsg. Gerhard Wagner, München 1972, S. 25
13 KTB, Skl, Bd. I, S. 199
14 Ebenda, S. 185/186
15 KTB, Skl, Oktober 1939, Bd. II, Herford – Bonn 1988, S. 27/28

16 Akten zur deutschen auswärtigen Politik, Serie D, Bd. VIII, Nr. 195, S. 166

17 Michael Salewski, Basis Nord. Eine fast vergessene Episode aus dem Zweiten Weltkrieg, in: Schiff und Zeit, Heft 3/1976, S. 12/13

18 KTB, Skl, Bd. II, S. 134

19 Michael Salewski, Die deutsche Seekriegsleitung 1935–1945, Bd. I. 1935–1941, Frankfurt/M. 1970, S. 133/134

20 BA/MA Freiburg, RM 7/111, Bl. 19

21 BA/MA, Abt. Potsdam, WF-04/33 720

22 Akten zur deutschen auswärtigen Politik, Serie D, Bd. VIII, Nr. 257, S. 225/226

23 KTB, Skl, Bd. II, S. 89. Ein solches Verbot wurde von Hitler am 22. November 1939 wiederholt (Lagevorträge, S. 47) und auch Schulenburg und Baumbach am 30. November 1939 von Ribbentrop angewiesen, nichts mehr in dieser Frage zu unternehmen. (Akten zur deutschen auswärtigen Politik, Serie D, Bd. VIII, Nr. 403, S. 368)

24 KTB, Skl, Bd. II, S. 135

25 A. G. Golowko, Zwischen Spitzbergen und Tiksibucht, Berlin 1979, S. 9

26 KTB, Skl, Bd. II, S. 136

27 KTB, Skl, November 1939, Bd. III, Herford – Bonn 1988, S. 212

28 Siehe Saul Friedländer, Auftakt zum Untergang, Hitler und die USA 1939–1941, Stuttgart 1965, S. 42 und Anthony Read/David Fisher, The deadly embrace. Hitler, Stalin and the Nazi-Soviet-Pact 1939–1941, London 1988, S. 428/429

29 KTB, Skl, Bd. II, S. 247 u. S. 137

30 Salewski, S. 134

31 BA/MA Freiburg, RM 7/111, Bl. 22 und Bl. 24v

32 KTB, Skl, Bd. IV, November 1939, Herford – bonn 1988, S. 59

33 KTB, Skl, Bd. I, S. 145, KTB, Skl, Bd. II, S. 217, KTB, Skl, Bd. IV, S. 73

34 BA/MA Freiburg, RM 7/228, Bl. 28

35 BA/MA Freiburg, RM 7/893, Bl. 24ff

36 KTB, Skl, Bd. V, Januar 1940, Herford – Bonn 1988, S. 84

37 KTB, Skl, Bd. II, S. 52

38 BA/MA Freiburg, RM 7/91, Bl. 151

39 KTB, Skl, Bd. IV, S. 199/200

40 KTB, Skl, Bd. VIII, Herford – Bonn 1989, S. 17

41 KTB, Skl, Bd. II, S. 74

42 KTB, Skl, Bd. VI, Februar 1940, Herford – Bonn 1988, S. 46

43 KTB, Skl, Bd. X, Juni 1940, Herford – Bonn 1989, S. 271

44 KTB, Skl, Bd. XII, August 1940, Herford – Bonn 1989, S. 7, S. 121, S. 143, S. 166, S. 211, S. 264, S. 295, S. 307, S. 321, S. 373

45 Leonce Peillard, Die Schlacht am Atlantik, München 1978, S. 143

46 KTB, Skl, Bd. X, S. 104

47 KTB, Skl, Bd. XII, S. 264

48 Salewski, a. a. O., S. 134

49 So nunmehr im September 1940 Marineattaché v. Baumbach gegenüber Fricke! (Salewski, S. 359)

V

1 Bundesarchiv, Abt. Potsdam, Deutsche Botschaft Moskau, Nr. 336, Bl. 230, Bl. 232
2 Ebenda
3 Bundesarchiv Koblenz, R 2/23421. Die Deroluft war auf Beschluß der Gesellschafterversammlung vom 26. August 1937 aufgelöst worden, nachdem die Hauptverwaltung der Aeroflot den Gesellschaftervertrag mit Schreiben vom 28. Juni 1936 bis zum 31. Dezember 1936 gekündigt hatte
4 BA Koblenz, R 2/23419
5 Ebenda
6 Bundesarchiv, Abt. Potsdam, Deutsche Botschaft Moskau, Nr. 336, Bl. 228
7 Akten zur deutschen auswärtigen Politik, Serie D, Bd. VIII, Nr. 442
8 Zitiert nach Wolfgang Birkenfeld, Stalin als Wirtschaftspartner Hitlers (1939–1941), in: Vierteljahresschrift für Sozial- und Wirtschaftsggeschichte, 53. Bd., Dezember 1966, Heft 4, S. 487
9 BA/MA, Abt. Potsdam, LC 2/II, Nr. 839/39 (II), g. Kdos. Bericht über die Reise der russischen Delegation zu den Heinkel-Werken Rostock. Zu den Vorgängen vgl. auch: Ernst Heinkel. Ein stürmisches Leben, München 1977, S. 319ff, Hans Conradis, Forschen und Fliegen. Weg und Werk von Kurt Tank, Göttingen 1959, S. 206f, Alexander Jakowlew, Ziel des Lebens. Aufzeichnungen eines Konstrukteurs, Moskau 1976, S. 199ff, Alexej Iwanowitsch Schachurin; Flügel des Sieges, Berlin 1989, S. 89ff
10 G. M. Iwanizki, Sowjetsko-Germanskije torgowo-ekonomitscheskije otnoschenija w 1939–1941 gg, in: Nowaja i nowejschaja istorija, Heft 5/1989, S. 33
11 Bundesarchiv, Abt. Potsdam, Deutsche Botschaft Moskau, Nr. 336, Bl. 145
12 Ebenda, Bl. 135
13 «Berliner Volkszeitung», Morgenausgabe vom 27. Dezember 1939
14 «Berliner Volkszeitung», Abendausgabe vom 22. Januar 1940
15 Bundesarchiv, Abt. Potsdam, Deutsche Botschaft Moskau, Nr. 336, Bl. 31
16 Bundesarchiv, Abt. Potsdam, Deutsche Botschaft Moskau, Nr. 337, Bl. 52 und Nr. 336, Bl. 24
17 Bundesarchiv, Abt. Potsdam, Deutsche Botschaft Moskau, Nr. 337, Bl. 37
18 Ebenda, Bl. 8 und Bl. 5
19 BA/MA, Abt. Potsdam, L 01.53.05/21. Der Reichsminister für Luftfahrt und Oberbefehlshaber der Luftwaffe, Generalluftzeugmeister, GL 7, Nr. 1065/41 geh.
20 Hermann Plocher, The German Air Force versus Russia. Bd. I, USAF Historical Studies Nr. 153, New York 1968, S. 18. Vgl. Walter Schwabedissen, The Russian Air Force in the Eyes of the German Commanders, USAF Historical Studies Nr. 175, New York 1968, S. 38ff
21 David Irving, Die Tragödie der Deutschen Luftwaffe, Frankfurt/M. 1970, S. 178 und 427
22 Zitiert nach Horst Boog, Die deutsche Luftwaffenführung 1935–1945, Führungsprobleme, Spitzengliederung, Generalstabsausbildung, Stuttgart 1982, S. 118
23 Ebenda, S. 110

1 General Ernst Köstring, Der militärische Mittler zwischen dem Deutschen Reich und der Sowjetunion 1921–1941, bearb. von Hermann Teske, Frankfurt/M. 1966, S. 299 ff
2 «News Chronicle» vom 23. Mai 1941
3 Bundesarchiv, Abt. Potsdam, Deutsche Botschaft Moskau, Nr. 469, Bl. 59 ff
4 Generaloberst Halder, Kriegstagebuch, Bd. II, bearb. von H.-A. Jacobsen, Stuttgart 1954, S. 396/397
5 So der Wortführer des Alldeutschen Verbandes, Heinrich Claß, in seiner unter dem Pseudonym Einhart veröffentlichten «Deutsche Geschichte», Leipzig 1919, S. 165
6 Politische Testamente der Hohenzollern, Hrsg. Richard Dietrich, München 1982, S. 354
7 Ebenda, S. 352 f
8 Ebenda, S. 371 f
9 Carl von Clausewitz, Vom Kriege, Berlin 1957, S. 212
10 Alfred Philippi, Das Pripjatproblem. Eine Studie über die operative Bedeutung des Pripjatproblems für den Feldzug des Jahres 1941, Darmstadt 1956, S. 70
11 Lew Besymenski, Sonderakte «Barbarossa». Dokumente, Darstellung, Deutung, Stuttgart 1968, S. 309
12 Denkschrift von Oberst Günther Blumentritt vom 29. 12. 1940, in: Olaf Groehler, Zur Einschätzung der Roten Armee durch die faschistische Wehrmacht im ersten Halbjahr 1941, dargestellt am Beispiel des AOK 4 in: Militärgeschichte, Heft 6/1968, S. 730
13 F. A. Krummacher/Helmut Lange, Krieg und Frieden. Geschichte der deutsch-sowjetischen Beziehungen. Von Brest-Litowsk bis zum Unternehmen Barbarossa, München-Eßlingen 1970, S. 16
14 Ingeborg Fleischhauer, Die Deutschen im Zarenreich, Stuttgart 1986, S. 22
15 Peter Hoffmann, Alexander Suworow. Der unbesiegbare Feldherr, Berlin 1986, S. 22
16 Sebastian Haffner, Von Bismarck zu Hitler. Ein Rückblick. München 1989, S. 74
17 Ernst Kabisch, Streitfragen des Weltkrieges 1914–1918, Leipzig 1924, S. 312
18 Fall Barbarossa. Dokumente zur Vorbereitung der faschistischen Wehrmacht auf die Aggression gegen die Sowjetunion (1940/41), Hrsg. Erhard Moritz, Berlin 1970, S. 80
19 Andreas Hillgruber, Das Rußland-Bild der führenden deutschen Militärs vor Beginn des Angriffs auf die Sowjetunion, in: Rußland – Deutschland – Amerika. Festschrift für Fritz T. Epstein zum 80. Geburtstag, Hrsg. von Alexander Fischer u. a., Wiesbaden 1978, S. 302
20 Blumentritt-Denkschrift, S. 729
21 Ebenda, S. 730
22 Hans-Christian Diedrich, Eine Geschichte voller Widersprüche. «Russen» und

Deutsche vom Mittelalter bis zum Beginn des 20. Jahrhunderts, in: Frieden mit der Sowjetunion – eine unerledigte Aufgabe. Hrsg. von Dietrich Goldschmidt, Gütersloh 1989, S. 63. Vgl. auch Gerhard Herm, Deutschland – Rußland. Tausend Jahre einer seltsamen Freundschaft, Hamburg 1990

23 Halder, S. 336

24 Das Deutsche Reich und der Zweite Weltkrieg, Bd. IV: Der Angriff auf die Sowjetunion, Stuttgart 1983, S. 445/446

25 Ebenda, S. 24

26 «Unternehmen Barbarossa». Der deutsche Überfall auf die Sowjetunion 1941. Hrsg. von Gerd R. Ueberschär/Wolfram Wette, Paderborn 1984, S. 305

27 Manfred Messerschmidt, Die Wehrmacht im NS-Staat. Zeit der Indoktrination, Hamburg, 1969, S. 326/327

28 Krummacher/Lange, S. 457

29 Siehe für den Ersten Weltkrieg Fritz Fischer, Griff nach der Weltmacht. Die Kriegszielpolitik des kaiserlichen Deutschlands 1914/1918, Düsseldorf 1977, S. 305 ff

30 John W. Wheeler Bennett, Die Nemesis der Macht, Düsseldorf 1954, S. 639

31 Zitiert nach: Alexander Dallin, Deutsche Herrschaft in Rußland 1941–1945, Düsseldorf 1958, S. 23